# 市场机制导向下博士毕业生就业与能力提升

卿石松　著

中国财经出版传媒集团

经济科学出版社

Economic Science Press

**图书在版编目（CIP）数据**

市场机制导向下博士毕业生就业与能力提升/
卿石松著 . —北京：经济科学出版社，2019. 10
ISBN 978 - 7 - 5218 - 0822 - 3

Ⅰ. ①市…　Ⅱ. ①卿…　Ⅲ. ①博士生 - 就业 -
研究　Ⅳ. ①G647. 38

中国版本图书馆 CIP 数据核字（2019）第 187498 号

责任编辑：程辛宁
责任校对：杨　海
责任印制：邱　天

**市场机制导向下博士毕业生就业与能力提升**

卿石松　著

经济科学出版社出版、发行　新华书店经销

社址：北京市海淀区阜成路甲 28 号　邮编：100142

总编部电话：010 - 88191217　发行部电话：010 - 88191522

网址：www. esp. com. cn

电子邮箱：esp@ esp. com. cn

天猫网店：经济科学出版社旗舰店

网址：http://jjkxcbs. tmall. com

固安华明印业有限公司印装

710 × 1000　16 开　15 印张　230000 字

2019 年 12 月第 1 版　2019 年 12 月第 1 次印刷

ISBN 978 - 7 - 5218 - 0822 - 3　定价：68. 00 元

（图书出现印装问题，本社负责调换。电话：010 - 88191510）

（版权所有　侵权必究　打击盗版　举报热线：010 - 88191661

QQ：2242791300　营销中心电话：010 - 88191537

电子邮箱：dbts@ esp. com. cn）

# 前　言

　　知识经济时代，教育是提升人口素质，进而促进经济社会持续发展的支柱。博士生教育作为国民教育的顶端，承担着科技创新和高端人才供给的双重使命。培养大量具备解决复杂问题的博士人才，对于提升国家原始创新能力，获得并维持核心竞争力具有重要意义。在国家"双一流"建设背景下，提升博士生能力素质是改进博士教育质量的题中应有之义，也是促进科技革命、产业创新和经济发展的重要举措。

　　我国博士生教育历经三十多年的快速发展，在招生规模上已位居世界第一。随着博士人口规模的快速扩张，学术界和产业部门对高层次人才需求的此消彼长，博士生越来越难以进入高校教师职业。博士毕业生就业领域由以往高校科研机构占支配地位，逐渐向企业等非学术部门溢出而呈现多元化趋势。使得旨在培养学术人才的博士教育目标、博士生职业准备和实际就业之间存在冲突和不匹配。尽管博士生教育和高端人才培养的社会价值毋庸置疑，但由此也引发人们对博士教育质量和博士教育目标的担忧和质疑，博士生教育如何适应经济社会发展需要引起反思和讨论。

　　在此背景下，博士生就业前景和就业能力是不断增长的话题。例如，博士毕业生究竟能够在何处寻找并获得就业机会，有多少博士生在学术界找到工作，又有多少在学术界外部找到与研究相关或不相关的工作？如果博士毕业生的就业去向在学术界外部，他们需要培养和具备哪些能力素质？如何培养等，以便使博士生做好在学术界内外就业的准备，并为经济社会发展做出重大贡献。

　　然而，也许有人认为受过最高层次教育的博士毕业生，就业不是问题，抑或认为其能力培养与本科生等其他高等教育阶段没有不同。殊不知，在供需结构变化和学术就业市场萎缩的背景下，博士毕业后选择去哪里就业真的成为问题。再加上高层次人才市场和岗位性质的特殊性，就业市场对博士毕业生的期望和能力要求远远超出本科生和硕士研究生。这种高要求不仅仅是"系统深入的专门知识"和"独立从事科学研究工作的能力"，更体现于解决复杂问题和实际问题的能力。同时，不同部门、不同职业对博士毕业生就业能力的需求及结构可能不同，仅仅具备本领域的学术创新能力是不够的。即使在学术界内部，知识生产和科研组织形式也发生了重大转变，跨学科、跨团队合作研究变得越来越重要，从而对从事学术职业的博士生也提出新的要求。

　　现有文献主要从博士生、导师和教育政策等博士人才供给方角度，分析博士培养质量与科研能力提升等问题。在科研能力之外，学术职业和非学术职业都需要的可迁移技能或通用能力，以及博士毕业生的就业能力框架结构还有待深入分析。同时，关注博士毕业生就业和能力提升问题，还需要就业市场需求方及供需匹配的视角。如果没有用人单位的对比评价，无法评估博士人才培养是否与市场需求相符合，也就难以揭示博士生培养存在的问题和提出针对性措施。

　　鉴于此，本书从市场机制及供需匹配视角，尝试回答应该培养什么样的博士人才，以及如何培养等基本问题。具体分析博士毕业生就业去向、特征及职业准备状况，透析就业能力的内涵和结构，评估博士毕业生就业能力与市场需求之间的匹配状况。进而聚焦于博士生教育阶段，探究博士生就业和能力提升，并从利益相关者视角，阐述就业能力提升的路径，提出优化博士教育的对策建议。

　　博士毕业生就业水平和质量是衡量博士生教育质量的重要参照之一。来自2017年博士毕业生的就业数据表明，博士毕业生就业率较高，但博士毕业生的职业选择和就业去向呈现多元化特征。临时性的博士后岗位，企业单位的就业比重增加，不到一半的毕业生能够在高校科研机构从事学术职业。在此基础上，聚焦学术职业，通过上海高校科研机构人文社科工作者的典型调查，发现学术抱负、工作稳定和独立自主是博士毕业生选择学术职业的主要动机。实际工作中，博士学术人员科研时间投入较多，工作压力较大，薪酬回报、职业发展等方面的工作满意度有待提高。

而对于非学术职业来说，利用来自中国等十几个国家的跨国数据，发现博士毕业生的入学动机、就业期望与实际就业不一致。单一学术目标的博士教育模式，使得博士毕业生没有做好非学术职业或替代性学术职业的就业准备。而且导师或学校能够提供的支持非常有限，博士生转而寻求其他资源，如同学、以往毕业生和校外非学术职业人士的帮助。进一步发挥博士人才的社会价值，需要拓展博士毕业生的能力素质，优化博士生职业咨询指导服务。

正因为博士就业范围不断扩大，对博士毕业生就业能力的关注已经超越科学研究能力和专业能力。在就业去向多元化背景下，具备独立从事科学研究工作的能力并不足以使博士毕业生获得职业成功。博士毕业生就业能力框架结构及技能清单涵盖专业学术能力和通用能力，二者相互联系，缺一不可。尽管侧重点不同，但不管是学术工作还是产业部门的应用型研究工作，博士生都需要具备创造性思考、提出和解决前沿问题、跨学科合作研究、数据分析技术等多项学术研究技能，以及沟通、人际交往、团队合作、项目管理，职业生涯规划等多项通用能力或可迁移技能。

来自博士毕业生（雇员）—雇主的匹配调查数据验证支持能力素质需求的广泛性。不管是科研工作还是其他替代性职业，博士毕业生都需要专业知识和研究能力，以及口头沟通、写作、团队合作、人际交往和项目管理等广泛的通用能力。然而，博士毕业生和雇主一致认为，传统的博士教育模式无法为毕业生足额提供就业市场所需的技能，如管理能力、人际交往、领导力、合作能力等。从而导致博士毕业生就业能力不足或与市场需求不匹配。在创新需求前所未有的新时代，科学研究渗透至各行各业，学术目标依然应该是博士教育的核心，但通用能力的培养应成为不可或缺的组成部分，即学术型博士教育也要重视职业能力的养成。这不仅能够让学术界外部就业的博士毕业生受益，而且也能帮助那些继续留在学术职业上的人。调整完善博士教育目标，优化结构化课程体系，完善导师指导模式和建构支持性学习环境，是提升博士生就业能力的有效路径。

学术界内外的就业形势和环境已然发生变化，就在校博士生来说，科学研究人员和高等院校依然是主流偏好。但在学术职业抱负与现实就业需求冲突之下，部分博士生打算或愿意在企业、政府部门寻求职业机会。与已有研究所表明的那样，本书利用高校博士生调查数据，再次印证了博士生就业期望具有多元化特征。其中，博士生能力素质对其就业期望具有重要影响。主观的能力评价主要影响他们的职业取向而对工作单位偏好没有显著影响，论文发表等客观能力指标则主要与工作单位偏好相关。此外，博士生就业期望存在显著的学科、性别差异。由此可见，博士生的就业偏好反映了自己"想不想""能不能"以及市场需求方的因素，就业期望并非完全是盲目的或不切实际的。适应经济社会需求以及帮助博士生实现个人抱负，需要调整完善博士教育目标，强调能力素质的养成，并帮助博士生做好学术界内外就业的准备。

总而言之，本书利用博士毕业生、雇主和在校博士生的翔实数据资料，通过统计描述分析、因子分析、多元回归分析等方法，诠释论证博士毕业生就业去向及特征，探究就业能力的内涵维度、供需匹配、提升路径等，丰富和深化了学术界对"培养什么样的博士人才"和"如何培养博士人才"的理解，也为优化中国博士教育目标和培养模式提供决策咨询参考，具有丰富的研究和政策启示意义。

本书研究特色与现实意义体现于：第一，内容具有系统性和创新性。研究既涉及已毕业博士人口的就业、能力问题，也有在校博士生能力和就业期望问题，并通过教育目标与实际就业的比较，博士毕业生就业能力的供需对比，在校博士生就业期望和毕业生就业结果的比较，深入理解博士就业和能力培养存在的问题与不足。第二，研究视角和对象聚焦于博士群体这一"关键少数"，拓宽了就业和就业能力问题的分析视野，推动劳动就业和人力资本问题的研究范围。以往关于青年人口就业问题的研究，主要集中于大学本科毕业生。本研究基于博士人才的极端重要性，研究博士人口学术创新能力、综合性就业能力提升问题，重要性不言而喻。所提出的就业能力维度和框架，对于调整博士教育目标、完善博士学位资格素质标准具有参考意义。第三，观点和建议上，指出博士毕业生的学术研究能力和通用能力是相互促进相互补充的，在坚持学术能力培养为核心的基础上，也要重视通用能力的养成。并从利益相关者视角，阐述就业能力提升的路径，提出优化博士教育的对策建议。

坦率地说，博士人口的就业与能力研究涉及众多学科领域。从劳动就业和人口素质的角度来看，就业与就业能力被视为经济学、人口学等领域的话题。但深入到博士群体就业能力的测量、提升机制等，又涉及教育学、心理学、管理学等学科领域。本书尽管做了跨学科研究尝试和努力，但由于博士群体的特殊性、异质性，为这些问题提供一个系统的解决方案远非易事。本书中的有些分析和结论仍有待接受进一步检验。另外，就本书的研究方法和资料而言，通常需要全国性大样本数据，本书在这方面仍有一定的差距，亟须推动针对博士学位获得者就业与职业生涯发展状况的追踪调查。衷心地希望我们的研究能引发国内更多的学者关注博士毕业生就业及能力培养这一重要问题，最终推动中国博士教育质量再上新台阶。

笔者作为博士毕业生就业与能力培养问题的体验者、观察者，也属于被观察和研究的对象之一。实践工作中，深深感受到学术研究工作，不仅需要抱负、志趣和努力，更需要具备一系列能力和技能，如数据分析、写作、沟通表达、跨学科合作、时间管理等。经历本书的研究，笔者对学术职业的能力要求、自身的不足以及如何更好地指导研究生等方面有了新的认识。由衷期待本书对博士生、教育部门和高等教育工作者都有一定的启示意义，这是本书研究的动机和最大动力之所在。

# 目　　录

# 第一章

# 导　　论

当今知识经济时代，科技创新呈现出前所未有的新态势，新一轮科技革命和产业变革呈现历史性交汇。科学与技术创新成为推动人类社会发展的重要驱动力量，深刻影响着人民生活福祉。其中，高端人才是推动科技创新和产业变革的重要引擎。越来越多的国家认识到博士层次人才的极端重要性。"博洛尼亚进程""里斯本战略""欧洲 2020 战略"等政策议程，都强调培养更多博士研究人员对于维持和提升国家竞争力的重要意义。自 20 世纪 90 年代以来，美国、德国和英国等经济合作与发展组织国家博士学位获得者人数在最近二十年急剧增长（Cyranoski et al.，2011）。

博士学位获得者是知识生产的主要投入者，他们既是创新（innovation）的创造者、传播者，也是创新成果产业化的推动者（Garcia-Quevedo et al.，2012）。一方面，他们通过基础研究生产前沿的科学知识；另一方面，他们可以进入企业工作而将科技发明转化为市场产品（Herrera et al.，2010）。此外，通过雇佣博士人才，产业部门就可以加强与大学/科研机构的联系，拓展与科学界的沟通渠道，这是产业部门获取新知识的主要机制。可以说，博士学位获得者是实施创新驱动发展战略的高层次人才群体，他们拥有解决复杂问题的能力，是科学研究和创新创业的一支骨干力量，对于创新驱动下的企业和国家发展具有关键作用。

然而，现实中人们对博士教育的价值充满质疑和争论。随着博士教育规模扩张和学术职业渐趋饱和，博士毕业生就业去向多元化。学术职业不再是博士毕业生唯一甚至不是主要的就业目的地，在学术界外部或非学术岗位就业的比例越来越高（Auriol et al.，2013；Passaretta et al.，2019）。甚至出现博士毕业生就业难和失业问题，例如，法国 2007 年博士毕业生失业率为 10%，超过硕士毕业生的失业率水平（Benito & Romera，2013）。一些人由此质疑这是博士教育的失败，因为它与培养学术创新人才的传统目标出现严重偏差。中国博士教育规模的快速扩张，也引发博士质量下滑的悲观论调。

在此背景下，博士教育如何适应经济社会发展的需要引起社会反思和讨论，博士生就业和能力培养成为近年学术研究热点。其中，两个问题最为引人关注：一是博士毕业生需要具备哪些就业能力，即"培养什么样的人才"问题；二是博士教育体系是否以及如何培养或更好地提升这些能力，即"如何培养"的问题。

鉴于此，本研究基于博士教育规模扩张及就业多元化趋势，明晰博士毕业生就业能力内涵和结构维度，建构博士毕业生就业能力模型，丰富和发展博士质量的内涵和评价标准，解答应该培养什么样的博士人才的问题。透析新近毕业博士就业能力及其与市场需求之间的匹配状况，从就业能力视角评估博士培养质量，理性认识我国博士培养质量和存在的问题，深化已有相关研究。探寻政府、教育机构、博士生导师和用人单位之间功能有效衔接的互动合作机制，借鉴国际经验，为培养高素质的博士人才提出针对性强、行之有效的对策建议，尝试解答如何培养博士人才的问题。

# 第一节　博士规模扩张与就业多元化

## 一、博士生教育规模扩张

个人、教育机构和国家等多层次的需求推动博士教育的快速扩张。首先，博士生选择博士教育的目标不仅限于希望促进个人发展、智力挑战和获得新技能，还包括获得以研究为导向的学术职业（Bryan & Guccione，2018）。其次，博士导师和高校也对博士教育感兴趣并希望扩大招生，因为博士生代表着研究资源，能够增加研究实力和提高科研成果，从而满足政府的资助要求和提高大学排名（Bloch & Mitterle，2017）。相关研究表明，博士生不仅越来越多地参与研究过程和导师的课题，而且对大学科研成果的贡献越来越大（Larivière，2012）。最后，知识经济时代，政府或企业对博士人才的需求和依赖也越来越大，期待高端博士人才帮助获得或维持国家与企业竞争优势。这些驱动因素使得在过去几十年中培养了越来越多的博士，并引起了人们对博士毕业生就业去向及其就业能力的担忧。在博士就业市场，传统学术职位的数量要么停滞不前，要么以比博士数量扩张慢得多的速度增长。在这种情况下，一些人正在呼吁应该重视并解决全球范围内的博士供需失衡问题。尽管博士教育规模、供需关系存在国别差异，部分发展中国家有令人信服的理由应该增加博士教育规模，但供需矛盾在发展中国家也越来越受到关注（Santos et al.，2016）。

中国自 1981 年恢复博士研究生招生工作以来①，博士研究生的招生人数不断增加，为国家选拔和培养了一大批高层次人才。据统计，博士生招生规模从 1981 年的 900 人增加到 2018 年的 9.55 万人。如图 1 - 1 所示，尤其是本科教育扩招之后，博士生教育随之经历快速增长。其中 1999 ~ 2004 年招生规模年均增长 6387 人。自 2005 年之后进入相对稳定的发展期，增长速度有所放缓。不过，2017 年和 2018 年博士生招生规模又出现较快增长，并在未来一段时间还将继续增长。近年来，为了适应新形势下的高端人才需求，2017 年 1 月教育部、国务院学位委员会印发《学位与研究生教育发展"十三五"规划》，提出要"适度扩大博士研究生教育规模"。2018 年 8 月，教育部、财政部、国家发展和改革委员会联合印发《关于高等学校加快"双一

---

① 1980 年《中华人民共和国学位条例》颁布实施，明确了学位制度分学士、硕士、博士三级，标志着我国学位制度的正式建立，1981 年正式恢复博士研究生的招生培养工作。

流"建设的指导意见》，也提出要适度扩大博士研究生规模。

与此同时，博士毕业生数量也在稳步增长（见图 1-1）。其中，2018 年博士毕业生人数达到 6.07 万人。从 2006 年开始，每年授予博士学位的数量已排名世界第二，成为仅次于美国的博士生教育大国。更重要的是，从 2009 年开始，我国培养的博士毕业生已经超过普通高等学校新增专任教师中所录用的毕业研究生。2003~2008 年期间，高等教育扩招使得高校的师资需求增长较快，再加上专任教师自然减员（退休）和调离教师岗位等因素，新增专任教师中录用的毕业研究生（含博士和硕士）人数超过了当年的博士毕业生人数。在此阶段，博士毕业生进入高校从事学术工作相对比较容易，甚至部分硕士毕业生也有机会进入本科学校从事教师职业。2009 年之后形势发生逆转，博士毕业生人数超过普通高等学校所录用的应届毕业研究生。① 再加上

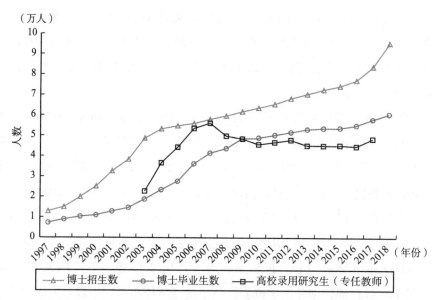

图 1-1　中国博士教育规模扩张与高校录用的研究生

资料来源：历年《中国教育统计年鉴》和《2018 年全国教育事业发展统计公报》。

---

① 高校师资补充有录用应届毕业生，外单位调入，校内外非教师岗位的转入等。

境外留学回来的博士或博士后，高校专任教师岗位可谓"僧多粥少"，博士毕业生进入高校从事学术工作变得非常困难。使得怀抱学术梦想的部分博士生选择延期毕业①或是从事临时的博士后工作，以便积累更多科研成果和等待高校的学术职业机会，抑或干脆放弃学术理想而转入非学术部门工作。

现代学术型博士教育旨在为学术界培养后备力量，高等教育的规模扩张促进了对博士毕业生的需求。反过来，博士生教育的发展也促进了高校专任教师，尤其是拥有博士学位的专任教师的规模扩张。从我国普通高等学校专任教师的学历层次看，拥有博士学位的人数确实在不断增加。如图1-2所示，1991~2017年，我国普通高等学校专任教师人数从39.1万增加到163.3万，增长了4.2倍，而同一时期拥有博士学位的教师人数则增长了近87倍。由此使得普通高等学校专任教师中具有博士学位的比例不断增加，1991年我国普通高校专任教师中博士学位拥有者仅占1.2%。2017年专任教师中有397974人拥有博士学位，占24.4%。不过，随着高等教育规模趋于稳定，普通高等学校专任教师在经历1999~2005年快速增长之后，增长速率不断下降。其中，普通高等学校专任教师中拥有博士学位的人数，其增长率相对较高，但2005年以来的增长率也出现下降。这意味着，高校的博士师资需求趋于稳定，博士毕业生在高校寻找并获得学术职位的难度将越来越高。

上述分析大致表明，从供需结构来看，尽管中国高校对博士人才依然有较大的需求空间，但高校已经无法充分吸纳所有的博士毕业生。因此可以说，相对于传统的博士教育目标来说，博士供给显然已经过多。在此背景下，部分博士毕业生势必离开学术部门，而选择进入企业、政府等部门，博士就业多元化已成为全球范围内的普遍现象。

---

① 2018年预计博士毕业生数为16.9万人，远远高于实际毕业的博士人数，博士生延期毕业的现象比较普遍。主要原因可能是论文写作和发表等方面的要求较高，但没有理想的就业机会也是重要因素。

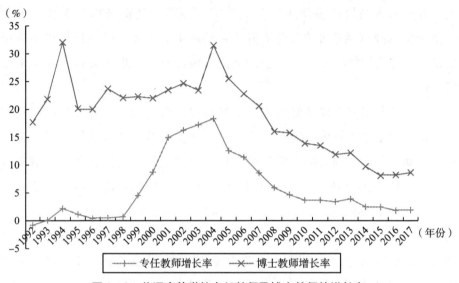

**图 1-2 普通高等学校专任教师及博士教师的增长率**

资料来源：历年《中国教育统计年鉴》。

## 二、博士就业类型及多元化趋势

### （一）博士毕业生的就业部门及类型

当今时代，博士毕业生就业分布于各行各业，但一般可归类为学术部门和非学术部门。前者传统上一般指大学，后者则包括政府、企业、非营利的社会组织，以及自我雇佣、创业等。当然，在每个部门内部，按照工作的内容和性质，都存在研究和非研究角色。因此，从这两个维度（如图 1-3 所示），可以将博士生的就业划分为三种就业类型：学术部门的研发工作（即传统的学术职业）、非学术部门的研发工作以及包括学术部门和非学术部门在内的非研发工作。

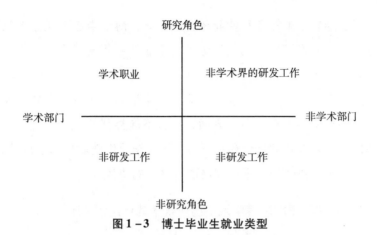

**图 1 - 3　博士毕业生就业类型**

其中，"学术职业"是与学术相关的职业。所谓学术职业，就是大学教师所从事的职业。这一概念强调了学术职业中的"学术"（academic）和专业（profession），即学术职业是一个学术群体和学术领地的集合（Wilson，1942）。由此可见，学术职业算得上是这个世界上最古老的职业了，它伴随着大学（书院）的诞生而形成并逐渐发展。时至今日，在世界各国的高等学校里，依然是同一性质的一类人（学者）以同样的方式做着类似的事情（如知识创造、传播和社会服务）。当然，大学里也需要教辅人员、管理服务人员，这些不能算是学术职业，只能归为学术部门的非学术工作或非研发工作。类似的，在大学之外的企业等单位，尤其是高科技企业，需要博士毕业生承担研发（R&D）工作、科技成果转发工作等，可以算是非学术部门的研发人员。可以说，在非大学环境中进行研究（或实验开发）的博士毕业生仍然利用他们在博士期间所掌握的专业知识和技能。另外一些博士毕业生则不再参与研发工作，而是一般的管理、咨询服务等工作，则是非学术部门的非研发工作。这就是我们根据工作内容是否涉及研发和单位类型两个维度对博士毕业生就业进行分类的原因。换句话说，如果博士毕业生的主要工作是基础研究、应用研究和/或实验开发，就被归类为研究工作。进一步根据就业单位类型进行区分为学术部门的研究工作（学术职业）和非学术部门的研究工作。

传统观点认为，博士毕业生只有在学术界从事研究工作才被认为是有价值的。不过，随着博士教育和就业环境的变化，博士毕业生就业部门的分割界线看起来正在变得模糊。大量博士进入企业从事研发或管理工作，也有博士毕业生在大学等学术部门从事非学术工作，如图书管理员、学生辅导员和实验技术人员等。一方面，这表明，博士毕业生的就业范围不断扩大，并且能够接受不同类型的工作；另一方面，尽管不同类型的工作环境、工作内容和要求不同，但各有各的特色和吸引力。博士毕业生就业是基于自己的偏好，依据不同类型的工作特征，进行权衡取舍之后的抉择。

（二）高校和科研院所等学术部门或学术就业比例下降

博士毕业生就业率相对较高，但博士学位不再是进入学术就业市场的通行证。学术型博士毕业后应该成为大学教授的期望，越来越与博士毕业生的实际就业去向不吻合。对经合组织的国际调查显示，博士毕业生的就业率在85% ~ 95%之间，不过在不同国家或地区，以及学科之间存在差异（Auriol et al.，2013）。尽管博士毕业生的失业率相对较低（大多数国家都低于2%），但随着博士生规模的不断增长而学术岗位需求相对不足，甚至是产业界对博士毕业生的就业吸纳能力也接近临界（Cyranoski et al.，2011），博士就业难，尤其是学术就业难的趋势越来越明显。在21世纪初期，相关国家的研究表明，英国、加拿大和法国大约有50%的博士毕业生在高等教育部门从事学术工作，而意大利这个比例略高，约为60%（Passaretta et al.，2019），而在澳大利亚则只有25%的博士毕业生受雇于学术职位（Neumann & Tan，2011）。

同时，大量研究表明，美国、德国等国家大约从20世纪90年代中期开始，博士毕业生受雇于学术岗位的比例在持续下降。凯文克和奥尔森（Kyvik & Olsen，2012）对挪威2002 ~ 2005年毕业的1027位博士的调查表明，毕业2 ~ 5年后的2007年，43%的博士在研究型大学或学院就业（其中近一半是博士后），25%在其他研究机构和工业实验室，31%在其他工作场所。当然，学科差异很大，在人文和社会科学领域，约有60%的人在高等教育机构就业，而在自然科学和医学领域，这一比例约为40%，工程科学约占25%。对于自然科学和工程技术领域，研究机构和工业实验室是重要的工作场所。也就是说，由于博士学位获得者普遍流动到公共和私营部门的非研究工作,在 2002 年和 2005 年毕业的人中,从事其他替代就业而不是研究工作的比例相比在 1970 ~ 2005 年期间毕业的博士有所增加。

而临时就业(如博士后)和非学术就业在博士学位获得者中越来越普遍。经济合作与发展组织(OECD)的一项研究表明,在获得博士学位五年后,斯洛伐克超过 60% 的博士毕业生,比利时、捷克共和国、德国和西班牙超过 45% 的博士毕业生仍然是临时合同,如博士后。[①] 意大利的数据也表明,博士毕业五年后,2004 届毕业的博士生拥有长期合同的比例为 52%,但 2008 年毕业的博士拥有永久职位的比例下降到 42%,最常见的合同类型是固定期限(44%),约有 13% ~ 14% 的博士毕业生是自我雇佣者(Passaretta et al.,2019)。美国三次大型的毕业博士职业发展调查也显示,不论被调查者最初的职业期望是什么,调查时点从事教师职业的比例仅为 50% ~ 65%,企业、政府和非营利性机构就业的博士毕业生比例已高达 35% ~ 50%。其中,学术界外部就业比例最高的学科是电子工程、计算机科学和生命科学,而社会科学在学术界的就业比例最高(顾剑秀和罗英姿,2015)。据估计,美国生物医学领域每 6.3 名新毕业博士生大约只有一个终身教职机会(Ghaffarzadegan et al.,2015),这意味着其余的人需要在学术界之外找到工作或留在临时性的学术职位。由此可见,在全球范围内的很多国家和地区,博士毕业生就业去向与为学术职业提供培训的目标出现较大偏差。

(三)非学术部门或非学术就业的比例上升

越来越多的博士毕业生进入学术界外部就业已成为一种不可逆转的趋势。事实上,博士毕业生从学术界转向其他部门(特别是工业),在包括英国,法国,奥地利和美国等许多国家,这种情况越来越明显。根据 2013 年 OECD 发布的博士学位获得者职业生涯(CDH)调查,发现 OECD 国家 10% ~ 40%

---

① 经济学人. The Disposable Academic:Why Doing a PhD Is often A Waste of Time. http://www. economist. com/node/17723223。

的博士学位获得者并没有从事研究密集型工作，即使在工作若干年后许多人的工作依然与其博士学位毫无关系（Auriol et al.，2013）。美国研究生院协会（CGS）组织的调查报告也表明，2008 年的博士毕业生约有一半进入非学术部门就业，尤其是工程领域的博士毕业生，有 61% 在产业界工作（Wendler et al.，2012）。加拿大咨议局（Conference Board of Canada）发表的一份报告指出，自 2002～2011 年期间，博士毕业生人数上升 68%，当中大约 19% 的博士毕业生最终成为大学里的全职教授，而约 60% 的博士毕业生从事非学术工作（Edge，2015）。

当然，在学术部门（如大学）就业并不意味着一定从事学术工作，有可能是大学的教学、行政或图书管理员。反之，非学术部门就业也有可能从事科研工作，如企业的研发工作。但总的来说，在学术界外部就业的博士不从事科研工作的比例更高，一项针对澳大利亚八所高校博士毕业生的调查显示，博士毕业两年后，在非学术劳动力市场就业的博士继续参与研究（research）工作的比例仅有 36%，而在学术界内部就业的博士（博士后除外）有 56% 的人广泛参与科研工作（Bazeley，1999）。不论就业部门，单从工作内容和就业类型来看，意大利的数据表明，2004 届博士在毕业 5 年后（2009～2010 年），有 36% 的人在学术部门从事研究工作（academic research），32% 在非学术部门从事涉及研究的工作（non-academic research）。这两个职业类型的相对大小在 2008 届博士毕业生中发生逆转。即 2014 年，2008 届博士毕业生有 37% 在非学术部门从事研究工作，而只有 29% 在学术部门从事研究工作。总体来看，从事研究工作的比例从 2004 届的 68% 下降到 2008 届的 66%，接近 1/3 博士不再从事与研究相关的工作（Passaretta et al.，2019）。这就意味着，许多接受过学术训练的博士毕业生无法通过适当的就业机会来实施和延续学术工作，部分博士毕业生对此感到沮丧。当然，或许也是因为学术工作环境的改变和学术职业的压力，使得学术职业缺乏吸引力，从而导致博士生不愿从事学术研究工作。

在供需结构和就业市场环境变化背景下，中国博士毕业生就业也呈现出值得关注的新趋势新问题。2018 年中国博士毕业生人数已由 1997 年的 0.7 万人增加到 6.1 万人。再加上境外留学归国就业的博士毕业生人数也不断增加，博士毕业生尤其是国内博士毕业生就业竞争程度越来越激烈。尽管博士生相比其他劳动力群体更容易就业，但博士生也同样面临就业难问题（汪栋和杨静雅，2013；张文静，2014）。尤其是博士毕业生与学术劳动力市场之间出现供需矛盾，高校培养的博士有相当比例没有从事与教学科研相关的学术工作，博士毕业生的就业去向与学术职业经历了紧耦合到松耦合的过程（金蕾莅等，2019）。同时多所高校的就业质量报告显示，在学术领域工作并不再是博士毕业生就业的唯一选择，其他类型的企业等成为博士就业的新去向（陈小满和罗英姿，2017；高耀和沈文钦，2016；沈文钦等，2015）。

　　越来越多的博士生无法从事学术职业的现象，已经引起人们对博士教育目标和培养模式的广泛关注和争论。一方面，有人认为博士毕业生不从事学术工作是教育的失败和资源的浪费，或是认为博士培养已供过于求，存在过度教育的问题。传统上认为，博士毕业生的职业生涯是从博士生到大学教授的线性管道，在学术界外部就业则被称之为管道的泄漏（Fuhrmann et al.，2011）。与此同时，产业部门抱怨高水平技能劳动力的短缺，这表明博士生并没有传授正确的技能。另一方面，博士教育的支持者认为，即使博士毕业生不能获得终身教职系列（常任轨）或终身教职岗位，博士教育也是值得的。虽然许多工作没有正式要求博士学位，但博士毕业生是劳动力市场中相当重要的人力资源。而且并非每个攻读博士学位的学生都想要成为大学教授，许多学生在政府或私营部门从事非学术工作也是非常成功的。不过，以往以培养知识创造者和学科传承者为目标的博士教育是狭隘的。产业界的用人单位除了注重博士毕业生的学科专业知识之外，更为关注解决复杂问题和创造性思考等通用能力。

　　不过，博士毕业生进入产业部门就业也并非全是坏事。有研究表明，博士学位获得者去一线产业部门就业，是将科学知识和高新技术从大学传递至企业的重要机制，有利于推动技术转移应用和提高创新过程中的产学研合作关系（Garcia-Quevedo et al.，2012；Mangematin，2000）。而且，博士毕业生去学术界外部就业，也可以通过掌握项目管理和商业技能等通用能力，在实践中提高他们的就业能力。同时，聘用博士毕业生可以提高企业识别、使用和整合新技术新思想的能力，从而提高企业对新技术的吸收能力，促进企业创新。从这个角度来看，大学和企业之间的频繁合作促进了博士毕业生在产业部门就业也就不足为奇了，尤其对于科学、技术、工程、数学（STEM）领域的博士毕业生，因为他们与劳动力市场之间的联系更紧密（Garcia-Que-vedo et al.，2012）。因此，相比法律、经济学和社会科学，工程学、医学和自然科学领域的博士毕业生进入非学术部门从事研究工作的比例相对较高（Passaretta et al.，2019）。随着知识经济社会的到来、科研创新资源和组织形式的转型，很多国家和地区的产业部门都投入大量研发经费，博士毕业后进入产业部门从事研发工作，不仅有利于基础科学研究成果的转化应用，也有利于知识进步、技术创新和产业结构的转型升级。因此，越来越多的博士毕业生在学术界外部就业，并不一定就意味着博士教育的"失败"或资源的浪费，而是更好地满足创新需求并进一步增强原始创新能力。

综上所述，随着博士人才供需结构的变化，博士毕业生就业去向呈现多元化趋势特征。供需结构和就业环境的变化，改变了博士生毕业后的工作性质，并影响了所需就业能力的内容和价值。对于部分博士生来说，一些能力将变得不那么重要，而其他能力将变得至关重要。在这种背景下，对博士毕业生能力培养提出了更高的要求，博士生教育的目标定位也有必要重新思考和调整。从国际范围和发展趋势来看，博士生教育正在发生一场静悄悄的革命。在这场无声的革命中，研究者和教育部门也开始重新思考学术型博士教育的本质和目标，重视博士教育的过程和能力训练，建构并扩展博士生能力素质的内涵，提出系统的博士毕业生能力素质框架。

## 第二节　变革环境中的博士培养与能力提升

随着博士教育规模扩张和学术职业渐趋饱和，博士毕业生在学术界外部就业的比例越来越高，一些人由此质疑这是博士教育的失败，因为它与培养学术创新人才的传统目标出现偏差。同时，企业等产业部门经常抱怨博士毕业生缺乏某些重要的通用或可迁移能力（De Grande et al.，2014），学术界内部也批评博士生教育和培训过于狭窄，使得博士毕业生缺乏跨学科的知识和研究能力（Wernli & Darbellay，2016）。中国博士教育规模的快速扩张，也引发博士质量下滑的悲观论调。基于此，除了关注博士毕业生就业去向和就业结果，博士生就业能力也成为近年学术研究热点，核心问题是博士生需要具备哪些技能以及如何培养。

西方国家、教育机构和第三方组织对博士生能力需求和培养模式变革做出积极回应。国外学者广泛探讨博士毕业生就业能力的结构维度、就业能力是否与市场需求匹配、就业能力如何培养和提升等。政策制定者和教育机构已经针对博士技能需求开展了相关推动工作，旨在为博士生提供相应的技能训练，增强他们的就业能力并做好充分的就业准备，确保他们能够为经济社会发展做出贡献。例如，英国研究理事会和人文艺术科学研究委员会发布声明，阐述博士研究生的技能要求，以确保毕业生具备学术界外部就业所需的技能（Research Councils，2001）。作为欧洲博士生教育改革的里程碑，2005年发表的"萨尔茨堡原则"（Salzburg Principles）建议技能培训应成为博士教育的一个组成部分，以满足"全球劳动力市场的挑战和需求"。2010年6月在柏林大学提出的"萨尔茨堡建议Ⅱ"（Salzburg Ⅱ Recommendations）再次提出，尽管通过原始创新推动知识进步依然是学术型博士教育的核心部分，但博士教育也必须提供额外的技能发展的机会，如沟通协调、团队协作、时间管理等（EUA，2010）。在"萨尔茨堡原则"推动下，英国、法国、德国、爱尔兰等欧洲国家纷纷提出博士能力素质框架，引导博士教育变革。此外，美国国家博士后协会发布博士毕业生（博士后）应该具备的六个维度的核心能力（NPA，2009）。在澳大利亚，联邦教育、科学和培训部的一份报告规定了其认为在研究工作场所和未来潜在就业中取得成功所必需的能力（Borthwick & Wissler，2003）。这些能力包括（但不限于）：学科知识、研究能力、项目管理和领导能力、教学能力、口头和书面表达能力、团队合作能力和自我管理能力等。

学术界对博士就业能力的内涵及结构渐多探索，尽管没有形成统一的框架结论。克莱尔（Cryer，1998）基于伦敦大学学院的案例研究，提出博士生需要掌握七个维度的通用能力。奈奎斯特（Nyquist，2002）指出 21 世纪学术博士需要具备专业知识、敬业精神、教学技能、沟通与团队合作、全球化视野以及跨学科、跨部门的工作能力等 10 项核心能力素质。莫布雷和海尔希（Mowbray & Halse，2010）对澳大利亚在校博士生进行质性分析，将博士生需要掌握的能力素质归纳为七个维度。杜丽特等（Durette et al.，2016）则通过法国的博士毕业生调查，得出博士生需要具备认知能力、自我控制能力、书面表达能力、口头沟通能力、知识与技术应用能力、时间管理能力六大核心就业能力素质。也有研究依据"欧洲高等教育资格框架"，建构提出食品科学领域博士毕业生的能力清单（González-Martínez et al.，2014），涵盖四个维度的通用能力（15 项）和三个维度的学术研究能力（18 项）。

在工作环境和技术快速进步的背景下，更多研究则关注博士就业能力是否与市场需求匹配，即市场需求与实际能力之间的"技能差距"。研究发现，除了专业知识，高校、科研院所和非研究岗位都要求博士毕业生具备分析问题和解决复杂问题的能力。然而，以强调论文创新为特征的传统博士教育模式，使得博士毕业生的能力素质结构与市场多样化需求之间不匹配（Gilbert et al.，2004；Metcalfe & Gray，2005）。例如，杰克逊和迈克尔逊（Jackson & Michelson，2016）从供给角度，发现大部分博士生自我感觉其就业能力存在欠缺。威斯顿等（Western et al.，2007）对澳大利亚八校联盟（Group 8）[①] 1999～2001 年间的 1996 名博士毕业生的职业发展状况和博士项目质量进行了调查研究，并向澳大利亚教育、科学与培训部（DEST）提交了《5 到 7 年后的博士毕业生：就业结果、工作特征以及研究训练的质量》的报告。该报告分析显示，博士毕业生总体上对博士教育表示满意，79% 的博士毕业生认为博士在读期间所掌握的技能对于目前所从事的工作有"帮助"或"非常有

---

① 包括澳大利亚国立大学、莫纳什大学、阿德莱德大学、墨尔本大学、新南威尔士大学、昆士兰大学、悉尼大学、西澳大利亚大学。

帮助"，但他们也表示，除了专业知识、研究方法和独立研究能力，在博士期间所获得的其他能力都低于它们在工作中的重要程度，尤其是通用能力（如口头沟通能力、团队协作能力）以及与专业或学科没有直接关系的管理技能、决策能力、项目管理能力和财务管理能力等。

在博士生具备的就业能力是否与市场需求相匹配的问题上，梅特卡夫和格瑞（Metcalfe & Gray，2005）指出博士生的技术和研究能力被雇主认可，但是博士生的人际关系和管理能力亟待提升。相关研究显示，学术界及业界人士对能力重要性的认识和评价大致相同，但从能力平均的重要程度得分和最重要的三项能力来看，学术界和产业部门存在差异（González-Martínez et al.，2015）。学术界（教师）对处理复杂问题的能力、撰写科学论文和开发新项目的能力评价很高，但产业部门则认为不确定情况的快速反应能力、面向广泛受众的沟通能力、项目管理能力等才是最重要的。虽然所需技能的相对重要性因工作部门性质而异，但几乎所有的工作岗位都重视人际关系、项目管理、社会网络、领导及书面表达等通用技能（Blickley et al.，2013）。换句话说，对于博士毕业生来说，即使是非学术的产业部门，职业模式和技能需求也是多元化的，但每个领域的技能需求都超过博士教育期间所能够获得的程度（Herrera & Nieto，2016）。

在此背景下，如何培养和提升博士生就业能力成为焦点问题。有研究强调要重新理解博士教育的本质和目标，调整博士培养模式，从重视结果（获得博士学位）和产出（博士论文）转变为重视能力训练和"人的培养"（Park，2005）。即从传统的洪堡模式向所谓的职业模式转变，要求博士毕业生具备在不同环境下应用多种技能和知识的能力。同时，在能力培训过程中，强调政府、学校、导师和用人单位等利益相关者的共同责任。例如，奈奎斯特（Nyquist，2002）认为促进博士毕业生就业能力的提升，需要博士生、教职员工、资助实体、雇佣者以及其他利益相关群体的共同努力。同样的，坎贝尔等（Campbell et al.，2005）对博士教育提升的建议是：建立利益相关者之间的联系，提供职业规划和指导，加大学术以外的职业培训，发挥导师的作用。事实上，博士生导师、教育机构、政府和用人单位等利益相关者都应该参与博士生就业能力培养，承担相应的角色和作用（Golovushkina & Milligan，2013）。总之，要培养和提升博士生的就业能力，需要从博士教育的利益相关群体出发，厘清多方主体的责任和功能，构建功能和需求有效衔接的互动合作机制。

首先，大学或教育机构对博士生就业能力的培养和提升负有责任（Craswell，2007；Cryer，1998；Metcalfe & Gray，2005）。克莱尔（Cryer，1998）的研究指出，博士生在很大程度上没能意识到自己在攻读博士学位期间掌握和发展能力的重要性，且教职员工没能很好地把博士生应该拥有和发展的技能传授给他们，因此院校应该将技能培训纳入课程当中，从而使其得到持续的强化。克拉斯维尔（Craswell，2007）强调技能培训项目的内容和方式，需要结合博士生群体、院校机构的具体情况。霍塔等（Horta et al.，2018）则是从资助的层面说明博士资助对于攻读博士期间以及研究者职业生涯中的科研绩效的影响。经过研究发现，接受过资助的学生表现更好，而在接受资助的学生中受到博士资助的博士生在科研绩效及研究生涯上更有优势。

其次，博士生导师或委员会在培养就业能力和提供职业咨询指导方面具有重要影响。皮尔逊和布鲁（Pearson & Brew，2002）从培养过程出发，提出合格和积极的博士生导师对博士生就业能力培养和提升具有重要作用。这一点得到了辛格莱等（Sinclair et al.，2013）的印证，他们的访谈研究发现，学术上富有成效的导师对博士生成为合格的研究者具有显著影响。

部分学者在研究时还从博士生培养模式角度思考博士生就业能力培养和提升的问题（Campbell et al.，2005；Metcalfe & Gray，2005）。例如，坎贝尔等（Campbell et al.，2005）认为转变博士生的培养模式，需要包含与未来职业相关的指导与训练，教育与市场互动并与用人单位形成伙伴关系是提升博士生就业能力的可行路径。针对澳大利亚博士教育和就业能力研究和政策争论的评述表明，就业能力不仅是博士生和教育机构的问题，市场需求方（雇主）应该广泛参与博士生课程设置、就业能力培养和职业准备等方面（Molla & Cuthbert，2015）。

国内学者对博士毕业生就业和能力渐多关注，相关分析已经涉及博士培养质量与科研能力。王彩霞（2006）从学习能力、科研实践能力和科研创新能力三个维度构建博士生科研能力评价指标体系。中国博士质量分析课题组（2010）则把博士生能力素质作为博士培养质量评价的附属研究对象，提出"基础专业知识""创新能力""科研能力""思想道德水平""使命感与责任感"等八项能力素质指标。在此基础上，沈华（2009）利用博士生自身和博士导师两个群体的评价，从课程体系、培养环节和能力素质三个维度评价博士生培养质量，发现我国博士生能力素质存在提升空间，尤其是农科和工科专业。包水梅（2015）认为以学术创新为目的的学者，必须具备的素质应包括：第一，广博扎实的知识，包括专业知识、方法知识和跨学科知识；第二，卓越的学术能力，包括独立探究的意识和能力、想象力、批判能力；第三，以学术为志业的品质，如独立人格、学术热情、学术忠诚、意志力和冒险精神。李永刚（2018）把博士研究者应该具备的学术能力归纳为四个维度，包括学术志趣与品德、学科知识与方法技能、科学思维与研究能力，以及研究合作与管理能力。部分研究则聚焦于个别维度的能力，如孙彩云（2017）研究博士研究生创新能力的特征识别与测评。

上述研究为建构中国情境下的博士毕业生就业能力模型提供了参考。然而，博士就业能力的维度和结构缺乏一致的框架，需要更多分析尤其是基于中国文化情境的深入研究。且国内文献大多从在校博士生、指导老师和管理者角度进行评价，存在三个方面的不足：一是在校博士生不了解工作要求，无法准确评估能力需求；二是没有用人单位（企事业单位人事或职能部门）的对比评价而无法评估博士人才培养是否与市场需求匹配，因而难以揭示博士生就业能力培养存在的主要问题和提出针对性建议；三是现有研究局限于学术研究能力，学术职业和非学术职业都需要的可迁移技能或通用能力则缺乏系统研究。

于是，本研究从市场机制和供需匹配视角，分析博士毕业生就业去向、特征、就业质量及职业准备状况，透析就业能力的内涵和结构，评估博士毕业生就业能力与市场需求之间的匹配状况。进而聚焦于博士生教育阶段，探究博士生就业和能力提升，并从博士生、导师、高校和市场需求方等多个利益相关者，阐述能力培养和提升路径，提出优化博士教育和促进博士毕业生就业能力提升的对策建议。

# 第三节　研究内容与价值意义

## 一、主要内容

本书在明确博士毕业生就业现状、特征与问题的基础上，聚焦就业能力评估与供需匹配分析，再反馈至博士生就业能力提升问题，推动博士教育目标、政策的优化。具体内容主要包括以下几点：

（1）博士毕业生就业去向、特征及就业质量分析。明确博士毕业生的就业状况、就业单位、职业去向。区分学术职业和非学术职业：一是分析博士毕业生选择学术职业的动机、工作状况，就业质量及其影响因素等；二是探究博士毕业生在求职过程尤其是非学术职业求职过程中的准备情况，引出是否存在就业能力不足或其他就业准备不充分的问题，为后续研究提供背景。

（2）博士毕业生就业能力框架及提升路径。系统梳理博士生就业能力内涵，提炼核心能力素质，构建包涵专业知识、科研能力、教学技能、沟通能力、分析解决问题的能力和团队合作等多维度的指标框架。在此基础上，进一步探讨博士教育目标、模式，以及博士生就业能力提升路径。

（3）博士毕业生就业能力评估与匹配分析。明确就业市场对博士毕业生能力素质的需求，评估博士毕业生就业能力水平、就业能力结构与市场需求之间的匹配程度，辨析博士毕业生能力素质存在的缺口和不足。

（4）提升博士生就业能力的对策建议。梳理发达国家博士培养理念、目标定位和模式的变革历程，评估产学研合作培养、跨学科培养等典型案例的能力素质提升效果，总结国外良好经验和做法。以就业能力为导向，分析我国博士生能力素质培养机制和模式存在的问题。探讨教育与市场之间的互动关系和模式，明确市场机制导向下政府、教育机构、博士生导师，以及行业、企业等各利益相关者对博士人才培养的责任和应该承担的功能，为提高博士培养质量和就业能力提升提出针对性建议。

## 二、创新与价值

高层次的博士人才是实现科技创新战略和提升国家竞争力的关键因素，关注博士生就业问题等对于调整完善培养模式和提高教育效益具有重要意义。具体来说，本研究的创新和价值意义体现在以下三个方面：

（1）从市场需求和教育供给侧两个角度出发，建构涵盖学术研究能力和通用能力在内的完整的博士毕业生能力素质框架和测量模型，丰富和发展博士培养质量的内涵和评价标准。研究成果可为制定博士生能力资格框架和培养标准提供参考，对于博士生自我评估、教育机构和第三方监督评估都具有参考价值。

（2）综合运用质性研究、定量研究等相结合的方法，评估博士毕业生能力素质及其与市场需求之间的匹配状况，研究结论有利于揭示博士能力培养的成效和问题，指出博士能力提升的重点方向。

（3）构建"政府—教育—市场"互动合作的博士生能力开发机制和路径框架，并借鉴国外产学研合作培养、跨学科跨领域培养与提升博士生能力的经验和模式，提出针对性强、行之有效的对策建议。

# 第四节　研究方法与数据资料

## 一、研究方法

本研究遵循理论研究—实证分析—对策建议的研究思路。主要采用文献研究、问卷调查、统计和计量分析等方法。其中，文献研究主要用于理论框架的设计，博士毕业生就业能力的内涵、结构分析，以及博士教育转型发展的经验总结等。统计与计量分析涉及博士毕业生就业去向、博士毕业生就业期望，博士毕业生职业准备状况，以及博士毕业生就业能力评估与供需匹配分析，博士生就业能力提升路径等。

## 二、资料与数据来源

本研究的资料主要来源于文献资料、高校就业质量报告、博士毕业生及雇主调查数据，在校博士生就业期望、就业能力调查数据。

具体来说，为了弥补宏观统计数据的不足及全国性调查数据的缺失，我们收集整理了 75 所中国"双一流"建设高校的 2017 届毕业生就业质量报告。利用其中有效的博士毕业生就业数据，分析中国新近博士毕业生的就业率、就业去向、就业质量等。研究发现博士就业去向、就业单位或职业都出现多元化现象，为研究提供了很好的背景情况。

聚焦学术职业，通过上海地区 15 所高校科研机构人文社科领域的青年教师调查数据，旨在分析博士毕业生选择学术职业的主要动机、实际工作状况，并从主观的工作满意度，客观的收入水平等角度，评估高校青年教师的就业质量及影响因素。

利用人文社科领域博士毕业生的跨国调查数据，探究就业过程尤其是替代性学术职业的就业准备状况。一是通过博士入学动机、职业期望与实际就业结果之间的对比及匹配状况分析，间接评估博士毕业生就业准备状况；二是通过博士毕业生对职业准备的主观评价，衡量博士毕业生职业准备过程中存在的问题和不足。

通过文献研究等方法系统梳理博士生就业能力内涵、结构维度及提升路径，为针对性完善博士培养机制提供启示参考。同时，利用博士毕业生及雇主调查数据，从供需双方及匹配的视角，分析就业市场对博士毕业生的技能需求及其供需匹配状况。

在分析博士毕业生的就业、就业能力状况的基础上，再回过头探究在校博士的就业能力与就业期望等问题。主要通过 15 所高等院校的抽样调查数据，分析博士生能力素质，包括主观评价的能力和以论文、专利衡量的客观学术能力，以及博士生就业期望等，评估博士生就业能力及其对博士生职业取向、工作单位偏好等就业期望的影响。

# 第五节 本书结构

本研究共分为八章。第一章是导论部分，介绍了研究背景、国内外研究现状、提出研究目标与主要研究内容，以及介绍研究所使用的方法和数据来源等。

第二章基于中国"双一流"建设高校的 2017 届毕业生就业质量报告中的博士就业数据，分析了中国博士毕业生的总体就业率、就业类型去向、就业单位分布以及就业质量状况。结果显示，除个别高校外，我国博士毕业生的总体就业率普遍很高，失业率或未就业比例很低。从就业单位和行业分布来看，博士毕业生的就业去向多样化，这与全球趋势一致。尽管存在学校类型、学校层级和学科差异，博士毕业生倾向于在高校和研究机构就业，但企业、医疗卫生事业单位已成为博士毕业生就业重要渠道。不管什么单位或职业，博士生就业满意度、工作与专业相关性较高，但薪酬回报和工作稳定性有待提高。建议依据供需情况调整完善博士教育目标和培养机制，做好博士毕业生就业和职业发展的追踪调查，重视博士生就业能力提升并帮助他们做好学术界内外就业的准备。

第三章聚焦学术职业，通过上海地区 15 所高校人文社科领域的青年教师调查数据，分析博士毕业生选择学术职业的主要的动机，评估高校教师的就业质量及影响因素。发现学术职业所具备的独立自主、工作稳定性，以及自身的学术抱负和希望做老师等因素是博士毕业生选择高校教学科研工作的主要动机。实际工作中，学术职业存在工作时间长、工作压力大、工资收入低等就业质量不高的问题，青年教师的工作满意度、生活满意度和主观社会地位都有待提高。高校教育机构需要做好考核和职称晋升等制度改革，加大对青年博士教师的工作支持。

第四章利用人文社科博士毕业生跨国调查数据，探究博士入学动机、就业期望与实际就业结果的关系，并对就业过程中的职业准备状况做了重点分析。数据结果显示，追求个人发展和成为大学教授是博士生的首要动机，但最终进入学术部门且能够获得稳定教职的比例远低于他们的期望。不管从就业身份还是工作内容来看，大约1/3的博士毕业生无法实现自己的学术职业抱负。单一学术目标的传统教育模式使得他们没有做好充分的职业准备，而且导师或学校能够提供的支持非常有限，博士生转而寻求其他资源，如同学、以往毕业生和校外非学术职业人士的帮助。进一步发挥博士人才的社会价值，需要优化拓展博士教育的目标和功能，深化博士生培养模式改革，完善博士生职业咨询和指导服务。

第五章通过文献梳理，从市场需求和教育供给侧两个角度出发，整理建构涵盖学术研究能力和通用能力在内的完整的博士毕业生能力素质框架和测量模型，丰富和发展博士培养质量的内涵和评价标准。研究发现，博士生就业能力涵盖专业学术能力和通用能力，二者相互联系，缺一不可。不管是学术工作还是产业部门的应用型研究工作，博士生都需要具备创造性思考、提出和解决前沿问题、跨学科合作研究、数据分析技术等多项学术研究能力，以及沟通、人际交往、团队合作、项目管理，职业生涯规划等多项通用能力或可迁移技能。创新需求前所未有的知识经济时代，学术能力依然是博士教育的核心，但通用性的职业能力的养成应该成为博士教育的重要组成部分。调整完善博士教育目标，优化结构化课程体系，完善导师指导模式和建构支持性学习环境，是提升博士生就业能力的有效路径。

第六章基于人文社科博士毕业生和雇主的跨国调查数据，分析就业市场对博士毕业生的技能需求及其供需匹配状况。研究发现，不管是科研工作还是其他替代性职业，博士毕业生不仅需要专业知识和研究能力，更需要口头沟通、写作、团队合作、人际交往和项目管理等广泛的通用能力。然而，博士毕业生和雇主一致认同，博士教育无法为毕业生足额提供就业市场所需的技能，如管理能力、人际交往、领导力、合作能力等。导致博士毕业生职业准备不充分，就业能力不足或与市场需求不匹配。各利益相关方需要建立互动合作机制，全面提升博士毕业生的综合性就业能力。研究对于完善博士资格标准和如何培养创新复合型博士人才具有启示意义。

第七章在博士就业多元化背景下，利用学术型博士生调查数据，刻画博士生职业期望的新趋势新特征及能力因素的影响。通过因子分析和多元逻辑斯蒂回归分析发现：科学研究人才和高等院校依然是博士生的主流偏好，但已经呈现多元化特征；博士生能力素质对就业期望具有重要影响，但不同维度的能力对不同类型的就业期望影响不同；博士生对能力的自我认知，即主观的能力评价主要影响他们的职业取向而对工作单位偏好没有显著影响，论文发表等客观能力指标则主要与工作单位偏好相关；学科、性别都对博士生就业期望具有显著影响。因此，适应经济社会需求和实现个人抱负，需要调整完善博士教育目标，强调能力素质的养成，并帮助博士生做好学术界内外就业的准备。

第八章主要提炼结论，分析中国博士教育存在的不足，结合改革发展实际和借鉴国际良好经验，从利益相关者视角，为优化中国博士教育和促进博士毕业生就业能力提升提出了一些针对性的政策建议。具体包括调整完善博士教育目标，提高博士教育投入和经费资助，大力实施博士生导师培训与专业发展计划，为博士生提供针对性求职指导和服务，支持行业和企业参与博士人才培养等。

# 第二章

# 博士毕业生就业去向及质量特征

随着供需结构和就业环境变化，博士教育与经济社会需求出现脱节，博士生培养与就业问题成为近年国际学术研究热点。博士教育是知识密集程度最高的教育形式，在当今的许多国家，拥有博士学位是成为大学教授的资格条件，即博士生是未来学术劳动力的主要来源（Durette et al. , 2016）。然而，随着世界范围内每年毕业的博士数量不断增加，高等教育规模和学术劳动力市场接近饱和，博士毕业生已无法被学术系统充分吸收。同时，产业部门当下和未来对高技能研究人员的需求越来越多。因此，在供需双方作用下，越来越多的博士学位获得者在非学术领域寻求职业发展机会，学术界已不再是博士学位获得者的唯一职业目的地（Mowbray & Halse, 2010）。博士学位获得者经常被聘为高等教育单位或研究机构的研究人员，也被招聘到商业部门，以及政府或非政府组织。

中国也不例外，博士毕业生的职业道路出现多元化特征（陈小满和罗英姿，2017；范丽丽，2018；胡俊梅和王顶明，2017）。中国博士教育的成就有目共睹，2018 年的博士研究生招生数接近 10 万人。随着博士教育的扩大和高校专任教师队伍渐趋稳定，以及产业部门需求的扩大，中国博士毕业生的职业道路变得更加多样化。1980～1987 年，90% 左右的研究生（含硕士和博士）毕业后到高等学校和科研机构工作（孙也刚，2014）。即使在 21 世纪初，由于高等教育规模扩招使得高校的师资需求增长较快，博士毕业生进入高校从事教学科研工作相对容易。但 2009 年之后的形势发生逆转，博士毕业生人数开始超过普通高等学校所录用的应届毕业研究生。再加上大量境外留学博士或博士后归国就业，高校专任教师岗位可谓"僧多粥少"。使得怀抱学术梦想的部分博士生不得不从事临时的博士后工作，抑或干脆放弃学术理想而转入非学术部门工作。在此背景下，博士教育质量广受质疑和诟病，"中国博士过剩就业成难题"等频频见于媒体报端。博士人才培养如何适应经济社会发展的需要引起全社会的反思。

处于学历层次顶端的博士毕业生，就业不是大的问题，但去哪里就业真的是问题。所谓高处不胜寒，市场对博士毕业生的要求也更高，再加上就业领域相对较窄，他们的就业去向及就业质量值得关注。博士毕业生究竟去了哪儿？工作满意度、薪酬回报如何？及时掌握当前我国博士毕业生就业的状况，探究博士生就业存在的问题，紧迫性和必要性是不言而喻的。这不仅关系到每一个博士生的切身利益，更关系到博士生培养规模和质量，以及培养模式的改进完善。限于博士生就业数据的可获得性，本章通过公开发布的高校毕业生就业质量报告，收集汇总博士毕业生就业相关数据，刻画博士毕业生落实工作情况，就业单位、行业、地域分布，以及工作满意度等就业质量分析。

## 第一节　博士毕业生就业选择及影响因素

劳动力市场就业结果一般都取决于机会和自我选择两个关键因素。其中，机会是指市场或雇主提供的工作，而选择涉及人们如何抉择和抓住这些机会。关于博士毕业生就业结果，已经有大量的研究分析薪酬（与需求相关）、特征属性（如性别、国籍、学校声誉）、能力或成就（如论文发表）等因素的影响。研究表明博士毕业生实际就业与传统博士教育目标存在较大偏差。究其原因，可以从宏观就业市场和微观的个体特征两个视角，阐释这一全球现象背后的生成机制。

在供需结构转变下，博士就业多元化已成为国际性趋势。博士人才是科研创新的中坚力量，被公认为是提升国家核心竞争力的关键因素。世界各国都高度重视博士教育，OECD 等国家的博士学位获得者在最近二十年急剧增长（Auriol et al.，2013）。然而，在博士生数量扩张和学术岗位相对不足的背景下，博士生从研究生院通往学术工作的道路充满不确定性和风险，博士毕业后从事学术岗位的比例不到一半（Neumann & Tan，2011）。例如，英国高等教育基金会（HEFCE）的研究报告显示，英国、澳大利亚、德国、美国、挪威、西班牙和印度等国家博士毕业生进入学术部门的比例都有不同程度的下降，而进入临时的、过渡性质的博士后学术岗位，以及企业、政府和非营利组织的非学术岗位有所增加（Clarke & Lunt，2014）。美国研究生院联合会组织的调查报告也表明，2008 年毕业的博士约有 50% 从事非学术职业，尤其是工程领域的博士毕业生，有 61% 在产业界工作（Wendler et al.，2012）。

博士毕业生就业选择的多元化与学术劳动力市场的供需结构高度相关。首先，与不断扩张的博士生教育规模相比，随着人口结构转变及高等教育规模趋于稳定，高等学校中的学术职位日益凸显其相对稀缺性。学术劳动力市场处于饱和甚至过度饱和状态，已经无法吸纳不断增长的博士人口，获得一份稳定的教职工作越来越难。相当一部分博士毕业生需要从事一段时间过渡性质的博士后研究工作，甚至部分陷入失业或就业不足状态（Benito & Romera，2013）。其次，学术部门的生态环境恶化和职业吸引力下降。随着高校外部环境变化的冲击，聘用制度改革、工作考核和绩效评价的加强，学术压力越来越大，工作稳定性难以保障。与工作考核和压力增大形成鲜明对比，高校学术职业的薪酬回报极低且没有竞争力。总之，由于学术职业机会不足，以及从事学术职业的工作压力、经济压力大，使得相当一部分博士毕业生选择到企业等非学术部门就业。此外，学校的排名或声誉也影响博士生的就业去向。学校的排名是衡量机构质量的指标，不仅影响博士生的入学选择，也影响他们毕业后的就业机会。因此，毕业于研究型名牌大学的博士毕业生，在激烈的竞争中更有可能获得学术职业，尤其是研究型大学的学术职业（Sullivan et al.，2018）。

除了宏观环境，博士毕业生就业选择受到个体偏好的强烈影响。由于不同的职业价值观、工作和薪酬激励制度，学术界和产业部门的研发、管理工作具有显著不同的属性特征。对于在学术界工作的博士毕业生来说，智力挑战和独立程度在就业决策中起着相当重要的作用（Waaijer，2017）。相关研究都发现，对学术环境的这种"偏爱"与学术职业选择显著相关（Balsmeier & Pellens，2014；Bloch et al.，2015；Roach & Sauermann，2010）。这一因素使学术界相比其他部门具有比较优势，并能够抵消产业部门高工资收入的吸引力（Agarwal & Ohyama，2013）。即使是进入产业部门的科学家，为了能够追求学术并以个人名义发表研究成果，也愿意放弃和牺牲部分物质利益（Sauermann & Roach，2014；Stern，2004）。总之，博士毕业生个人偏好与职业本身的特征，相互作用共同决定其就业选择。

因此，有研究发现（感知的）就业机会对博士毕业生就业选择具有影响，但没有得到一致结论。例如，有研究发现博士生感知的就业前景与实际就业具有一定的相关性（Fox & Stephan，2001），这说明宏观的就业环境确实能够影响博士生的就业去向。不过，也有研究发现职业前景对博士生就业期望没有影响（Roach & Sauermann，2010），或劳动力市场需求对博士就业选择的影响程度非常有限（Bloch et al.，2015）。最近的研究对此提供了解释，因为自我感知的职业前景对就业决策的影响受到个体偏好的影响（Waaijer，2017）。当感知的职业机会与个人偏好一致的，外部市场环境对博士生就业决策的影响程度较大。换句话说，外部就业市场环境和个体的内在的偏好同时影响博士生就业选择。因此，由于不同学科的供需状况不同，博士毕业生就业去向存在显著的学科差异。

社会化及学术身份认同对博士毕业生就业选择具有重要影响。博士教育期间的社会化是指获得特定职业所需的知识、技能和价值观的过程。在这一过程中，博士生通过与导师、同学的互动，建构相应的职业规范和行为准则，并形成身份认同。博士教育的目标是让学生成为研究人员和独立的学者。博士生通过与导师交流、参加学术会议和发表论文等方式，不断强化、内化教师角色，并得到学术共同体的认同（Jazvac-Martek，2009）。通过对立陶宛22所高等教育机构不同学科博士生的调查，发现在博士入学阶段，专业人员

（practitioner）是最主要的身份认同，但随着博士课程的进展，教师的职业角色认同度随之提高（Kovalcikiene & Buksnyte-Marmiene，2015）。这些发现表明，嵌入博士教育过程的学习经历、社会化、角色－身份互动对博士生自我效能感和学术身份认同起着关键作用。这反过来对他们的职业偏好及毕业后就业选择有着直接影响（Jazvac-Martek，2009）。

就业能力也是影响博士生就业选择的重要个体因素。不同类型的职业，其目标、价值观和文化环境不同，对知识和技能的需求也不同。从事学术职业除了要求具备特定偏好或兴趣之外，还需要扎实的专业知识和极强的学术研究能力，甚至要求已经获得同行的专业认可（Lee et al.，2010），如公开发表学术论文。这些已成为博士毕业生是否能够获得学术职业的重要筛选标准。实际上，博士毕业生在学术职业上的走与留，并非源于自身的一厢情愿，而是双向选择和权衡取舍的结果。相当数量的博士毕业生可能根本无法满足学术职业的这些要求，尤其是当前学术职业岗位需求有限的条件下。相比之下，分析并解决复杂问题、团队合作、沟通能力、管理能力和技术转化应用等通用性、可迁移性能力在产业部门更具有价值（Kyvik & Olsen，2012；Sinche et al.，2017）。由此可以预期，学术研究能力提升将增强博士生选择学术职业的动机和能力，而通用能力的提升有助于博士毕业生在学术界外部获得就业机会。例如，有研究利用比利时博士学位获得者职业生涯调查数据，发现论文发表有利于帮助博士毕业生继续留在学术界，而专利申请和对商业的偏好则使得他们离开学术界（Balsmeier & Pellens，2014）。不过，现阶段博士培养以学术为中心，以强调论文创新为特征，使得博士毕业生的能力素质与市场多样化需求不匹配（De Grande et al.，2014）。如今，尤其在发达国家和经济发达地区，博士毕业生人数已远超高等教育单位对博士人才的需求，而产业部门却需要大量既精通专业又能对接市场需求的人才，但过于狭窄的博士教育使得部分博士毕业生缺少必备的就业能力，市场机制导向下的博士生培养模式改革势在必行。

当然，对于博士生而言，除了这些能力素质，其他因素对于获取学术界内外的就业机会也很重要。例如，针对澳大利亚一所研究型大学博士毕业生的调查分析表明，先前的工作经验，以及获得和利用社会网络对于毕业时找到工作具有显著影响（Jackson & Michelson，2015）。此外，研究发现博士生就业存在性别差异。受传统观念的影响，女性无论是追求博士学位，还是毕业后的职业选择过程中，都面临着结构性约束，女博士生就业更加困难（卿石松，2017）、职业发展相对滞后（黄梅和范巍，2011），但也有研究发现博士生就业没有显著的性别差异（李锋亮等，2012），甚至认为女博士的就业形势相比男博士更好（何雨和陈雯，2008）。

# 第二节　数据来源

如无特殊说明，本章数据资料来自中国"双一流"建设高校的 2017 届毕业生就业质量报告。[①] 这些毕业生就业质量报告在学校官方网站公开可得，我们收集和利用的信息主要有各个高校的博士毕业生人数、就业率、就业去向（包括单位性质、行业、地域等）和就业质量（工作满意度、工作与专业相关性、工资收入）。原计划收集所有具有博士学位点的"双一流"建设高校的就业资料，但由于部分高校或是由于博士毕业生规模较少，就业质量报告中未单独呈现博士生就业的相关数据。最终得到有效样本高校 75 所，其中"985"大学和"211"大学分别为 31 所和 44 所，各占 41.3% 和 58.7%。这些高校的博士毕业生规模达 3.05 万人，占 2017 年全部博士毕业生的 52.6%，数据具有一定的代表性。

从地域分布来看，样本高校分布于 25 个省份，其中北京地区 23 所，上海 8 所，湖北 7 所，江苏 5 所。总体来看，近年来博士研究生的女性比例虽逐步提升，但大部分高校博士毕业生的男性人数仍显著多于女性，2017 届博士毕业生样本的男女性别比为 1.81。其中，博士性别比最高可达 4.97 ［中国石油大学（北京）］，而北京外国语大学的博士毕业生性别比最低，仅为 0.33。

---

[①] 如无特殊说明，本章数据皆由这些高校毕业生就业质量报告整理而成，感谢梁雅方的研究助理工作。

# 第三节　就业状况与质量评价

## 一、就业率

就业率是反映毕业生就业情况和社会对毕业生需求程度的重要参考指标。在毕业生就业质量报告中，已落实工作和升学（留学）统计为"就业"，就业率即为"就业"毕业生占毕业生总数的比重。其中，工作则包括协议就业、灵活就业、自主创业、自由职业等多种形式，升学则包含国内升学和出国（境）留学。对于本科和硕士毕业生来说，选择升学或留学原则上应该不算劳动力，这部分人应该从就业率公式的分子和分母中同时移除。[①] 不过，对于博士毕业生来说，国内外升学（深造）一般指从事博士后工作，可看作是临时性的合同就业，算作"就业"没有问题。在 75 所样本高校中，有 7 所高校仅提供博士毕业生的初次就业率（截至 2017 年 8 月 31 日），68 所高校公布了年终就业率（截至 2017 年 12 月 31 日），有 7 所同时公布了初次就业率和年终就业率。

为了保持统一，分别对年终就业率和初次就业率进行分析。从 68 所高校所公布的博士毕业生人数、年终就业率汇总计算得到总体平均的年终就业率为 97.1%。[②] 由此可见，博士毕业生的就业率较高。各高校之间的博士毕业生年终就业率分布状况如图 2 - 1 所示。其中，共有 5 所高校的博士毕业生实现 100% 就业，分别为北京邮电大学、南京航空航天大学、郑州大学、合肥工业大学和中央音乐学院。博士毕业生年终就业率均分布在 95% ~ 100% 之

---

① 此外，正在准备考研考博或是做留学准备的学生，因暂时没有就业意愿也不应该算作失业，因此就业质量报告把这部分毕业生连同"待就业"都统计为"未就业"。

② 其中，有 14 所高校提供男、女博士的就业数据，与预期一致，女博士就业相比男博士困难，男博士的就业率为 96.2%，女博士的就业率为 94.2%。

间的有 52 所, 分布在 90% ~ 95% 之间的高校有 9 所, 仅有 2 所高校的博士毕业生年终就业率低于 90%。

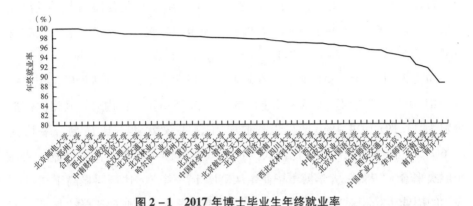

**图 2 - 1 2017 年博士毕业生年终就业率**

不过, 博士毕业生的初次就业率相对较低, 按照各高校博士毕业生人数加权计算得到的平均值为 89.6%, 与年终就业率存在较大的差距。其中, 仅有中央音乐学院的博士毕业生初次就业率达到 100%。初次就业率低于 90% 的有 5 所高校, 分别为中国石油大学(华东)、东北林业大学、华中师范大学、延边大学和南京理工大学。其中, 南京理工大学博士研究生初次就业率仅为 38.7%。① 不过, 其年终就业率上升到了 99.7%。类似的, 东南大学的年终就业率从 84.0% 提高到 99.0%。华中师范大学的年终就业率也从 83.2% 增加到 95.3%。这反映出博士毕业生求职时间较长或"慢就业"的问题, 同时也从侧面反映了博士毕业生存在一定的供需矛盾。

## 二、就业类型

为了进一步考察博士毕业生就业类型及去向, 根据各高校就业质量报告

---

① 南京理工大学就业质量报告对此的解释是统计初次就业率的时候(截至 2017 年 8 月 31 日), 大部分博士生还没达到毕业资格。我们把它按照极端低值处理, 没有纳入平均数计算。如果算上它, 则初次就业率平均仅有 79.9%。

中有关就业的定义和统计口径，可以将博士毕业生就业去向划分为已落实工作、深造以及未就业三类。[①] 其中，已落实工作又包括协议就业、合同就业、灵活就业以及自主创业等类型;[②] 深造（博士后研究）包含国内升学及出国深造。样本高校中，共有 55 所高校的就业质量报告包含这部分信息。其中有 31 所"985"大学和 24 所"211"大学。

如表 2-1 所示，总体来看，在就业博士毕业生中，不计博士后工作的样本为 81.0%，继续深造即从事博士后的样本为 15.5%（国内升学及出国深造分别为 11.1% 和 4.4%）。在工作样本中，协议就业占比最高，平均为 75.6%。其他类型工作的占比依次为灵活就业、合同就业和自主创业。从高校层次来看，"985"大学博士毕业生从事博士后岗位的比例明显高于"211"大学的毕业生。相对来说，"985"大学的博士毕业生更倾向于学术职业，宁愿暂时从事临时性的博士后岗位，以待稳定的学术职业机会。此外，从高校所在的地区差异来看，相比东部、中部地区的高校，西部地区的高校博士毕业生其工作占比较高，而继续深造的比重较低。

表 2-1　　　　　　　　　　2017 年高校博士毕业去向　　　　　　　　单位: %

| 类别 | 就业 | | | | | | 未就业 | | |
| | 工作 | | | | 深造 | | | | |
| | 协议就业 | 合同就业 | 灵活就业 | 自主创业 | 国内升学 | 出国深造 | 拟深造 | 待就业 | 暂不就业 |
| "985"大学 | 75.2 | 1.6 | 2.9 | 0.2 | 11.8 | 4.9 | 0.1 | 2.4 | 1.0 |
| "211"大学 | 77.8 | 3.4 | 6.5 | 0.3 | 7.0 | 1.2 | 0.1 | 2.5 | 1.3 |
| 东部地区高校 | 73.2 | 2.3 | 4.1 | 0.1 | 11.9 | 5.3 | 0.1 | 2.1 | 0.9 |
| 中部地区高校 | 76.5 | 0.9 | 1.9 | 0.2 | 12.0 | 3.2 | 0.0 | 4.1 | 1.2 |

---

　① 上文已经指出，博士毕业生进入博士后流动站或工作站进行深造可算作是短期或临时的学术工作，与本科或硕士毕业生升学（深造）不太一样。但为了保持统计口径的一致，本书依照就业质量报告的分类方式。

　② 协议就业指与用人单位签订就业协议形式工作；合同就业指与用人单位签订就业合同形式就业；灵活就业指以灵活方式（如弹性工作、自由职业等形式）工作。

| 类别 | 就业 | | | | | | 未就业 | | |
|---|---|---|---|---|---|---|---|---|---|
| | 工作 | | | | 深造 | | | | |
| | 协议就业 | 合同就业 | 灵活就业 | 自主创业 | 国内升学 | 出国深造 | 拟深造 | 待就业 | 暂不就业 |
| 西部地区高校 | 86.7 | 1.3 | 2.6 | 0.3 | 5.2 | 2.1 | 0.0 | 0.4 | 1.4 |
| 总体样本 | 75.6 | 1.8 | 3.4 | 0.2 | 11.1 | 4.4 | 0.1 | 2.4 | 1.0 |

具体来看，博士毕业生就业类型及去向存在以下特征：

（1）协议就业占比最高，但灵活就业也占有一定的比重，自主创业比重最小。毕业生求职和就业过程中所签订的就业协议，是用人单位确认毕业生信息以及接收毕业生的重要凭据，也是高校进行毕业生就业管理、编制就业方案以及毕业生办理就业落户手续等有关事项的重要依据。① 大多数博士毕业生一般进入高校、科研院所、国有企业、政府机关及其他事业单位等体制内就业，因而协议就业的比例较高。但近年来，由于博士规模扩张和就业多元化，体制外单位也成为部分博士的就业选择，合同就业、灵活就业的比例有所提高。

（2）继续深造（博士后）成为博士毕业生就业新形式，尤其是高水平大学的博士毕业生。博士就业市场尤其是学术就业市场的不乐观致使部分博士毕业生不得不从事博士后研究工作。尽管博士学位是目前教育体系中的最高学术水平和资质认证，但随着我国博士研究生教育的规模扩张，博士不再是凤毛麟角，学术劳动力市场的竞争也变得异常激烈。再加上境外留学博士、博士后归国人员大量增加，我国培养的博士毕业生在学术就业市场的求职困难程度越来越大。目前中国大多数高校和科研院所的人才引进与录用招聘启事中，均明确提到博士后或具有海外留学经历者优先录取。因此，这

---

① 原国家教委1997年3月24日颁发《普通高等学校毕业生就业工作暂行规定》，规定"经供需见面和双向选择后，毕业生、用人单位和高等学校应当签订毕业生就业协议书"。不过，当前市场就业体制下，毕业生求职过程中是否签订就业协议一般与就业单位性质有关。

就导致有相当比例的博士毕业生，尤其是"985"大学博士毕业生选择在国内或出国继续深造，以便寻求和等待学术职业机会。这与鲍威等（2017）通过博士生调查数据，发现"985"大学的博士生更加偏好海外博士后岗位的结果是一致的。其中，中国科学技术大学（33.2%）、清华大学（33.2%）、北京大学（31.0%）三所高水平综合型大学的深造率（博士后）均超过30%。其中北京大学和清华大学的博士毕业生出国做博士后工作的比例更是超过12%。而深造率超过20%的还有6所高校，分别为北京化工大学（29.3%），中国农业大学（28.5%），北京交通大学（27.0%），北京工业大学（23.1%），北京航空航天大学（24.5%），中国海洋大学（22.9%）。而财经类、医科类高校的博士毕业生深造率较低，例如，上海财经大学博士毕业生几乎没有人做博士后，天津医科大学深造率为0.8%，南京农业大学1.2%。这可能体现了博士毕业生就业去向在不同类型高校和不同学科之间的差异。

## 三、就业单位去向

就业单位的性质是对博士就业偏好的直观反映，根据各高校的就业质量报告及研究的需要，将就业单位性质划分为12个类别：高等教育单位、科研设计单位、党政机关、医疗卫生单位、中初教育单位、其他事业单位（除各类学校及医疗卫生单位）、国有企业、三资企业、民营企业、其他企业、部队及其他（灵活就业等）。样本高校中共有40所高校具有此部分信息，包含21所"985"大学和19所"211"大学。其中，财经政法类高校有4所，理工类大学有11所。

从表2-2来看，高等教育单位、企业和医疗卫生单位是吸收博士生就业的主渠道，分别占43.9%、20.4%和19.9%。在企业单位中，国有企业的就业人数与科研设计单位持平，两者占比均为8.1%，是博士就业的重要渠道。随着近几年我国民营企业的发展以及其人才战略的实施，博士毕业生到民营企业就业的比例也越来越多，平均占比达到7.4%，成为博士生就业去向的新高地。博士毕业生到三资企业就业比例相对较低，仅占 3.4%。

表 2 - 2  博士毕业生就业单位性质  单位：%

| 类别 | 高等教育单位 | 科研设计单位 | 医疗卫生单位 | 党政机关 | 中初教育单位 | 其他事业单位 | 国有企业 | 三资企业 | 民营企业 | 其他企业 | 部队 | 其他 |
|---|---|---|---|---|---|---|---|---|---|---|---|---|
| "985" 大学 | 41.6 | 7.5 | 23.5 | 2.8 | 0.3 | 2.6 | 8.4 | 3.8 | 7.7 | 1.3 | 0.3 | 0.2 |
| "211" 大学 | 53.5 | 10.4 | 4.9 | 3.9 | 3.0 | 1.8 | 7.0 | 1.6 | 6.2 | 1.9 | 0.6 | 5.1 |
| 财经政法类 | 51.0 | 1.4 | 0.0 | 14.2 | 0.2 | 3.7 | 14.4 | 2.3 | 10.9 | 1.8 | 0.0 | 0.0 |
| 理工类 | 48.7 | 19.9 | 6.0 | 1.2 | 2.8 | 1.0 | 9.5 | 1.4 | 8.3 | 0.0 | 1.3 | 0.0 |
| 总体样本 | 43.9 | 8.1 | 19.9 | 3.0 | 0.8 | 2.5 | 8.1 | 3.4 | 7.4 | 1.5 | 0.4 | 1.1 |

不同层次高校博士毕业生就业单位性质分布存在差异。"985"大学的博士毕业生选择到高等教育单位就业的比例要显著低于"211"大学，分别为 41.6% 和 53.5%。而"985"大学的博士毕业生相比"211"大学的博士生更愿意到企业工作。其中，"985"大学的博士毕业生到各类企业（国有企业、三资企业和民营企业等）的就业比重均高于"211"大学。

表 2-2 还可以发现，不同高校类型的博士毕业生在就业单位上同样存在差异，这充分体现了不同学科之间的供需状况及就业机会的差异。按照《中国教育统计年鉴》对高校的分类方式，样本高校中财经政法类大学的博士毕业生进入党政机关的比例平均为 14.2%，明显高于理工类高校（1.2%）。从地区差异来看，北京高校由于其地域优势，中央部委机构集中，党政机关就业岗位多，级别较高，其博士毕业生进入党政机关的比例显著高于其他地方的高校。

科研设计单位是工科类院校尤其是航空航天、海洋类专业院校毕业生的主要去向，平均占比达到 19.9%。其中，科研设计单位就业比重最高的 5 所高校依次为，北京航空航天大学（38.6%）、哈尔滨工程大学（22.5%）、南京航空航天大学（21.7%）、中国科学技术大学（21.4%）和中国海洋大学（21.2%）。其中北京航空航天大学、南京航空航天大学、哈尔滨工程大学这

3所高校均属于工信部直属高校，原为国防科工委直属高校，而中国科学技术大学则隶属于中科院高校。这类高校进入科研设计单位的比例高，说明上述高校中的优势学科为国家重大技术装备发展和自主创新培养了大量的专门人才。这与范丽丽（2018）基于2016年就业质量报告得到的研究发现是一致的。

设有医学院的高校，其博士毕业生选择到医疗卫生单位就业的比例最高。在样本高校中，博士毕业生在医疗卫生单位就业比例最高的5所高校分别为天津医科大学（72.1%）、中南大学（56.2%）、中山大学（52.6%）、上海交通大学（46.2%）和复旦大学（39.6%）。究其原因主要是医学博士的专业性较强，就业领域相对集中，且这些高校拥有多所附属医院，能够大量吸收医学博士毕业生。其中，复旦大学共有16所附属医院（含3所筹建），上海交通大学拥有14所附属医院，中南大学共有7所附属医院，中山大学有7所附属医院。

## 四、就业行业分布

博士毕业生就业的行业分布也具有多元化特征。按照《国民经济行业分类》（GB/T 4754 – 2011）标准，2017届博士毕业生就业行业主要分布在七大行业。[①] 其中，教育行业、科学研究和技术服务业是吸纳博士毕业生最多的两大行业，分别占46.3%和13.9%。博士毕业生就业比重较高的其他五个行业分别为卫生和社会工作行业（14.3%），制造业（5.5%），公共管理、社会保障和社会组织（5.0%），信息传输、软件和信息技术服务业（5.0%）和金融业（3.1%）。

由于高校类型不同，博士毕业生的就业行业选择也存在较大差异。平均来看，文史类高校的博士毕业生选择教育行业的比重高于理工类高校，两者的比重分别为53.7%和43.0%。在科学研究和技术服务业，则是理工类高校的博士毕业生多于文史类高校，两者的比重分别为15.6%和9.1%。此外，

---

① 包含这部分信息的有28所高校，其中包含16所综合性理工类高校和7所综合性文史类高校，以及农林类、财经类、政法类、外语类高校各1所。

理工类高校的博士毕业生更多选择制造业（6.6%）和信息传输、软件和信息技术服务业（6.1%），而文史类高校博士毕业生则更多地进入公共管理、社会保障和社会组织（8.3%）和金融业（5.1%）。

## 五、就业地域分布

### （一）博士就业具有属地化特征

样本中共有38所高校含有博士毕业生就业地区和省份分布数据。从中可以发现，博士毕业生就业单位地区分布中，高校所在省份就业占比超过50%的高校达六成，即博士毕业生就业地域分布具有明显的属地化特征。如图2-2所示，属地就业比例最高的是山东大学，在全部签约就业博士毕业生中，有73.7%人在山东省就业，51.1%在济南市就业；其次是太原理工大学，其博士毕业生省内（山西省）就业占比为72.7%，其中有95.8%的人在太原市就业；第三是暨南大学，在已就业的博士毕业生中有72.5%的人在广东省就业，58.8%在广州市就业。在北京地区的高校中，北京航空航天大学的博士毕业生属地就业（留京率）超过60%，中国传媒大学、中国人民大学也超

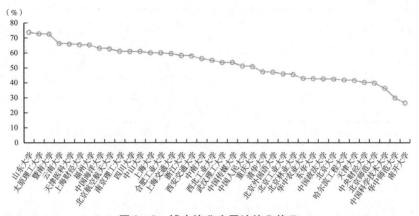

图2-2　博士毕业生属地就业状况

过50%。上海高校中，上海财经大学和上海大学的博士毕业生在沪就业比例超过60%，上海交通大学也接近60%。此外，云南大学、天津医科大学、上海财经大学、福州大学等多所高校，其博士毕业生属地就业比例都超过60%。相对来说，仅有北京师范大学、中国科学技术大学、华中师范大学和南开大学的博士毕业生属地就业比重低于40%。

### （二）博士就业向"北上广"和东部地区集聚

综合来看，如表2－3所示，博士毕业生在北京、上海和广东就业的比例达到22.2%，加上其他东部地区的33.7%，整个东部地区的博士生就业占比达到55.9%。[①] 说明博士毕业生呈现在东部发达地区集聚的现象，尤其是东部地区的高校，其博士毕业生在东部地区就业的比例高达86.6%。这体现了东部地区尤其是北京、上海和广州等一线城市就业环境相对较好，博士毕业生都倾向于在这些城市寻求工作机会。此外，与上文所述的属地化就业一致，由于"北上广"等重点城市的高校和博士毕业生本来就多，"北上广"以及东部地区自然成为博士毕业生集聚的就业区域。此外，杭州、南京等东部相对发达的省会城市也成为博士聚集的新高地。

表2－3　　　　　　　　　　博士毕业生签约单位地域分布　　　　　　单位：%

| 类别 | 东部地区 | | | | 中部地区 | 西部地区 |
| --- | --- | --- | --- | --- | --- | --- |
| | 上海 | 北京 | 广东 | 其他 | | |
| 东部高校 | 17.9 | 11.1 | 3.3 | 54.3 | 8.3 | 5.3 |
| 中部高校 | 4.7 | 4.4 | 7.7 | 14.0 | 61.3 | 7.9 |
| 西部高校 | 1.7 | 3.8 | 3.9 | 9.0 | 10.3 | 71.4 |
| 总体样本 | 9.7 | 8.2 | 4.3 | 33.7 | 19.5 | 24.6 |

---

① 东部地区包括：上海、北京、天津、辽宁、河北、山东、江苏、浙江、广东、福建和海南；中部地区包括：安徽、黑龙江、吉林、河南、江西、山西、湖北和湖南；西部地区包括：四川、重庆、陕西、甘肃、广西、新疆、云南、贵州、青海、内蒙古、西藏和宁夏。

### （三）中、西部地区将成为博士就业新去向

当然，随着国家战略方针的变化，引导毕业生到西部以及国家最需要的地方建功立业也是高校就业工作的一个重要目标。受教育规模、生源结构、地区经济发展差异等主客观因素的综合影响，尽管向东部发达地区的集聚现象依然存在，但博士毕业生就业地域分布将会越来越广，中、西部地区成为博士生就业的新选择。首先，东部发达地区的高校，其师资需求门槛较高，相对来说，中、西部地区高校依然对博士毕业生具有较大的需求；其次，中共十八大以来，国家全面推进深化改革，实施了一系列重大战略部署，包括"一带一路""京津冀协同""长江经济带"等，开创了我国经济社会发展的新格局，同时也为博士毕业生到中、西部地区就业创造了良好的环境和条件。例如，北京师范大学，中部地区就业达到14.9%，西部地区就业达到15.4%。

## 六、就业质量评价

就业质量一般采用毕业生抽样调查的方式，从工作满意度，工作与专业相关性，以及薪酬回报等角度加以测量，有这方面信息的样本高校共有13所。这些数据资料表明，博士毕业生总体工作满意度以及工作与专业相关度较高。

### （一）总体工作满意度较高

大部分高校的博士毕业生对工作表示满意或很满意的比例都在90%以上，且高于本科生与硕士研究生。其中，太原理工大学的调查表明，博士毕业生对工作总体、职业发展前景、工作内容、薪酬四个方面的满意度都是100%。可见博士毕业生对工作条件表示认同，所从事的工作整体上比较符合自身的职业期望。同时，调查显示，博士毕业生对工作不满意的原因，主要是收入低、个人发展空间小、工作环境较差以及单位发展前景不好。

此外，根据就业质量报告显示，从协议履约率、离职率等就业稳定性指标来看，博士毕业生工作相对稳定。例如，南京理工大学的就业质量报告显示，博士毕业生的协议履约率为 94.7%，高于本科和硕士毕业生，而离职率则低于本科和硕士毕业生。不过，也有调查显示，博士毕业生的工作稳定性不如本科和硕士毕业生。例如，太原理工大学的调查数据显示博士毕业生的工作稳定性显著低于本科生与硕士毕业生，毕业半年内没有更换单位的博士毕业生为75.0%，但本科和硕士毕业生的比例分别为 86.4% 和 95.2%。类似的，东南大学博士毕业生的离职率（6.1%）高于本科生（4.9%）和硕士毕业生（2.9%）。主要离职的原因为岗位与个人技能不匹配，自身特有优势无法发挥等。

（二）工作与专业相关度较高

工作相关度作为衡量人力资源有效利用程度的重要指标，反映的是学校专业设置与社会需求是否脱节及劳动力市场的供需匹配度。从有相关信息的13 所样本高校来看，博士毕业生工作与专业的相关度在 94% 左右。博士生的工作与专业的相关度高于硕士研究生与本科生。一方面，由于博士生对自身定位、专业能力以及职业目标相较硕士研究生与本科生有更深理解，因此求职的针对性更强，与单位的匹配度更高；另一方面，由于用人单位在选择博士生上更偏向于博士生的专业及其科研能力，而针对硕士研究生与本科生更注重其综合素质及学习能力与可塑性。

（三）博士毕业生平均工资高于本科和硕士毕业生

毕业生的薪资水平受学科、工作地区、工作内容等多重因素的影响。从 13 所高校的抽样调查来看，工资收入与学历层次正相关。所有样本高校的数据都显示，博士毕业生的平均工资收入高于本科和硕士毕业生。本科毕业生、硕士毕业生和博士毕业生的月平均工资分别为 6449 元、7835 元和 9766 元。[①] 尽管平均的薪酬水平随着学历水平的提高而提高，但从学科

---

① 由于各个高校的抽样数据不详细，这是未对样本加权而计算得到的简单平均数。

内部来看，华东师范大学和同济大学的调查显示，工学、经济学和管理学学科，博士毕业生的平均月薪相比硕士不仅没有优势，甚至还略低于硕士毕业生。事实上，从薪酬回报角度来看，博士学位并不一定能够在劳动力市场上获得额外好处。例如，斯蒂芬（Stephan，2012）通过生物科学博士和工商管理硕士的对比，发现博士毕业生预期的终身收入要比工商管理硕士低得多。

综合来看，东部地区尤其"985"大学的毕业生，平均收入显著高于西部地区高校的毕业生，且差距较大。同时，博士毕业生薪酬存在较大的学科差异。工学、管理学、理学等学科毕业生薪资水平较高，而文学、历史等人文学科相对较低。因此，以理工科见长的高校毕业生工资收入相对较高，例如，北京航空航天大学的博士毕业生平均月工资超过 13000 元，在样本高校中属于最高。此外，博士毕业生的薪酬水平在不同行业之间也存在较大差距。上海财经大学提供的信息显示，博士毕业生薪酬排名前五位的行业分别为计算机类（21500 元）、金融类（25000 元）、咨询顾问（15000 元）、国际贸易（15000 元）、快速消费品（15000 元）。

# 第四节 结果讨论与分析

## 一、就业类型及去向多元化

通过收集和汇总多所高校的就业质量报告数据，上述分析表明，尽管博士毕业生的就业率相对较高，但也有约 3% 的博士毕业生没有就业或不能及时就业，而在就业样本中，正式协议就业的比例不到 80%，继续深造即从事过渡性的博士后工作成为重要的就业选择。然而，目前我国博士生教育仍以学术型博士为培养目标，培养形式相对单一，不注重专业型博士培养以及实践能力培养，这将进一步加重我国博士生就业的困境。例如，2017 年，我国在校博士生规模为361997人，其中专业学位9560人，仅占2.6%。再加上国家海外人才战略和国际化战略，高校等用人单位的人才需求优先指向海外博士，进一步挤占国内博士毕业生的就业空间，博士就业尤其是学术职业市场的竞争日趋激烈。针对韩国的研究结果表明，尽管韩国的博士教育体系的规模和质量在过去四十年获得显著发展，但海外博士学位相对于国内博士学位具有相对优势，研究型大学聘用海外博士的可能性大于国内博士（Jung，2018a）。因此，在研究大学寻求教职变得极为困难，许多毕业生必须寻求过渡性质的职位，如博士后或专职科研人员，或是去其他企事业单位寻求替代性职业机会。

博士后成为博士毕业生重要的过渡性就业选择，体现了学术劳动力市场需求趋于饱和或者竞争激烈程度上升。部分偏好于学术职业的博士生无法在毕业时找到理想的教师工作，转而求其次，一些优秀的博士毕业生尤其是"985"大学毕业生，先到境内外高水平大学或科研机构进行博士后研究，以便等待并能够获得学术职业机会。首先，博士后在国内找到学术工作的比率相对较高。因为中国有一个独特的师资博士后制度，博士毕业生作为博士后和预聘教师进入大学。此外，全职博士后一般给予落户，以至于北京等地的博士后，在求职过程中就有一定的优势。境外博士后经历更是具有竞争力，在"千人计划"等国家高层次海外人才战略的强劲推动下，高校等用人单位的人才需求优先指向海外博士（后），使得出国继续深造或从事博士后研究工作成为不错的选择。显然，大多数选择博士后研究的博士毕业生对于找到学术职位持乐观态度。其次，博士后的待遇有一定的吸引力。为了培养更多高层次创新型人才，吸引新近毕业的优秀博士从事博士后研究工作，除了专门设有博士后科学基金，中央部委和地方都相继制定了一些鼓励计划，例如，全国博士后管理委员会的《博士后创新人才支持计划》（2016年），该计划在2年内为博士后提供60万元人民币的资助。上海和广东等地也相继出台支持和鼓励博士研究人员的资助计划。部分高校也加强博士后人才的引进，就算是普通的博士后，基本待遇也高于讲师，如果合作单位或导师再给一些补助，则可能超过副教授。相比一般大学的讲师职位，这些政策增加了博士后职位的吸引力。因此，在多方因素影响下，博士后成为实现学术抱负和吸纳博士毕业生就业的重要渠道。

### 二、就业单位及职业多元化

从就业单位性质来看，博士毕业生就业单位或职业呈现多元化。除了高等院校的传统学术职业，越来越多的博士毕业生选择在企业、医疗卫生单位、党政机关、中初教育单位、其他事业单位就业，非学术职业占比越来越高。

企业既是科技创新的主体，也是最大的需求方和研发经费的最大支出部门。为了加快推进创新型国家建设和经济社会的转型发展，全面落实《国家中长期科学和技术发展规划纲要（2006～2020年)》，中共中央、国务院先后印发《关于深化科技体制改革加快国家创新体系建设的意见》《国务院办公厅关于强化企业技术创新主体地位全面提升企业创新能力的意见》等政策文件，进一步强化了企业技术创新的主体地位，企业研发投入的积极性和水平不断提高，逐步形成了"以企业为主体、市场为导向、产学研相结合的技术创新体系"。据《中国科技统计年鉴》数据显示，各类企业2017年的研发经费支出已经从2006年2135亿元增加到13660亿元，占全国研发经费支出总量的77.6%。不言而喻，企业研发投入的增加，势必增加对高层次、高技能博士人才的需求。特别是近些年民营企业逐渐意识到科技创新、管理创新及营销创新等对企业获得并维持竞争优势的重要性，更加注重引进高层次人才。且其丰厚的待遇、优越的工作环境、良好的发展前景又吸引了越来越多的博士毕业生，使其将专业知识、科技成果直接转化为生产力，促进企业的发展壮大。因此，在供需两端的作用下，博士毕业生就业多元化成为不可逆转的趋势。

## 第五节　本章小结

本章收集汇总了中国"双一流"建设高校2017年毕业生就业质量报告

数据，对博士毕业生就业状况和质量特征进行分析，得到以下发现和结论。

首先，博士毕业生的就业率较高，这与预期和国内外同类研究结论一致。尽管与就业指标和统计口径相关，但博士毕业生年终就业率高达97.1%。不过，通过签订就业协议或劳动合同就业的比重仅占77.4%，而其他就业形式尤其是博士后岗位已成为中国博士毕业生的重要就业选择。这体现了学术劳动力市场需求趋于饱和或者竞争激烈程度。近年来，我国博士生教育规模不断扩张，再加上国家海外人才战略和国际化战略，高校人才需求优先指向海外博士，学术职业市场的就业竞争日趋激烈。在学术职业任职变得极为困难，部分偏好于学术职业的博士生转而求其次，先到境内外高水平大学或科研机构进行博士后研究，以便等待并能够获得学术职业机会。另外，中国高校独有的师资博士后制度，以及国家和地方政府对博士后人才的鼓励和支持政策，也使得博士后岗位具有一定的吸引力。在供需双方因素作用下，博士后成为实现学术抱负和吸纳博士毕业生就业的重要渠道。

其次，博士毕业生的就业去向多元化，这与博士就业的全球趋势也是一致的。尽管高校和科研机构依然是博士毕业生的主要就业去向（占52.0%），但与学术型博士教育的目标，以及过去一段时间的就业情况相比，越来越多的博士毕业生流向企业、党政机关等非学术部门。这表明中国的博士生与其他国家相似，传统的学术职业比重下降，而非学术职业或替代性职业比重上升。从行业分布也得到类似结论，除了教育、科学研究和技术服务业，近四成的博士毕业生分布于其他各行各业。知识经济时代，科学研究已经渗透至所有生活领域，产业部门当下和未来对高技能研究人员的需求越来越多，博士毕业生就业多元化趋势已经不可逆转。然而，目前我国博士生教育仍以学术型博士为主，不注重就业能力训练，博士毕业生对非学术职业缺乏准备。基于此，博士生教育的本质或目标，即"为谁培养"博士人才是值得反思的重要问题。我们必须认识到博士教育不仅仅是为了培养学术人才，也要为各行各业供给"具有博士学位的高级人才"。拓展博士教育的目标、内容，优化博士培养模式成为当务之急。

再次，从就业地域分布来看，博士生就业存在属地化及向东部特大城市集聚的特征。总体而言,大部分高校的博士毕业生在本省市就业的比例超过了50%,有的甚至超过70%。相对"北上广"等一线城市及东部地区来说,中、西部地区高校及博士教育规模相对较低,博士人才的供给和需求都相对较少。尽管在国家战略引导下,中、西部地区成为就业新去向,但博士生就业依然存在向东部大城市集聚的现象。

最后,博士毕业生就业质量总体较高,但薪酬回报有待提高。总体来说,博士毕业生总体工作满意度、工作与专业相关度较高。平均工资也比硕士、本科毕业生高,但学科差异、行业差异非常大。部分学科,如工学、经济学和管理学,博士毕业生的薪酬甚至低于该学科的硕士毕业生。因此,从薪酬回报来看,博士教育并非是有利可图的。可能因为其他方面的追求,如对时间自由、学术工作的偏爱,弥补了物质方面的不足。

以上结论的政策含义在于,规模扩张和供需结构变化背景下,面对博士毕业生就业多元化的客观事实,高等教育机构有义务帮助博士生做好在学术界内外就业的准备,在以学术能力训练为核心的基础上,关注并重视博士生职业能力的养成,提供就业咨询指导服务和职业发展状况的追踪调查,以便使博士毕业生为推动经济社会发展做出更大的贡献。因此建议:

一是尽快建立博士毕业生就业去向的数据库,对博士生就业展开追踪调查,切实了解毕业生就业的实际情况。目前,我国针对高校毕业生就业质量报告主要着重于本科生与硕士研究生,关于博士生的就业质量报告以及专门针对博士就业状况的调查较少。另外,现有就业质量报告中有关博士生工作满意度等相关数据较少,且有关数据并未就博士生的学科、性别等展开调研,仅同本科生及硕士研究生对比。数据资料来源仅为刚参加工作不久的博士毕业生,他们尚未对其工作环境等进行全方面了解。因此,在一些就业报告中,博士毕业生工作满意度虽高,但其工作稳定性则显著低于本科生和硕士研究生。因此,应加快建立博士追踪调查,了解其就业后工作的满意度以及职业发展状况。

二是关注博士生的内在需求,以及博士生就业过程中所关注的重要因素。大部分博士生反馈表示,当前博士生培养中对其实践教学环节的重视程度远低于本科生与硕士生。说明博士生在就业过程中，认识到其实践能力较弱。因此，博士教育旨在为学术职业培养后备人才的同时，需要提高博士生的实践能力。另外，博士毕业生反馈博士培养过程中缺乏充足的课题、项目机会，其对自身的创新能力的培养也较为重视。

三是根据博士生的就业情况调整博士培养机制。各高校应根据本校博士毕业生的就业去向，以及市场的变化。不仅跟踪博士毕业生的就业去向，切实了解就业岗位的分布情况，以及博士毕业生对博士培养过程中所获得的能力的评价。加强博士就业与招生、培养的联动机制，及时将信息反馈给相关部门，优化博士教育的学科结构，根据其市场需求进行招生，进一步发挥就业市场的引导和反馈作用。

| 第三章 |

# 学术职业：工作动机与就业质量

知识经济时代，集教学、科研和社会服务为一体的高等教育机构，对实现人才强国和创新驱动发展具有举足轻重的地位。其中，学术人员是高等教育机构的关键资源。改善学术工作环境和提高就业质量，对于实现高质量的人才培养和科学研究具有重要作用。一些研究已经强调了教师的工作满意度对提高大学科研绩效的重要性（李冲等，2016；张冰冰和沈红，2017）。此外，大学教师的工作满意度对教学质量和学生满意度具有显著的正向影响（Xiao & Wilkins，2015）。因此，形成和维持一支受到有效激励且对工作满意的学术队伍，将对教学、科研创新和社会带来最大化的利益。

然而，高等教育机构和学术职业都正在经历重大变革。知识社会的崛起使得人们对高等教育机构的期望越来越高。也正因为如此，针对高校和教师的外部监督、绩效评估和管理越来越严格。在这个更广泛的背景下，作为教师和研究人员的工作也受到全球趋势的影响，如要求提供更多的教学和社会服务，聘用合同短期化、学术成果的量化评估等。这些变化重新塑造了学术职业的工作环境，降低了学术人员的工作自主性，同时大大增加了他们的工作压力。在此背景下，分析博士毕业生选择学术职业的动机，理解学术界日常工作状况和评估其就业质量，对于博士毕业生、高等教育机构和政策制定者等利益相关者来说都是至关重要的。

鉴于此，本章通过上海市高校青年社科工作者调查数据，旨在分析博士毕业生的入职动机、工作状况，并从主观的工作满意度，客观的收入水平等角度，评估具有博士学位的青年教师（研究人员）的就业质量及影响因素。为改善学术职业工作环境，促进学术职业的就业质量及高等教育质量提供对策建议。

# 第一节　学术职业工作满意度及影响因素

在学术界，科研组织和制度变革正在重新定义学术工作，并对学术工作环境和就业质量产生影响。学术职业也可能面临就业质量不高的问题，如工资收入低、工作时间长，工作压力大。现有研究一般以工作满意度作为就业质量（job quality）的主观测量指标，探究学术工作者或大学教师的工作满意度及其变化趋势。尽管学术人员的工作满意及其影响因素存在国别或地区差异（Bentley et al.，2015），但现有文献一般都关注学术相关的因素和工作条件相关因素的影响。其中，科研成果、时间分配、工作压力和工作安全是广泛研究的主题，性别、年龄和学校等级是最常见的控制因素。

对于从事学术职业的博士毕业生来说，工作满意度更多地与工作本身或内在因素相关，而不是外在因素。博士毕业生之所以被吸引到学术职业，是因为他们渴望寻求和产生新的知识，并通过教学和社会服务与他人分享这些知识。相关研究表明，智力挑战、学术激情、为知识体系做贡献、自我实现等内在动机是从事学术职业主要的兴趣来源，高于经济或社会动机。因此，在高等教育部门工作的博士毕业生，对工作独立性、智力挑战等工作的非货币属性满意度较高（Auriol，2007），相反学术界外部尤其是企业部门工作的博士则对薪酬、工作条件的满意度较高（Di Paolo，2016）。换句话说，与外在的物质因素相比较，高校教师更关注内在激励因素（Houston et al.，2006；高鸾等，2015）。有研究发现，具有学术成就感或喜欢学术工作的教师相对于其他群体来说具有更高的满意度（李志峰等，2014）。

学术成果是获得专业认可，职称晋升和薪酬回报的重要因素，故而对工作满意度有着潜在影响。相关文献利用著作出版和论文发表数量作为学术生产力或科研绩效指标，并通过西班牙博士科技人员的代表性样本，发现学术生产力即学术发表对学术工作满意度有积极影响（Albert et al.，2016）。不过，也有研究发现，论文发表数量仅对女性研究人员的工作满意度有显著的正作用，对男性的工作满意度没有影响（Cerci & Dumludag，2019）。

在新的管理模式下，大学教师在日益苛刻的环境中从事复杂的工作。不仅强化对科研成果和绩效的要求，而且要求投入教学、组织管理和社会服务，从而使得高校教师的工作量和工作压力上升，并降低工作满意度（Houston et al.，2006）。此外，基于对科研工作的偏好，过分强调教学和组织或社会服务可能挤压科研工作时间而降低工作满意度。有研究发现经济学领域教师的幸福感随着研究时间的增加而增加，可用于研究的时间占比与生活满意度呈显著正相关（Feld et al.，2015）。不过，也有研究表明，花在研究上的时间对工作满意度没有影响（Bozeman & Gaughan，2011）。

在工作条件和环境方面，传统的终身聘任制为学术人员提供了稳定性和工作保障，使得高校教师能够做好长期的学术发展和职业生涯规划，从而在工作满意度方面获得更多的回报。然而，随着学术环境的改变，临时雇佣越来越多地用于学术界，这是非终身制研究人员面临的一个主要问题。利用西班牙具有博士人口代表性的样本，发现长期合同（permanent contract）与科研人员的工作满意度之间显著正相关（Escardíbul & Afcha，2017）。类似的，针对荷兰五所大学1133名博士毕业生的调查也表明，与拥有长期合同的博士相比，短期合同（temporary contract）尤其是职业前景不佳的博士毕业生，其工作满意度较低（Waaijer et al.，2017）。最近一项针对欧盟国家的调查表明，学术任期对高校教师尤其是中年学者的工作满意度具有显著影响（Castellacci & Viñas-Bardolet，2018）。与临时聘用人员相比，拥有长期合同的学者，其工作满意度（13个维度的满意度指数）显著较高。此外，针对捷克1389名大学教师的网络调查，发现主观感受的工作安全感导致工作压力而降低工作满意度（Mudrak et al.，2018）。

其他工作条件，如工资收入、工作时间或工作量，晋升机会等也是影响学术人员工作满意度的重要因素。与预期一致，较高的工资水平、工作时间较少以及从事与专业相关的工作都与工作满意度呈正相关（Escardíbul & Afcha，2017）。此外，相对收入水平、预期的收入状况也是影响工作满意度的重要因素（Cerci & Dumludag，2019）。少数研究专门研究了高等教育机构类型对满意度的影响，相对于研究型大学来说，来自本科院校的教师具有更高的工作满意度（Webber，2019）。不同类型高校教师满意度的差异可能与不同机构的整体工作环境有关。来自直接领导的支持有利于促进教师的工作投入、降低工作压力，并直接和间接地提高工作满意度。相反，工作要求以及工作–家庭冲突则与工作压力相关，并导致工作满意度下降（Mudrak et al.，2018）。由此，考虑到教师工作的背景，个人生活和职业生活之间的工作与生活平衡是就业质量或工作满意度的一个重要组成部分，提高工作支持和促进工作—家庭平衡是提高学术就业质量的重要措施。

最后，性别、年龄等个体特征与学术人员的工作满意度高度相关。其中，大量研究分析了学术从业人员工作满意度的性别差异，但并未达成明确的共识。虽然有研究发现男女教师之间几乎没有差异或差异不显著（Escardíbul & Afcha，2017；Machado-Taylor et al.，2016），但其他研究发现不管是学术部门还是非学术部门，女性的工作满意度高于男性（Bender & Heywood，2006）。不过，针对葡萄牙的研究发现，博士毕业生工作满意度的性别差异在很大程度上取决于就业部门，高等教育机构中的男性受访者工作满意度比女性高，但在学术界外部，男性的工作满意度则比女性低（Machado-Taylor et al.，2014）。此外，学科对男性和女性的工作满意度也具有重要的预测作用，自然科学领域的男性相比女性更成功，而人文社科领域则是女博士的工作满意度更高（Canal-Domínguez & Wall，2014）。具体来说，学术职业满意度的性别差异，主要在于女性对个人和职业发展的满意度较低，尤其是工作与家庭之间的平衡（Waaijer et al.，2017）。而年龄与学术人员工作满意度的关系，则呈现 U 形模式，学术职业生涯的早期和后期阶段的满意度较高，而中年学者的工作满意度则相对较低（Castellacci & Viñas-Bardolet，2018；Machado-Taylor et al.，2016）。

综上所述，在学术界内外部就业环境变革背景下，国内外学者渐多关注高校教师的工作满意度问题。本研究将在博士毕业生就业去向及就业质量的研究框架下，进一步聚焦具有博士学位且从事传统学术职业的同质性样本，分析博士毕业生从事学术职业的动机，教学科研工作投入状况，并从工资收入、工作压力、工作满意度、生活满意度及社会地位等多个维度，评估其就业质量及影响因素。

## 第二节　数据、变量及分析方法

### 一、数据来源及样本特征

本研究所采用的数据来自 2014 年开展的上海青年社科工作者生存与发展状况调查。① 调查对象为"45 岁以下本科学历以上，在上海高等院校以及科研院所（上海社科院和市委党校）中从事人文社会科学方面研究、教学的教师或者科研人员"（下称青年社科工作者）。调查采用分层两阶段抽样，首先，将上海各高校与科研单位划分为 4 大类型（"985"大学、"211"大学、普通高校、其他科研单位），从中选择高校（科研单位）作为一级抽样单位。其次，根据一级抽样单位中二级实体院所的数量、规模以及 45 岁以下青年学者数量来分配问卷数量，并覆盖各个学科。对于青年社科工作者数量较多的实体院系（研究室），按照所在院所 45 岁以下青年男女比例、职称、年龄来分配问卷。最终获得来自上海 15 所高校与科研单位的 1528 个案样本。根据研究目的，本研究限定年龄在 45 岁及以下且具有博士学位的样本，由此得到有效样本数为1212 个。

其中，男性样本占 54.7%，略高于女性。年龄均值为 36.5 岁，标准差为 4.2 岁。70% 以上的青年社科工作者为中共党员，民主党派占比 6.0%，

---

① 该调查为华东师范大学文军教授主持的课题，感谢文军教授提供的数据支持。

群众为 21.7%。在工作年限方面，青年社科工作者中有在高校或科研机构工作不满一年的，也有工作长达 24 年的，他们的平均工作年限为 7.7 年。其他样本特征如表 3 - 1 所示：第一，在博士学位授予方面，大部分人毕业于国内的"985""211"大学，占 75.4%，博士毕业于境外高校的比例为 17.1%；第二，就学科专业而言，人文学科类的比例最大（39.0%），其次是社科类（31.7%）、经济与管理类（20.2%），而教育、体育、心理类（8.0%）和其他（1.1%）的比例较小；第三，从就业单位及学校类型看，接近 2/3 的博士样本在"985"或"211"大学任教，其余 33.7% 的青年社科工作者就任于地方普通院校（科研机构）；第四，从人事关系来看，90.4% 的青年社科工作者与所在单位的人事关系是事业单位聘用制，其余劳动合同制、人事派遣制等占 9.6%；第五，从职称分布看，样本中讲师的比例最大，其次是副教授、教授。

表 3 - 1                            样本的基本特征

| | 类别 | 频数（个） | 有效百分比（%） |
|---|---|---|---|
| 博士毕业学校类型 | 国内"985""211"大学 | 891 | 75.4 |
| | 国内一般院校 | 89 | 7.5 |
| | 境外高校 | 202 | 17.1 |
| 专业 | 人文学科类 | 472 | 39.0 |
| | 社科类 | 383 | 31.7 |
| | 经济与管理类 | 244 | 20.2 |
| | 教育、体育、心理类 | 97 | 8.0 |
| | 其他 | 13 | 1.1 |
| 工作单位类型 | "985"大学 | 489 | 40.4 |
| | "211"大学（除"985"大学以外） | 314 | 25.9 |
| | 地方普通院校（非"985""211"大学） | 408 | 33.7 |
| 人事关系 | 事业单位聘用制 | 1084 | 90.4 |
| | 劳动合同制 | 72 | 6.0 |
| | 人事派遣制 | 14 | 1.2 |
| | 不知道或其他 | 29 | 2.4 |

| | 类别 | 频数（个） | 有效百分比（%） |
|---|---|---|---|
| 职称 | 教授（研究员） | 122 | 10.1 |
| | 副教授（副研究员） | 525 | 43.6 |
| | 讲师（助理研究员） | 543 | 45.1 |
| | 助教与其他 | 15 | 1.3 |

## 二、变量测量与分析方法

本研究从主观的工作满意度，客观的收入水平等角度，对青年社科工作者的就业质量加以测量和分析。其中，就业质量的主观测量指标主要有工作满意度、生活满意度和主观社会地位。总体工作满意度由十个子维度的满意度得分加总而来。工作满意度评价采用里克特量表的形式，每个维度的问题附有一个五分类的选项，1～5 表示从非常不满意到非常满意。总体生活满意度指标也是五分类变量：1～5 分别表示"非常不满意""不太满意""一般""比较满意""非常满意"。个人自评的社会地位则从 1～10，数值越高意味着主观感受的社会地位越高。

在描述分析基础上，本研究采用 OLS 线性回归分析方法对就业质量的影响因素进行分析。其他控制变量及影响就业质量的因素，主要有收入水平、收入差距、人事关系、工作动机、工作时间及其分配、工作支持、工作压力、科研绩效、晋升与职业发展状况、住房状况和个体特征变量（性别、年龄、职称、工作单位等）。

其中，客观的收入水平为个人税后年度总收入。原为九分类定序变量，操作中合并比例小于 5% 的选项后将收入水平编码为六分类的定序变量。收入水平与期望收入的差距为客观收入水平与期望收入水平之差，数值小于零表示期望收入高于客观收入水平，数值越小表示期望收入越高于客观收入水平。相反，大于零则表示期望收入水平小于或等于客观收入水平。人事关系为五分类变量，体现工作的稳定性，在分析时操作化为虚拟变量，其中事业

单位聘用制 = 1，非事业单位聘用制 = 0。工作动机为虚拟变量，表现为是否具有学术抱负，其中 1 表示有学术抱负，0 表示无学术抱负。工作压力是精神和情绪状态五项问题（睡眠不足，情绪烦躁、焦虑，情绪低落，疲劳，感到心理压力很大）的加总，每项问题都有五分类的选项，1 ~ 5 表示状态由从无到经常，加总后的数值越大则工作压力越大。健康状况为三分类定序变量，其中 1 ~ 3 分别表示"不健康""亚健康""健康"。

每周工作时间为五分类定序变量，合并比例不足 5% 的选项后，以工作时间不足 30 小时为基准，每周工作时间被处理为两个虚拟变量：每周工作 30 ~ 40 小时、每周工作 41 小时及以上。工作时间的分配为定距变量，体现为科研时间占工作时间的比重。工作支持表现为学校/学院是否提供相关培训，为 0 - 1 虚拟变量。科研绩效为定距变量，由被调查者在国际核心期刊、国内 CSSCI 和北大中文核心论文、其他论文和出版著（译）作、教材方面的发表情况加总而来。晋升与职业发展状况体现为对职称晋升标准的评价，0、1 分别表示"晋升标准不算太高"和"晋升标准太高"。住房状况为五分类变量，以非自购房作为基准类，被处理为虚拟变量，1 表示自购房、0 表示非自购房。

人口学特征变量中年龄为定距变量，性别、职称及工作单位为分类变量，在分析中被处理为虚拟变量。职称以讲师、助教与其他为基准类，被处理为两个虚拟变量（是 = 1，否 = 0）：教授、副教授；工作单位以除"985""211"大学以外的其他院校为基准类，生成"985""211"大学两个虚拟变量（是 = 1，否 = 0）。

# 第三节　职业动机与工作状况

## 一、选择学术职业的动机

由图 3 - 1 可以发现，独立自由、学术抱负和工作稳定是博士毕业生选择学术职业最主要的动机或择业原因。具体地说，在选择学术职业的首要原因中，学术抱负、工作稳定和独立自由的比例最高，分别有 30.1%、24.0% 和 17.6% 的被访者选择；排在第二位的理由，主要有独立自由、学术抱负和发挥自己的才能，分别有 24.0%、16.5% 和 15.2% 的被访者选择；排在第三位的原因，也是独立自由、工作稳定和发挥自己的才能，分别有 18.4%、15.9% 和 12.8% 的被访者选择。汇总前三位的原因可以发现，分别有 56.1%、55.0% 以及 49.5% 的被访者将独立自由、学术抱负和工作稳定作为从事目前工作排名前三位的动机。在 3335 次总体响应中，分别占 20.0%、19.6% 和 17.7%。此外，认为从事目前的职业更加能发挥自己的才能和喜欢成为老师的比例也较高，分别有 33.7% 和 28.4% 的被访者选择。可见在大多数博士学位获得者眼中，在高校或科研院所中从事学术工作，首要价值体现于工作内容、时间的自由及其可支配性、学术追求和工作稳定性，而基于

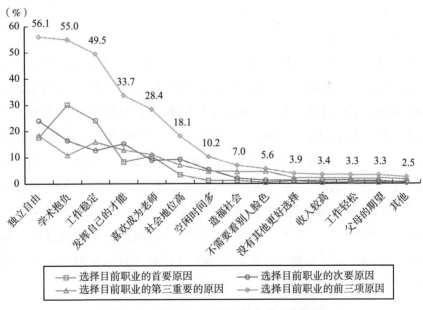

图 3—1　博士毕业生选择学术职业的原因

"工作轻松""收入更高"等动机的比例较低。这也折射出博士毕业生选择学术职业并不是将收入多少和工作强度大小作为主要考虑因素，而是体现出学术工作在自由、学术抱负、稳定等维度上的偏好和价值偏向。总之，职业本身所具备的自由、稳定等特征，以及博士毕业生自身的理想抱负、偏好和优势都在职业选择中发挥了重要的作用。

## 二、工作时间配置及教学科研投入度

高校科研机构的学术人员一般需要承担教学、科研、组织与社会服务，平均每周工作时间及其分配是反映其工作状况的重要维度之一。在1206条有效样本中（缺失值为6），受访者每周工作时间超过50小时的占40.6%；工作时间在41~50小时之间的占28.6%。由此可见，超过69%的青年社科工作者每周工作时间超过40小时，即大部分人的工作时间达到或超过法定工作时间，青年社科工作者加班是常态。这在一定程度上反映出青年社科工作者工作时间长、工作任务重的特点。

根据图3-2所示，青年社科工作者78%的工作时间都用在教学与科研上，仅有少部分在各类社会活动和行政事务处理上投入了较多的时间。其中，科研在被访者工作时间分配中占有较大的比重，每周用于科研的时间平均占总的工作时间的42.4%（见图3-2中的"×"），中位数为53.5%（箱型的上边缘），个别样本的科研时间占比达到90%（见图3-2中的"。"）。而用于教学活动的时间次之，平均占到工作时间35.6%，中位数为50%。相比之下，用于行政事务和各类社会活动的时间最少，分别占工作时间的13.5%和8.9%。青年社科工作者在行政事务上投入的时间与他们担任的行政职务相关，实际上，没有担任行政职务的青年社科工作者比例远高于担任行政职务的。

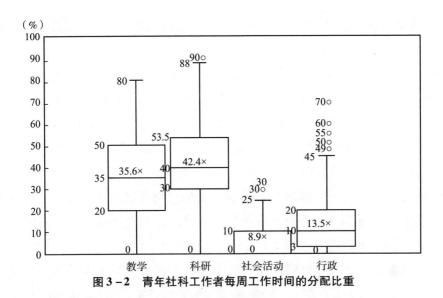

**图3-2 青年社科工作者每周工作时间的分配比重**

教学与科研是青年社科工作者的主旋律。其中，自己是否感兴趣、职称晋升的关系和年度考核的比重是影响科研投入度的重要因素。如图3-3所示，

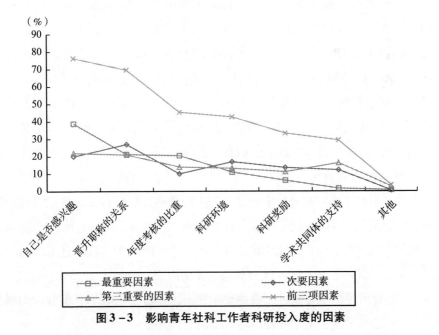

**图3-3 影响青年社科工作者科研投入度的因素**

在最重要影响因素中，自己是否感兴趣、职称晋升的关系和年度考核的比重影响较大，分别有38.8%、21.2%和20.5%的被访者选择。而在次要影响因素中，职称晋升的关系、自己是否感兴趣和科研环境的影响较大。汇总前三项影响因素，可以发现，自己是否感兴趣、晋升职称的关系和年度考核的比重是影响青年社科工作者科研投入度最重要的因素，分别有76.3%、69.6%和45.3%的被访者选择。这三个因素在2805次总的响应中分别占27.5%、23.1%和15.0%。相比而言，科研奖励、学术共同体支持等因素对青年社科工作者的科研投入度的影响程度较小。总之，内在的兴趣和职业发展需求，以及外在的科研考核压力对青年社科工作者的科研投入度有较大的影响。

类似地，影响青年社科工作者教学投入度的前三位重要因素，分别是责任心（72.7%）、自己是否感兴趣（53.7%）和学生的投入度（52.0%）。此外，年度考核（39.2%）和职称晋升（28.8%）分列第四和第五位，而课时费（12.0%）等物质因素的影响较小。由此可见，不管科研投入度还是教学投入度，青年社科工作者的个人兴趣都在其中发挥重要作用。从教学与科研的偏好来看，此次调查表明（见图3-4），大约一半的青年社科工作者回答教学与科研两者都喜欢。相比之下，偏好科研的人数略微超过更喜欢教学的人。其中，相对教学更喜欢科研的比例为29.5%，相对科研更喜欢教学的为14.4%。仅有1.2%的人表示两者都不喜欢，5.2%的人则回答"不清楚"。这些结果表明，青年社科工作者科研时间占比超过教学，既可能与他们自身的偏好相关，也可能是年度考核或职称晋升更加重视科研。

尽管科研在工作时间安排中占据了较大的比例，但仍有61.2%的青年社科工作者认为他们的科研时间"不太够用"或"很不够用"，而认为"完全够用"的仅有5.6%。其中，在科研时间不够用的原因当中，教学任务太重、行政任务太重、课题工作太重被认为是最主要的原因，分别占49.3%、17.2%和12.7%。由此可见，尽管超过六成的青年社科工作者喜欢教学，但教学与科研之间存在一定的冲突，教学任务重使得他们的科研投入时间不够。

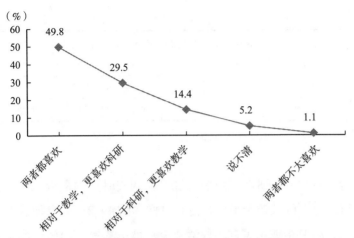

图 3 - 4  青年社科工作者对教学和科研的偏好

## 三、科研绩效

著作发表、课题、科研奖励是青年社科工作者科研投入度及其绩效的直接体现。从调查时点近三年（2012～2014 年）国际核心期刊论文（SSCI等）、国内核心期刊论文（CSSCI 等）、其他论文及出版著作四个方面的科研成果来看（如表 3 - 2 所示），上海高校人文社科类青年社科工作者在国内核心期刊发表论文最多，平均为 3.36 篇。其次是其他论文，平均为 2.52 篇。与此同时，主持或实际参与纵向或横向课题者相对较少，平均为 1.57 项和1.03 项。相比之下，出版著作与发表国际核心期刊最少，平均为 0.79 部和0.68 篇。就性别差异而言，男性学术人员发表国内核心期刊论文、其他论文，以及主持或实质参与纵向课题的次数显著多于女性。

表 3 - 2  调查时点近三年科研成果及性别差异

| 类别 | 国际核心期刊论文（SSCI 等）（篇） | 国内核心期刊论文（CSSCI 等）（篇） | 其他论文（篇） | 出版著作（部） | 纵向课题（项） | 横向课题（项） |
|------|------|------|------|------|------|------|
| 总体 | 0.68 | 3.36 | 2.52 | 0.79 | 1.57 | 1.03 |
| 男 | 0.69 | 3.96 | 2.91 | 0.81 | 1.66 | 1.12 |

续表

| 类别 | 国际核心期刊论文（SSCI 等）（篇） | 国内核心期刊论文（CSSCI 等）（篇） | 其他论文（篇） | 出版著作（部） | 纵向课题（项） | 横向课题（项） |
|------|------|------|------|------|------|------|
| 女 | 0.65 | 2.61 | 2.04 | 0.77 | 1.44 | 0.92 |
| 均值检验 | 0.04 | 1.35 *** | 0.87 *** | 0.04 | 0.22 ** | 0.21 * |

注：*$p<0.1$，**$p<0.05$，***$p<0.001$。

就主持或参与的科研课题级别来说，在调查时点的最近三年，自己主持过省部级以上课题的被访者最多，占到总样本的 49.2%。参加过国家级科研项目（国家社科基金或国家自然科学基金）被访者占 23.1%。参加过省部级项目（教育部或上海市社科规划课题）的占 16.1%。参加过其他省部级以上招标课题的被访者占 9.2%。仅有 12.2% 的青年博士没有参加过任何课题。相对来说，在"985"大学工作的青年社科工作者无论是参加还是主持科研课题的比例都高于在"211"大学或地方一般院校的学术人员。同时，有 172人（14.3%）独立申报并获得过省部级奖励，另有 82 人（6.8%）参加他人申报的课题并获得过省部级奖。

总之，人文社科工作者因为学术理想选择了目前的职业，并为自己的理想不断奋斗。在有科研经历的被调查者中，半数左右的青年社科工作者自己主持过省部级课题，且大部分青年社科工作者主持或实际参与了纵向或横向课题。但是在科研成果奖项上，获奖的青年社科工作者较少且多数工作于"985""211"大学。在成果发表上，人文社科类青年社科工作者在国内学术期刊上发表的成果较为丰富，但在国际核心期刊上发表成果的人数相对较少。

## 四、培训支持与专业发展

学校或院系为青年社科工作者提供培训与专业发展机会能够体现对青年社科工作者的工作支持。在培训方面，如表 3－3 所示，80% 的青年社科工作者至少接受过某项（些）培训。其中，如何申请课题的培训、如何开展有效教学的培训和如何发表学术成果的培训是高校和院系提供最多的三类培训，分别有59.5%、38.2%和28.5%的被访者接受过相关培训。此外，超过25%的被访者接受过如何获得研究资源的培训。相比而言，学校或院系对于如何合理安排和分配时间、如何进行财务报销和如何顺利获得职务晋升等类型的培训较少。基于以上分析，不难发现，学校或院系更加重视与科研相关的培训。

**表3-3** 　　　　　　学校或院系为青年博士提供的各类培训（可多选）　　　　单位：%

| 类别 | 响应 | | 个案百分比（%） |
|---|---|---|---|
| | 个案数（个） | 百分比（%） | |
| 学校或院系没有提供培训 | 240 | 9.7 | 20.1 |
| 学校或院系提供如何申请课题的培训 | 711 | 28.7 | 59.5 |
| 学校或院系提供如何开展有效教学的培训 | 456 | 18.4 | 38.2 |
| 学校或院系提供如何发表学术成果的培训 | 341 | 13.8 | 28.5 |
| 学校或院系提供如何获得研究资源的培训 | 308 | 12.4 | 25.8 |
| 学校或院系提供如何合理安排和分配时间的培训 | 173 | 7.0 | 14.5 |
| 学校或院系提供如何进行财务报销的培训 | 136 | 5.5 | 11.4 |
| 学校或院系提供如何顺利获得职务晋升的培训 | 74 | 3.0 | 6.2 |
| 学校或院系提供其他培训 | 41 | 1.7 | 3.4 |
| 总计 | 2480 | 100.0 | 207.5 |

注：有效个案数（样本）为1195个。

上述分析已经表明，青年社科工作者在科研方面投入较多时间，并取得较好的科研绩效，且学校或院系为其提供培训发展机会，但青年社科工作者依然面临职务晋升困难。如表3-4所示，论文、著作难以发表成为青年社科工作者职务晋升所面临的最主要的困难，选择此项的被访者占有效样本的64.0%；其他困难依次为科研项目申请有难度、科研时间不够、各种事务太多无法集中精力、职称晋升评定标准太高、所在单位对科研支持不够和学术交流机会较少。相比之下，职务晋升中由于教学工作量不足、缺乏老教师的指点而面临困难的被访者所占比例相对较低。通过以上分析，可以发现，职务晋升与科研成果紧密相关，而论文发表和课题申请困难，以及科研时间不够成为影响青年社科工作者晋升与职业发展的主要原因。

表3－4　　青年社科工作者职务晋升中面临的主要困难（最多选三项）

| 类别 | 响应 | | 个案百分比 |
|---|---|---|---|
| | 个案数（个） | 百分比（%） | （%） |
| 论文、著作难以发表 | 758 | 26.4 | 64.0 |
| 科研项目申请有难度 | 490 | 17.1 | 41.4 |
| 科研时间不够 | 410 | 14.3 | 34.6 |
| 各种事务太多无法集中精力 | 410 | 14.3 | 34.6 |
| 职称晋升评定标准太高 | 322 | 11.2 | 27.2 |
| 所在单位对科研支持不够 | 150 | 5.2 | 12.7 |
| 学术交流机会较少 | 138 | 4.8 | 11.6 |
| 教学工作量不足 | 72 | 2.5 | 6.1 |
| 缺少老教师的指点 | 63 | 2.2 | 5.3 |
| 其他 | 55 | 1.9 | 4.6 |
| 总计 | 2868 | 100.0 | 242.0 |

注：有效个案数（样本）为1185个。

综上所述，博士毕业生怀着学术抱负和对独立自由且工作稳定的美好憧憬，选择了高校科研机构的学术职业，并在日常教学科研工作中投入大量时间，但面对年度考核和职称晋升压力，青年社科工作者深感困难，期待学校和院系的更多支持。接下来，从多个维度具体分析青年社科工作者的就业质量。

# 第四节　就业质量及其影响因素

## 一、就业质量评价

### （一）收入水平及期望

收入水平一般可看作就业质量的客观评价指标之一。调查表明，青年社科工作者的收入来源主要是单位收入。其中，接近70%的被访者其单位收入占全部收入的比重达到90%以上，仅6.8%被访者表示单位收入在全部收入中的比重小于50%。从这些数据来看，高校青年博士毕业生通过社会兼职等方式获得工资回报的比例较低，这与青年社科工作者投入大量时间于教学科研工作是一致的。就收入水平而言，如图3-5所示，在所有被调查的青年社科工作者中，60.7%的人其税后年收入低于10万元。其中，税后年收入集中

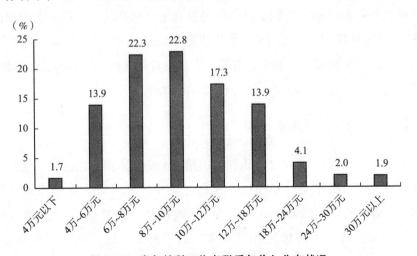

图3-5　青年社科工作者税后年收入分布状况

在 8 万~10 万元的被访者最多，占到了总样本的 22.8%；6 万~8 万元的被访者次之，占总人数的 22.3%。6 万元以下的青年社科工作者占总样本的 15.6%，而高于 12 万元的青年博士社科工作者仅占总人数的 21.9%。

同期，上海市国有单位的职工平均工资为 9.93 万元（税前），其中教育行业为 9.91 万元。① 尽管这两个数据与本次调查中青年社科工作者的税后收入无法直接比较，但也大致能够反映其薪酬水平并不高。事实上，大部分青年社科工作者对收入水平的满意度较低，实际收入水平与青年社科工作者依据自身的职称和工作量设想的年收入有一定的差距。他们所期望的年收入均值为 22.7 万元。对比青年社科工作者的实际收入和希望可以达到的收入，可以发现 96.5% 的被访者，其期望收入高于实际收入，仅有 2.6% 的被访者其期望年收入与实际的税后年收入基本相符。由此可见，尽管博士毕业生拥有最高的受教育年限，但其经济收入与其文化资本水平、时间投入以及期望并不成比例。

在支出方面，青年社科工作者的年家庭总支出均值为 11.4 万元。将家庭总支出处理为定序变量后，经过卡方检验发现家庭年总支出与住房类型有关系。大部分青年社科工作者的住房为自购房（75.3%），其中自购房并正在按揭的比例为 56.6%，自购房并付清房款的比例为 18.7%。租房的样本比例为 21%，其中 12.8% 租住的是单位提供的住房。还有 3.6% 则是拥有自有私房或借住在朋友亲戚家等。由此可得，大部分青年社科工作者因住房等原因，经济方面的压力较大，希望自己的收入有所增加。

（二）工作压力与健康

如表 3－5 所示，青年社科工作者的精神和心理方面存在困扰，他们时常感觉到疲劳、睡眠不足、心理压力大等。其中，51.7% 的青年社科工作者"时常"或"经常"感到疲劳。42.8% 的被访者"时常"或"经常"感到心理压力大。41.1% 的被访者"时常"或"经常"睡眠不足。相对来说，

---

① 2015 年上海统计年鉴，http：//www.stats－sh.gov.cn/tjnj/nj15.htm? dl=2015tjnj/C0306.htm。

烦躁焦虑和情绪低落的频率较低，"时常"或"经常"出现的比例分别为27.8%和21.4%。

| 表3-5 | | 青年社科工作者的精神和心理状况 | | 单位：% |

| 类别 | 从不 | 偶尔 | 有时候 | 时常 | 经常 |
|---|---|---|---|---|---|
| 感到疲劳 | 3.8 | 12.0 | 32.5 | 34.4 | 17.3 |
| 心理压力大 | 6.1 | 16.4 | 34.7 | 27.3 | 15.5 |
| 睡眠不足 | 6.6 | 17.2 | 35.0 | 24.6 | 16.5 |
| 烦躁焦虑 | 8.8 | 24.4 | 39.0 | 20.8 | 7.0 |
| 情绪低落 | 11.3 | 27.5 | 39.8 | 16.1 | 5.3 |

从表3-6可以发现，青年社科工作者工作压力最大的三项来源分别是科研工作量要求、研究课题申请以及职务聘任或职称晋升，分别占53.1%、45.0%和43.8%。同时，经济收入、教学工作量要求也是青年社科工作者感到压力的重要来源，分别占33.3%和21.1%。相对来说，学生评课和周围人际关系带来的压力较小。此外，仅有2.3%的被访者认为以上因素都不会导致压力。

表3-6　　　青年社科工作者的压力来源（多选且最多选三项）

| 类别 | 响应 | | 个案百分比（%） |
|---|---|---|---|
| | 个案数（个） | 百分比（%） | |
| 科研工作量要求 | 633 | 19.6 | 53.1 |
| 研究课题申请 | 536 | 16.6 | 45.0 |
| 职务聘任或职称晋升 | 522 | 16.2 | 43.8 |
| 经济收入 | 397 | 12.3 | 33.3 |
| 教学工作量要求 | 251 | 7.8 | 21.1 |
| 行政事务、财务报销 | 215 | 6.7 | 18.0 |
| 身体健康 | 195 | 6.1 | 16.4 |
| 学校年度或聘期考核和评价 | 158 | 4.9 | 13.3 |

续表

| 类别 | 响应 | | 个案百分比 |
| --- | --- | --- | --- |
| | 个案数（个） | 百分比（%） | （%） |
| 家庭关系，包括夫妻、孩子 | 126 | 3.9 | 10.6 |
| 学生评课 | 71 | 2.2 | 6.0 |
| 周围人际关系 | 58 | 1.8 | 4.9 |
| 其他 | 33 | 1.0 | 2.8 |
| 以上都没有压力 | 27 | 0.8 | 2.3 |
| 总计 | 3222 | 100.0 | 270.3 |

注：有效个案数（样本）为1192个。

在此基础上，超过七成（73%）的被访者认为自己的总体健康水平处于"亚健康"或"不健康"状态（有效样本为1197个）。其中认为自己处于"亚健康"状态的占69.1%，认为自己"不健康"的为3.9%。自我汇报处于"健康"状况的仅有27.0%。

总的来说，大部分青年社科工作者在心理和总体健康方面存在问题。他们出于职业的自由性和学术上的抱负选择成为教师/科研人员，但是受职称晋升和考核等因素的影响，为了获得更好的职业发展，青年社科工作者必须在科研方面有所建树。由此也给他们带来了较大的工作压力，同时工作的付出与经济回报的不一致也使得压力增加。

### （三）工作满意度

工作满意度是就业质量最重要的主观评价指标。总体来说，表3-7的结果表明，33.9%的青年社科工作者对工作感到"满意"或"非常满意"，17.2%则对目前的工作感到"不满意"或"非常不满意"。从不同维度的评价来看，可以发现青年社科工作者对学术交流机会、学术氛围和所在单位的行政部门的满意程度较高，表示"满意"或"非常满意"的比例分别为36.9%、35.7%和35.2%，高于表示不满意的比例。除上述三个指标外，青年社科工作者对所在单位女教师的发展机会的满意度也尚可，表示"满意"或"非常满意"的比例为29.4%，超过表示"不满意"或"非常不满意"的16.8%。然而，青年社科工作者对住房条件或买房补贴、薪酬福利、教职员子女入学机会的满意度较低，感到"不满意"或"非常不满意"的比例分别为49.8%、41.4%和40.3%。此外，对于绩效考核制度、职称晋升制度以及对青年学者的支持这三项指标而言，青年社科工作者表示不满意的比例也高于表示满意的比例。

**表3-7** 　　　　　青年社科工作者的工作满意度评价　　　　　单位：%

| 类别 | 非常不满意 | 不满意 | 一般 | 满意 | 非常满意 |
|---|---|---|---|---|---|
| 学术交流机会 | 6.9 | 18.4 | 37.7 | 30.1 | 6.8 |
| 学术氛围 | 7.5 | 17.4 | 39.4 | 29.3 | 6.4 |
| 所在单位的行政部门 | 9.1 | 16.7 | 39.0 | 27.8 | 7.4 |
| 女教师的发展机会 | 4.7 | 12.1 | 53.8 | 24.9 | 4.5 |
| 对青年学者的支持 | 8.7 | 21.8 | 42.6 | 23.4 | 3.4 |
| 教职员子女入学机会 | 19.2 | 21.1 | 41.7 | 15.2 | 2.8 |
| 绩效考核制度 | 9.7 | 19.1 | 53.5 | 16.1 | 1.6 |
| 职称晋升制度 | 12.4 | 21.4 | 48.8 | 15.4 | 2.0 |
| 住房条件或买房补贴 | 26.0 | 23.8 | 37.1 | 11.0 | 2.2 |
| 薪酬福利 | 14.8 | 26.6 | 45.6 | 11.0 | 2.0 |
| 总体工作满意度 | 6.6 | 10.6 | 48.9 | 31.6 | 2.3 |

正因为青年社科工作者对职称晋升、住房及薪酬福利的满意度较低，因此寻求支持力度更大的工作平台和环境、改善收入和福利待遇、职务晋升、获得青睐和尊重是被调查者可能离开目前学校的原因。由此可见，尽管青年博士在选择职业时考虑更多的是职业的自由性、稳定性以及他们的学术抱负，收入并非他们选择目前职业的重要影响因素，然而在实际的工作过程中，他们发现虽然所在的单位拥有较好的学术交流机会和学术氛围，但工资、福利

和住房等方面却让人差强人意，从而降低工作满意度。

### （四）总体生活满意度与社会地位

工作满意度是生活满意度的重要维度，或是影响总体生活满意度的重要因素。相比工作满意度，青年社科工作者对于工作之余的生活满意度相对较高。其中，44.9%的被访者对总体生活表示"满意"或"非常满意"，仅有16.4%的青年社科工作者对生活表示"不满意"或"非常不满意"。就社会地位的主观评价而言，如果把1～10划分为五等份（数字越大意味着地位越高），青年社科工作者自认为处于中间阶层（第5～6级）的比重最大，占45.2%。自认为处于中上阶层（第7～8级）、上层（第9～10级）的比例分别为22.0%和2.4%。同时，自认为处于中下阶层（第3～4级）、下层（第1～2级）的比例分别为21.5%和8.8%。由此可得，青年社科工作者对自身的社会地位评价不高，大部分将社会地位归属于中层附近，认为社会地位很高或很低的人数都比较少。这在一定程度上表明，拥有较高的文化资本和知识水平的青年社科工作者，他们在经济和社会地位上并不占据优势。

## 二、就业质量影响因素分析

接下来主要针对不同维度的就业质量进行影响因素的回归分析。工作满意度、主观社会地位以及生活满意度的回归结果如表3－8所示。

表3－8　　　　　　工作满意度、社会地位及生活满意度的回归结果

| 类别 | 工作满意度 | 生活满意度 | 社会地位 |
|---|---|---|---|
| 男性 | －0.61 | －0.20 *** | －0.15 |
| 年龄 | －0.06 | －0.01 | 0.01 |
| 工作年限 | －0.14 ** | －0.01 | 0.03 * |
| 学术抱负（择业动机） | 0.85 ** | —— | —— |
| 工作压力 | －0.16 *** | －0.05 *** | －0.04 ** |

续表

| 类别 | 工作满意度 | 生活满意度 | 社会地位 |
|---|---|---|---|
| 职称晋升困难 | -1.43** | — | — |
| 工作支持（学校/院系提供培训） | 2.97*** | 0.02 | 0.47** |
| 科研时间占比 | 0.01 | 0.01 | -0.01 |
| 科研绩效 | 0.03 | 0.01 | 0.01 |
| 事业单位聘用制 | -0.75 | -0.03 | 0.05 |
| 收入水平 | -0.10 | 0.03 | 0.11** |
| 收入水平与期望的差距 | 0.64*** | 0.01 | 0.10** |
| 职称（以讲师为参照）：教授 | 3.23** | -0.05 | 0.02 |
| 职称（以讲师为参照）：副教授 | 0.51 | -0.03 | 0.21 |
| 单位类型："985"大学 | 3.04*** | 0.16** | 0.30** |
| 单位类型："211"大学 | 2.48*** | 0.14* | 0.16 |
| 每周工作31~40小时 | — | -0.09 | — |
| 每周工作41小时以上 | — | -0.24** | — |
| 自购住房 | — | 0.14** | -0.06 |
| 工作满意度 | — | 0.02*** | 0.03*** |
| 常数项 | 30.62 | 3.55 | 4.07 |
| 调整的 $R^2$ | 0.13 | 0.13 | 0.09 |

注：$*p<0.1$，$**p<0.05$，$***p<0.001$。

工作满意度的回归结果表明，择业动机对工作满意度具有显著影响。基于学术抱负而选择学术职业的博士毕业生，具有较高的工作满意度。这与已有研究发现喜欢学术工作的教师具有更高满意度的结果是一致的（李志峰等，2014）。与预期一致，工作压力和晋升困难对工作满意度具有负面影响。职称晋升是工作压力的主要来源之一，因此晋升与职业发展困难，以及因职业发展等原因导致的工作压力都会降低工作满意度。相反，如果学校或院系能够提供相应的支持，则会提高青年社科工作者的工作满意度。其他工作条件，如实际工资与期望之间的差距对工作满意度有显著影响，但收入水平本身对工作满意度的影响不显著。换句话说，客观的收入水平对工作满意度没有显著的直接影响，但是它通过与个人预期的收入状况对比进而对工作满意度起到间接的影响。只有当实际收入与期望一致或是高于自己的期望，才能够提高工作满意度。然而，尽管有研究认为学术成就与工作满意度相关，但就本研究样本而言，我们发现科研绩效、科研投入度（科研时间占比）都与工作满意度不存在显著关系。这一结果与科研时间对工作满意度没有影响的结论一致（Bozeman & Gaughan，2011）。同时，也与论文发表对男性的工作满意度没有影响的结论类似（Cerci & Dumludag，2019）。

就其他控制变量的结果来看，工作年限、职称级别、工作单位类型能够影响青年社科工作者的工作满意度，但性别、年龄与工作满意没有显著关联。具体来说，工作年限越长工作满意度越低，这似乎是因为学术激情下降或出现了职业倦怠。相对于讲师/助教来说，教授的工作满意度较高。类似的，"985""211"大学青年社科工作者的工作满意度高于其他一般院校。

从表3－8生活满意度的回归结果可以发现，工作满意度对总体生活满意度具有显著的正向作用。此外，生活满意度随着工作压力的增加而降低。平均每周工作时间与生活满意度负相关，每周工作大于41小时的青年社科工作者的生活满意度低于每周工作不足30小时的青年社科工作者。与工作满意度没有显著的性别差异不同，生活满意度存在性别差异，男性的生活满意度要低于女性。在"985""211"大学工作的青年社科工作者，其生活满意度要高于其他一般院校的学术人员。除此之外，拥有自购住房对生活满意度有显著正面影响。

主观社会地位影响因素的回归结果显示（见表3－8），工作满意度越高则主观的社会地位越高。同时，收入水平、收入与期望的差距、工作支持、工作压力对主观社会地位有显著影响。个人的收入水平越高以及实际收入越高于期望收入，青年社科工作者的主观社会地位越高。这意味着青年社科工作者的收入水平能够体现其经济地位，经济地位越高，主观的社会地位自然也会有相应的提高。与工作满意度的影响因素相似，当工作压力增加时，个人的主观社会地位会下降，而学校/院系提供的工作支持则能够提高主观感受的社会地位。此外，在"985"大学工作的青年教师，其主观社会地位较高。这说明工作单位的层次有利于提高职业声望，从而带来主观社会地位的提升。

# 第五节　本 章 小 结

本章利用2014年上海青年社科工作者生存与发展状况调查数据，分析博士毕业生选择学术职业的动机、就业质量及其影响因素。研究发现，职业的独立自由、稳定性以及学术理想是博士毕业生选择从事学术职业的主要动机。在实际的工作中，受个人学术抱负和职务晋升、绩效考核等主客观因素的影响，青年社科工作者在教学科研上投入了大量的时间，他们参加各类科研课题研究、努力发表学术成果，但大部分青年社科工作者感觉科研时间不够，教学与科研存在一定的冲突。

在就业质量的评价方面，青年社科工作者对目前的收入状况并不满意，实际收入与他们的期望存在较大的差距。由于科研考核和职务晋升要求，青年社科工作者的工作压力较大，他们时常感觉到疲劳、睡眠不足、心理压力大等。使得超过70%的被访者处于"亚健康"或"不健康"状态。总体上仅有1/3左右的青年社科工作者对工作表示满意。相对来说，青年社科工作者对学术交流机会、学术氛围等工作维度的满意度较高，而对住房福利、工资收入的满意度较低。在此基础上，大约1/2的青年社科工作者对工作之余的生活状况表示满意。其主观感受的社会地位处于中层附近，仅有少数人认为自己处在上层或下层。

影响工作满意度的因素，主要有实际收入与期望的差距、工作动机、工作压力、学校或院系的工作支持。实际收入符合或高于预期、有学术抱负、单位给予工作支持的青年社科工作者的工作满意度较高。而工作压力大、晋升与职业发展困难的青年社科工作者的满意度较低。此外，工作满意度存在职称与工作单位类型的差异，教授的工作满意度高于讲师和助教，就业于"985""211"大学的青年社科工作者满意度更高。进一步分析发现，工作满意度对青年社科工作者的生活满意度、主观社会地位具有显著的正面影响。

由此可知，工作满意度不仅仅是就业质量的维度之一，也是影响主观社会地位和生活满意度的重要因素。换句话说，提高青年社科工作者的就业质量，将会提高其生活满意度和社会地位，进而促进大学的教学科研水平和质量。因此提高青年社科工作者的薪酬福利待遇，创造良好的工作环境，加大对青年社科工作者的工作支持，有助于缓解他们的工作压力并实现学术抱负，最终能够提高工作和生活质量。

本研究对博士毕业生从事高校学术职业的动机、教学科研投入状况，就业质量及其影响因素具有一定的启示意义。但值得说明的是，本研究数据来自上海地区高校科研机构（包括党校和社科院）人文社科领域的学术人员，一些研究结论有待进一步利用全国有代表性的数据检验，以及对学科差异进行比较分析。

# 第四章

# 非学术职业：博士毕业生准备好了吗？

现代博士教育可追溯到 19 世纪的德国，其通常被称为"学徒制"模式，主要目标是为"生产教授"即培养学术接班人。正如获得博士学位通常被视为迈入学术职业的象征和基础。许多博士生尤其是人文和社会科学领域的博士生将学术职业作为他们的首要甚至是唯一的职业目标。然而，随着博士教育规模扩张和教师职位数量的限制，越来越多的博士毕业生从事学术界以外的职业，或在大学里从事非教师职业（Auriol et al.，2013；Russo，2011）。此外，从博士生自我感知的就业前景来看，产业和政府部门的就业前景相比学术职业更为乐观积极（Fox & Stephan，2001；Waaijer，2017）。因此，从长远角度来说，非学术就业相比学术就业更为普遍的判断可能并非毫无根据。在我国也有类似现象，高校等学术部门虽然是博士生的首选职业目的地（高耀和沈文钦，2016；胡俊梅和王顶明，2017；卿石松，2017），但最终能够进入高校或研究机构从事学术研究的比例相对较低（沈文钦等，2019），企业和政府机关等非学术部门的就业比例增加。由此可见，博士生的目标、职业准备和实际能够获得的职业之间存在着不匹配。

在此背景下，越来越多的博士生开始考虑其他替代性职业（Porter & Phelps，2014）。不过问题在于，以学术训练为核心的博士教育，使得博士毕业生对学术部门外部的职业缺乏必要的准备（Rudd & Nerad，2015）。大学提供的环境和资源也主要是为了有志于学术职业的博士生（Campbell et al.，

2005；Clair et al.，2017），从而加剧博士毕业生就业准备不足。相比于理工科，人文社会科学的博士毕业生更难以适应就业模式的这种转变。因为理工科博士生平时与产业部门的接触较多，而且拥有更具有社会或商业价值的"硬技能"，如通过申请专利而提高去企业就业的概率（沈文钦等，2019）。

知识经济时代博士教育的价值毋庸置疑，但鉴于博士毕业生就业模式的变化，博士毕业生就业问题渐多关注。现有研究主要分析博士生就业偏好和就业结果，但对就业过程及职业准备状况的分析相对不足。考虑到劳动力市场的情况，虽然博士毕业生应为其就业和职业选择负责，但教育机构有责任为博士毕业生的职业发展提供支持。了解博士毕业生的读博动机、职业偏好与实际就业类型，并重点分析求职过程和职业准备情况，具体包括博士毕业生可以利用哪些渠道和资源进行职业准备，满意度如何。这些基本问题的分析，能够为博士生培养机制改革提供参考，有助于优化培养模式并做好博士生职业规划和咨询指导，确保他们能够为经济社会发展做出更大的贡献。

鉴于此，本章利用来自中国、美国等十几个国家人文社科博士毕业生的跨国调查数据，主要从以下两个方面针对博士毕业生就业和职业准备展开分析：一是通过博士入学动机、职业期望与实际就业结果之间的对比及不匹配状况分析，间接评估博士毕业生就业准备状况；二是通过博士毕业生对职业准备状况的主观评价，直接衡量博士毕业生职业准备过程中存在的问题和不足。

# 第一节　目标冲突下的职业准备问题

20 世纪 90 年代以来博士教育规模不断扩张，但正如经济合作与发展组织（OECD）博士学位获得者职业调查结果所示，失业并非是博士毕业生面临的主要挑战（Auriol et al.，2013）。主要问题是在毕业时无法满足最初的职业期望，或者基本上没有机会获得稳定的学术职位（Mcalpine & Emmioğlu，2015）。许多国家越来越多的博士毕业生从一个博士后职位跳到下一个博士后职位，等待获得稳定的学术职业的机会（Lin & Chiu，2016），但很少有人能够在两年内获得学术职业（Hayter & Parker，2019）。在这种情况下，博士毕业生被迫在不同国家、不同单位之间流动，并使高素质的博士人才存在持续的焦虑和压力（Chen et al.，2015）。因此，提高对博士毕业生的就业支持和服务，不仅能够缓减博士生的心理压力（Waight & Giordano，2018），而且有助于帮助其实现从研究生院到工作的顺利过渡，促进高端人才资源的使用效率。

沈文钦等（Shen et al.，2018）通过对 13 所中国大学 2016 届博士毕业生的调查数据，分析博士毕业生的就业偏好、就业结果以及影响其就业部门的因素。研究结果显示，分别有 78.0%、4.5% 和 17.5% 的博士毕业生偏好教学和研究工作、管理工作和专业技术工作，但实际就业结果与博士毕业生的就业偏好具有显著差异。平均来看，仅有 56.0% 的博士毕业生在大学和科研机构工作，22.6% 成为博士后，21.4% 进入企业或其他部门工作。其中，性别和科研产出（包括文章和专利）对博士毕业生就业去向具有显著影响。与非学术领域相比，男性博士学位获得者在大学和研究机构就业的概率较低。与产业部门相比，在大学和研究机构工作的博士毕业生在博士期间发表的论文更多。而对于主修科学、工程和农业科学的博士毕业生来说，拥有专利会增加他们在企业工作的可能性。针对德国 46 所大学 676 个科学与工程领域实验室的调查研究发现，吸引更多公共资金并由高绩效教授领导的实验室，其博士毕业生更有可能继续在公共部门从事研究工作，而与行业的紧密联系则预示着私营部门的工作（Hottenrott & Lawson，2017）。而在私营部门内部，大企业倾向于从科学绩效较高的实验室进行招聘，而中小型企业则从专利申请率较高的实验室中招聘。通过美国的数据研究发现，相比于学校的声誉，博士就读期间所在院系单位的声誉对于获得学术职业更重要，而且对学术生产力和薪酬都有显著的积极作用（Warshaw et al.，2017）。

随着时间的推移，博士生职业准备问题变得越来越突出。最近的一项研究报告称，毕业后从事非研究工作的人文学科博士毕业生希望自己有更好的职业准备（Kyvik & Olsen，2012）。拉德等（Rudd et al.，2008）针对美国社会科学博士毕业生的调查数据表明，相比于对学术研究和学术职业的支持，他们认为学校和导师对他们的非学术职业的支持是不够的，满意度较低。有趣的是，虽然有博士生对非学术职业感兴趣，但他们对就业前景的了解非常有限，且基本上不知道如何做好职业准备（Thiry et al.，2015）。克莱尔等（Clair et al.，2017）针对生物医学博士生的研究也表明，具有非学术职业目标的博士生不仅从他们的导师和系所获得的支持较低，而且也不太可能从他们的导师或其他教员那里寻求建议，这意味着具有非学术职业兴趣的博士生在就业选择和职业发展过程中遇到了困难。此外，即使留在学术部门，博士毕业生对教学负担、准备新课程、了解同事、适应新环境、服务于各种委员会、承担系里的公共服务等状况也是始料不及和没有做好充分准备（Austin，2003；Gaff，2002）。总之，博士生的职业准备不仅不足，而且有一致的证据表明，它可能无法为毕业生最终找到的工作提供充分准备（Mcalpine & Austin，2018）。换言之，传统的博士教育内容、目标与现实需求之间存在着潜在的不匹配。这些问题引发了对博士教育的广泛讨论，并要求对其内容、结构和过程进行评估，以便提供能够满足当前和未来劳动力市场需求的学者和研究人员（Nerad，2004；Nyquist，2002）。

为了让博士生做好在学术界内外就业的准备，学校的责任以及如何做主要有两种思想流派。一方面，大学和教育机构应该提供以往所忽视的就业能力，如通过研讨会和相关课程为博士生提供通用或可迁移技能的培养。主要理由是，传统的博士教育内容过于狭窄，使得博士毕业生所拥有的就业能力与市场需求尤其是产业部门所需技能存在差距或不匹配（De Grande et al.，2014）。因此，除了主流的学术型博士教育的转变之外，还创建了新的博士项目，如专业学位，产学研联合培养博士。包艳华等（Bao et al.，2016）指出欧洲和中国存在九种不同的博士学位，预计在不久的将来会有进一步的变化。这些新的博士项目旨在使博士学位更加职业化和专业化，并使他们更多的与非学术部门联系，以提高就业的可能性（Kot & Hendel，2012）。另一方面，主流的学术博士学位也开始提供特定的研讨会，课程和能力培训，以便为学术界以外的就业（可能与研究相关）或与研究无关的工作提供准备。这些技能被称为软技能，通用技能或可转移技能，其中包括沟通、谈判、领导和管理等。不过，博士毕业生通用技能理念在学术界引起了很多争论，一些人认为它与为知识进步做出原创贡献的初始目标相矛盾（Craswell，2007；Gilbert et al.，2004）。面对这些批评以及博士生面临的劳动力市场现实，一些学者提出了替代方案，即需要为不同的职业做好充分准备融入博士教育目标之中（Cumming，2010；Porter & Phelps，2014）。

波特和菲尔普斯（Porter & Phelps，2014）提出了一个关于博士生职业准备的综合性理论框架，其中与学术职业身份相关的学习被嵌入到非学术或非研究环境之中。尽管技能培养不是博士教育的主要目标，但博士生能力素质是其中不可分割的一部分。考虑到学术职业的弱化，博士毕业生获得学术职位的人数减少，知识获取和技能发展变得同等重要，这是博士培养模式的一个重要转变。卡明（Cumming，2010）也提出了一个理论框架，该框架也超越了所有学生毕业时应具备的技能本身。他的方法侧重于情境化表现，其中包括在真实环境中激发和应用技能。与波特和菲尔普斯（Porter & Phelps，2014）一样，卡明（Cumming，2010）模型的重点是行为（即如何在博士学位以及其他环境中应用技能）而不是技能本身。借鉴实践理论，他认为个人的技能发展与其所处的社会、文化和历史背景是高度相关的。

卡明（Cumming，2010）将博士实践（practices）和制度安排（arrangements）确定为博士教育的两个关键要素。博士实践不仅包括研究、写作与出版等学术活动，还包括影响所有博士教育利益相关者的历史、文化和职业因素。他在模型中阐述了四种博士实践，即相互关联的课程、教学、研究和工作。博士制度安排代表了博士实践所嵌入的各种关系、网络、资源和规则。这些制度安排不仅仅是学生工作的环境，而且反映了社会、文化和历史的融合。该模型将博士生，大学和社区确定为三个主要组成部分。与其他研究一样，卡明（Cumming，2010）并不否认技能发展的重要性，但他认为更应该在现实世界中开发和应用技能，而不仅仅是增加额外的课程。这种综合方法代表了对博士生教育目标的重新设想，并对博士生职业准备的观点产生了影响。

# 第二节　数据来源与样本特征

数据来自弗吉尼亚大学的"人文学科研究生教育和替代学术职业调查".[①] 调查对象来自美国、英国、澳大利亚、加拿大、中国等十几个国家的人文社科领域，且目前主要从事替代性学术职业或非学术职业的毕业研究生。调查内容包含他们的入学动机、职业期望，职业准备，目前的就业状况等，这为本研究提供了良好的数据资料支持。原始样本为 768 个，根据研究目的，排除硕士毕业生等样本，筛选出符合研究需求的博士毕业生样本 462 个。大约有 83.5% 博士学位获得者毕业于知名的研究型大学。其中，2000 年以前毕业的博士占 24.7%，2000～2009 年毕业的博士占 49.1%，2010 年及之后毕业的占 26.2%。在调查过程中，基于伦理和隐私的重视，性别、出生年份和国籍（种族）等人口学特征由被调查者自愿回答。设计者可能认为这些信息对于主题来说是无关紧要的，此部分数据也没有向社会公布。这使得我们无法确定样本的国籍、性别等分布状况，及评估样本的代表性问题。虽然数据存在局限，但我们依然希望能够通过核心内容的分析，获得关于人文社科领域博士毕业生就业类型及职业准备状况的重要信息，为后续更为严谨的研究打下基础。

博士毕业生样本的学科涵盖艺术和人文（如英语、历史、外语、语言），社会科学（如教育、政治、社会学、经济学、心理学），从表 4-1 可以得到，博士毕业生样本主要分布于英语、历史、宗教学、美国研究和艺术史等，其他学科还有政治学、文化研究、性别研究、东亚研究等。

---

① 有关调查及数据详细介绍请参见 . https：//www. icpsr. umich. edu/icpsrweb/ICPSR/studies/34938。

**表 4-1** 被调查对象的学科分布

| 学科 | 频数（个） | 有效百分比（%） |
|---|---|---|
| 英语 | 102 | 22.13 |
| 历史 | 79 | 17.14 |
| 宗教学 | 22 | 4.77 |
| 美国研究 | 21 | 4.56 |
| 艺术史 | 18 | 3.9 |
| 人类学 | 15 | 3.25 |
| 音乐学 | 14 | 3.04 |
| 教育学 | 13 | 2.82 |
| 神学 | 12 | 2.6 |
| 比较文学 | 11 | 2.39 |
| 哲学 | 11 | 2.39 |
| 心理学 | 11 | 2.39 |
| 科学技术史 | 10 | 2.17 |
| 语言学 | 9 | 1.95 |
| 社会学 | 8 | 1.74 |
| 其他 | 105 | 22.77 |
| 缺失 | 1 | |

注：总样本为 462 个，其中缺失样本量为 1 个。

从课程设置来看，有 69.4% 的博士毕业生所在的教学部门开设研究方法课程。在这些方法课程中，73.1% 是一个学期，两个或两个以上学期的占14.2%。这些方法课程大部分由高级职称的学者主讲，占比为 78.6%，15.5% 则由青年学者主讲。

就方法类课程的价值而言（见表 4-2），主要是有助于获得博士学位，回答认为对完成博士项目或获得学位"有一些价值"和"非常有价值"的比例达到 82.4%。对总的学习也比较有帮助，但对目前的职业来说，这些方法课程的价值或帮助下降，接近一半的人认为"完全没有价值"或"不太有价值"。从被调查者的具体回答来看，认为有价值的原因主要有"为学位论文提供了基础""提供基础训练"，并且对"目前的学术工作也有帮助"等，没有价值或很少有价值是因为"方法太简单只适合于本科生""对论文写作与发表没有帮助"，或是因为不再从事学术工作，使得所学方法与目前的工作无关。此外，据调查对象所知，尽管有 60.1% 的方法类课程的内容每个学期都会有一定程度的更新变化，但也有 21.2% 的人回答他们的课程内容几乎没有更新变化，可能存在方法知识陈旧的问题。

表 4 - 2 方法课程的价值 单位：%

| 类别 | 对获得学位（$N = 290$） | 对总的学习（$N = 288$） | 对目前的职业（$N = 286$） |
| --- | --- | --- | --- |
| 完全没价值 | 3.1 | 2.4 | 24.8 |
| 不太有价值 | 12.1 | 17.7 | 24.1 |
| 有一些价值 | 35.5 | 44.8 | 27.6 |
| 非常有价值 | 46.9 | 32.3 | 18.5 |
| 缺失 | 2.4 | 2.8 | 4.9 |

## 第三节　读博动机、就业期望与实际职业

### 一、博士入学动机

攻读博士学位的动机是复杂和多方面的。相关研究表明，进行博士研究普遍理由包括职业流动和发展，发展和应用研究技能，个人成长和随大流（Churchill & Sanders，2007）。已有研究对博士生入学动机的归类，惯常的方式是将其分为内部动机和外部动机。相对于获得社会声望或从博士学位获得经济回报而言，内在动机主要存在于对学术活动更感兴趣的博士生中（Lovitts，2008）。有学者对苏格兰大学 15 位社会科学博士候选人的半结构化访谈

发现，攻读博士学位的动机主要是改善或改变职业路径的外部动机（Golo-vushkina & Milligan，2012）。然而，穆勒等（Mueller et al.，2015）采用访谈和调查相结合的混合研究方法，发现内在抱负对追求博士学位的影响在德国起主要作用，而外在动机的作用程度很小。当然，追求博士学位的动机往往是复杂和多元化，不仅有改善职业前景和个人发展考虑，也有对学科的内在兴趣等原因，并往往得到朋友、同学、家庭成员和导师的鼓励和影响（Brailsford，2010）。

有研究针对中国 44 所高校 1399 名博士生的调查结果显示，尽管选择攻读博士学位的动机是多样化的，但都十分强调博士学位与未来职业间的紧密关系，试图期待通过博士学位在"未来谋得更好的工作和职业发展空间"。也就是说，大部分博士生求学主要基于外部动机，其次才是"出于对学术研究的热情"等内在动机（黄海刚和金夷，2016）。也有研究采用质性方法对某"985"大学的博士生学习动机的访谈资料进行编码分析，发现博士生学习动机是内部动机（如学术兴趣、自我提升）和外部动机的组合（李雪，2016）。也有研究针对部分博士生缺乏明确的定位和目标的情况，单独提取"无动机"的类型，指出学术的追求、自我能力的提升以及精神追求的满足这些原发性（内在）动机仍是博士生求学的首要动机，但功利性动机或外在动机（如谋求职业、改善现状、他人影响、获取学历）正在逐渐上升（董志霞和郑晓齐，2015）。类似的，对某"985"大学博士生的求学动机类型进行探索性因子分析，也发现博士生求学动机主要分为社会驱动型、工作驱动型、学术驱动型和理想驱动型 4 种类型，且学术驱动型和理想驱动型是当前博士生求学动机的主要类型（汪雅霜和熊静漪，2013）。通过对 35 所研究生院高校 1906 名理工科博士生进行调查及分析，发现入学动机呈现出多样化特征，"提升就业能力"和"对科研的兴趣"是大多数博士生的主要入学动机（徐贞，2018a）。

然而，既有研究发现入学动机是多元的或是混合的，但各个动机或因素的影响程度缺乏分析。本研究数据针对"以下原因对您攻读博士学位有多大程度影响"进行了调查，选项包括"没有影响""影响不大""有一些影响"

"有重要影响"四个程度。从表4-3的数据结果来看，个人发展是大部分人选择攻读博士学位最主要的原因，其他影响较大的原因，依次是成为教授、增加职业机会、学术探索等。其中，成为教授对48.5%的人有"有重要影响"，对23.1%的人"有一些影响"，两者之和达到71.6%。由此可见，人文社科领域博士生入学动机主要还是追求自我发展的内在动机，例如，个人发展、学术探索以及为从事学术研究做准备等。

表4-3　　　　　　　　　　　　博士入学动机　　　　　　　　　单位：%

| 动机 | 没有影响 | 影响不大 | 有一些影响 | 有重要影响 |
|---|---|---|---|---|
| 个人发展 | 3.7 | 5.0 | 27.1 | 64.2 |
| 成为教授 | 17.2 | 11.2 | 23.1 | 48.5 |
| 增加就业机会 | 16.0 | 14.9 | 28.3 | 40.9 |
| 学术探索 | 13.1 | 10.3 | 37.7 | 38.9 |
| 获得研究能力 | 11.6 | 15.7 | 39.3 | 33.4 |
| 工作需要 | 42.1 | 14.3 | 16.8 | 26.9 |
| 探索特定的项目 | 25.0 | 22.1 | 26.9 | 26.0 |
| 改变职业 | 58.8 | 13.2 | 11.0 | 17.1 |
| 获得教学技能 | 32.0 | 24.3 | 27.0 | 16.6 |
| 获得更高薪酬 | 30.0 | 25.9 | 27.6 | 16.5 |
| 追随某位导师 | 34.7 | 27.0 | 24.9 | 13.4 |
| 延迟就业 | 64.3 | 15.6 | 14.3 | 5.8 |
| 其他 | 51.4 | 1.4 | 8.5 | 38.7 |

## 二、职业理想与就业期望

对于博士学位获得者而言，通常面对两种劳动力市场，即以大学为主的学术劳动力市场（主要是教学科研岗位）和非学术劳动力市场，包括大学里的辅导员、图书管理员、实验技术人员等，以及政府、企业在内的应用型研究和管理岗位等。根据前期研究，博士生更倾向于从事学术职业而不是其他领域的职业（De Grande et al.，2014；Fox & Stephan，2001；Kyvik & Olsen，2012）。博士生的职业目标和就业期望与个人动机或自我选择高度相关，遵循学术职业道路的人表现出特定的动机取向。例如，林霍尔姆（Lindholm，2004）基于对来自不同领域的 36 位学者（助理教授、副教授、正教授）的半结构式访谈，指出教学科研人员通常将自己描述为对自治的高度需求，从青少年等早期阶段就立志寻求智力挑战和对经验知识的掌握。

本调查追溯了博士入学（进入研究生院）时，期望毕业后从事的职业。表 4-4 结果表明，学术职业是人文社科领域博士生的首选，其中有 83.7% 的人希望能够找到终身教职岗位（tenure-trackprofessor），11.8% 的期望在大学里成为非终身制的大学讲师或研究人员。而且，在期望从事终身教职岗位的样本中，大部分的想法或意愿都是明确的。其中，"相当确定"（fairly certain）想从事学术职业（终身教职）的占 40.83%，"完全确定"（completely certain）的占 41.72%。

**表 4-4**       **期望从事的职业**

| 职业 | 频数（个） | 百分比（%） | 有效百分比（%） |
|---|---|---|---|
| 终身教职岗位 | 349 | 75.5 | 83.7 |
| 图书馆员或文化遗产专业人士 | 52 | 11.3 | 12.5 |
| 非终身制的大学讲师或研究人员 | 49 | 10.6 | 11.8 |
| 非营利机构专业人员 | 49 | 10.6 | 11.8 |
| 作家/记者 | 44 | 9.5 | 10.6 |
| 政府机关职员 | 34 | 7.4 | 8.2 |
| 大学行政管理人员 | 27 | 5.8 | 6.5 |
| 私营企业员工 | 26 | 5.6 | 6.2 |
| 自由职业/创业 | 26 | 5.6 | 6.2 |
| 中学教师 | 15 | 3.2 | 3.6 |
| 学术顾问 | 13 | 2.8 | 3.1 |
| 技术开发人员 | 8 | 1.7 | 1.9 |

| 职业 | 频数（个） | 百分比（%） | 有效百分比（%） |
|---|---|---|---|
| 小学教师 | 2 | 0.4 | 0.5 |
| 军队职员 | 0 | 0.0 | 0.0 |
| 其他 | 41 | 8.9 | 9.8 |
| 缺失 | 45 | 9.7 | |

注：本题为多选，总样本为462个，其中缺失样本量（没有任何选项）为45个。

其他期望从事的职业，按照偏好排序，依次为图书馆员或文化遗产专业人士（12.5%）、非营利机构人员（11.8%）、作家或记者（10.6%）、政府机关行政人员（8.2%）、大学行政管理人员（6.5%），以及私营企业员工（6.2%）和自由职业者或创业（6.2%）。

## 三、求职与实际职业

尽管学术职业是博士生入学时的首选且比例特别高，但等到毕业找工作的时候，真正进入学术劳动力市场的比例略有下降，最终能够获得学术职位的比例更低。此次调查结果表明，有63.2%博士毕业后进入学术就业市场进行求职，相比期望从事终身教职岗位的比例大约下降了20个百分点。而在进入学术就业市场求职的这292人中，仅有52.4%获得了学术工作机会（offer），且有一半以上即27.1%是非常任轨（non-tenure track），41.4%的人没有得到学术岗位机会（数据结果略）。这意味着，尽管职业偏好可能预示着实际的职业，但并非所有博士生都能够在他们最喜欢的部门找到工作。这一结果与福克斯和斯蒂芬（Fox & Stephan，2001）的发现是一致的。他们使用来自化学、计算机科学、电气工程、微生物学和物理学系的3800名博士生的调查数据以及来自博士学位获得者的调查数据，发现有志成为教职员工的学生人数大于实际在该部门找到工作的人数。凯文克和奥尔森（Kyvik & Olsen，2012）对挪威2002～2005年毕业的博士就业状况调查也显示，尽管职业规划与劳动力市场实际就业类型之间具有显著的相关性，但学科差异较大，这说明个人偏好和就业机会都影响博士毕业生的就业去向。例如，在那些计划从事学术职业的人中，63%的人在大学或学院就业（包括长期或临时职位），12%在其他研究机构和工业实验室，24%的人从事其他非研究工作。不过，在社会科学领域，大约75%实现了他们的学术理想，即计划从事学术职业的人最终有75%在高校就业，而工程技术学科的这一比例仅有50%，其他学科的比例在60%左右。这表明各个领域的职业机会各不相同，学术机构能够吸收社会科学领域的大部分博士毕业生，但其他学科并非如此。特别是在科学领域，寻求终身教职的博士数量远远超过实际可得的职位数量。因此，甚至一些对学术职业具有强烈偏好的个人也可能进入产业部门或其他非学术职业（Sauermann & Roach，2012）。由此可见，在博士教育规模扩张，学术岗位增长有限的背景下，博士毕业生的就业期望与实际就业之间存在冲突和张力，实现学术理想和就业期望变得不再容易。

从有效调查样本来看（见表4-5），目前拥有终身教职（with tenure）的比例为55.8%，常任轨（tenure-track）比例为7.3%，两者之和为63.1%。自由职业者、固定期限合同、兼职就业、全职而非常任轨教职及其他的有效百分比达到30.9%。这说明，即使在毕业一段时间之后，依然有很大部分的博士无法从事自己所期望的工作，甚至是失业（6.1%）。正因为如此，部分博士毕业生正在找工作，使得正在寻找工作的比例占到25.5%。说明部分博士毕业生对目前的工作不是太满意或是合同快到期，比如，69.2%的非常任轨（not tenure-track）、41.4%的自由职业者（freelance）正在找工作（数据结果略）。

表4-5　　　　　　　　　目前就业状况

| 就业状况 | 频数（个） | 百分比（%） | 有效百分比（%） |
|---|---|---|---|
| 终身教职 | 230 | 49.8 | 55.8 |
| 常任轨 | 30 | 6.5 | 7.3 |
| 自由职业 | 29 | 6.3 | 7.0 |

续表

| 就业状况 | 频数（个） | 百分比（%） | 有效百分比（%） |
|---|---|---|---|
| 失业 | 25 | 5.4 | 6.1 |
| 固定期限合同就业 | 20 | 4.3 | 4.9 |
| 兼职就业 | 17 | 3.7 | 4.1 |
| 全职而非常任轨教职 | 13 | 2.8 | 3.2 |
| 其他 | 48 | 10.4 | 11.7 |
| 有效样本 | 412 | 89.2 | 100.0 |
| 缺失 | 50 | 10.8 | |
| 总计 | 462 | 100.0 | |

调查询问了当前的工作是否涉及任何形式的教学、科研，从表4-6就业样本的调查结果来看（N=387），人文社科博士学位获得者大多从事与教学或科研相关的工作。其中，52.7%的博士毕业生的工作与教学相关，68.7%的人其工作内容与科研相关。仅有教学而没有科研的比例为15.0%，仅有科研没有教学的比例为31.0%，而工作内容同时涉及教学和科研的占37.7%。[①] 此外，有64.6%的人在当前职位以外兼职从事教学或科研（论文发表）等相关工作。不过，依然有16.3%的就业样本（63人），其工作内容既没有教学也没有科研。不管怎样，就业样本中有31.3%的博士不再从事科研工作（121人），再加上目前没有工作的样本（25人），全部样本（462人）中共计接近1/3的博士毕业生没有从事学术工作。这一结果与帕萨雷塔等（Passaretta et al. ，2019）对意大利博士毕业生就业类型的分析是一致。他们针对意大利2008届博士毕业生毕业5年后即2014年的就业状况的分析表明，仅有66%的博士毕业生工作内容涉及科学研究，其中在学术部门（大学）和非学术部门从事研究工作的比例分

---

① 即使是没有教授身份、兼职、固定期限合同或自由职业者（有效样本109个），他们的工作内容也有54.1%涉及教学，76.2%涉及科研。

别为29%和37%，其他1/3的人则从事与研究无关的工作或是没有工作。由此说明，不管是从就业身份还是其工作内容来看，人文社科博士生无法完全实现自己的学术职业理想。

表4-6                          博士毕业生的工作内容                          单位：%

| 涉及教学 | 涉及科研 | | 总计 |
| --- | --- | --- | --- |
| | 是 | 否 | |
| 是 | 37.7 | 15.0 | 52.7 |
| 否 | 31.0 | 16.3 | 47.3 |
| 总计 | 68.7 | 31.3 | 100.0 |

从选择当前工作的影响因素来看（见表4-7），"非常重要"的因素主要是"地理位置""学习新知识""家庭因素""为社会做贡献"。认为"重要"或"非常重要"的因素主要是"地理位置""学习新知识""薪酬""为社会做贡献"。如果汇总"非常重要"和"重要"两个选择，然后按照重要性排序，依次为"地理位置""学习新知识""薪酬""为社会做贡献""福利""学有所用""职业发展机会""家庭因素"和其他。由此表明，从国际范围来看，博士毕业生就业选择因素，除了考虑"地理位置"外，"学习新知识"和"为社会做贡献"等内在动机占主要部分。当然，"薪酬"和"福利"也是重要的考虑因素。

表4-7                        选择当前工作的影响因素及程度                        单位：%

| 影响因素 | 一点也不重要 | 有点重要 | 重要 | 非常重要 | 缺失 |
| --- | --- | --- | --- | --- | --- |
| 地理位置 | 6.06 | 10.17 | 24.46 | 40.91 | 18.4 |
| 学习新知识 | 6.49 | 12.12 | 27.06 | 35.5 | 18.83 |
| 家庭因素 | 20.56 | 12.12 | 19.05 | 29.44 | 18.83 |
| 为社会做贡献 | 8.66 | 14.72 | 30.52 | 27.71 | 18.4 |

| 影响因素 | 一点也不重要 | 有点重要 | 重要 | 非常重要 | 缺失 |
|---|---|---|---|---|---|
| 学有所用 | 11.26 | 15.15 | 27.27 | 27.49 | 18.83 |
| 薪酬 | 6.71 | 16.23 | 33.77 | 25.97 | 17.32 |
| 职业发展机会 | 10.61 | 19.7 | 26.19 | 24.89 | 18.61 |
| 福利 | 11.9 | 13.2 | 32.68 | 24.68 | 17.53 |
| 其他 | 6.93 | 0.43 | 1.52 | 11.69 | 79.44 |

# 第四节　职业准备状况及满意度

## 一、博士教育的价值与职业准备

尽管博士学位对职业成就来说具有非常重要的作用，但博士阶段的学习和培训显然也是不足的。从表4-8的调查结果看，一方面，不管是什么性质的工作，大部分认为获得博士学位对取得职业成功是"重要"或"非常重要"，尤其是从事教学科研工作的样本，比例高达91.9%。事实上，博士阶段的专业知识和科学方法的训练，是从事教学科研工作的前提基础。另一方面，尽管如此，博士阶段的训练并不能够使得博士学位获得者能够完全胜任工作。当人文社科博士学位获得者开始进入岗位的时候，总体有23.5%的人认为博士教育并不能使得各方面的职业准备都非常充分。尤其是对于非学术职业，例如，教学工作、非教学科研工作中分别有32.7%和28.6%的人认为博士项目培训对于工作要求或职业准备是不充分的。

表 4 - 8　　　　　博士教育对职业的重要性及职业准备情况　　　单位：%

| 分类 | 选项 | 教学工作 (N = 52) | 科研工作 (N = 114) | 教学科研工作 (N = 135) | 非教学科研工作 (N = 62) | 总计 (N = 363) |
|---|---|---|---|---|---|---|
| 对职业的重要性 | 毫不重要 | 5.8 | 3.5 | 1.5 | 11.3 | 4.4 |
| | 有些重要 | 21.2 | 8.8 | 6.7 | 9.7 | 9.9 |
| | 重要 | 46.2 | 44.7 | 26.7 | 43.6 | 38.0 |
| | 非常重要 | 26.9 | 43.0 | 65.2 | 35.5 | 47.7 |
| 职业准备是否充分 | 是 | 67.3 | 77.2 | 82.0 | 71.4 | 76.5 |
| | 否 | 32.7 | 22.8 | 18.1 | 28.6 | 23.5 |

注：表中数字为有效百分比。

换句话说，即使接受最高程度的学校教育并拥有最高学位，进入就业市场之后，至少在工作中的某些方面依然感到准备不足。不管是学术职业还是非学术职业，都存在准备不足的情况。表 4 - 9 的结果显示，总体来说，有59.2%认为对工作的某些方面或某些工作任务感到毫无准备（unprepared）。事实上，不仅仅是人文社科专业，即使是与市场联系更为紧密的自然科学领域（STEM）的博士生，他们面对就业多元化和职业生活的复杂性，也是缺乏充分的准备（Hancock & Walsh, 2016）。原因就像上文指出的那样，博士生本身的动机、偏好，以及学术型博士教育的目标、院系的资源都是以学术研究为中心。不仅对非学术职业缺乏准备，对教职工作当中的教学、学生管理也可能准备不足（Allgood et al., 2018）。从以往的研究来看，这些准备不足，既有能力与岗位需求不足或不匹配的问题，也有价值观念、心理准备不充分的问题。

表 4 - 9　　　　　　　是否某些方面准备不足　　　　　　单位：%

| 选项 | 教学工作 (N = 52) | 科研工作 (N = 112) | 教学科研工作 (N = 132) | 非教学科研工作 (N = 62) | 总计 (N = 358) |
|---|---|---|---|---|---|
| 是 | 57.7 | 60.7 | 62.1 | 51.6 | 59.2 |
| 否 | 42.3 | 39.3 | 37.9 | 48.4 | 40.8 |

注：缺失样本 104 个，表中数字为有效百分比。

从博士教育期间所经历的职业准备情况来看（见表4-10），在博士生可得的（available）职业咨询方面，比较有效或有帮助和价值的来源是私人社会网络（personal network）、导师、同学、非学术职业人员、其他教师、往届毕业生等。不可得或没有采用的来源，包括本部门职业辅导沙龙、外部的职业辅导沙龙、职业咨询机构或校友服务等。这些结果表明，如果博士生尤其是定位于非学术职业的博士生，由于无法从他们的导师或所在的部门获得支持，必须更多地依靠自己并寻求其他方面的资源，如同学或其他非学术职业人士的建议和支持，以便帮助他们更顺畅的进入非学术就业市场。

表4-10　　　　　　　　　对以下职业准备来源的评价　　　　　　　　单位：%

| 分类 | 没有相关服务 | 没有采用 | 毫无帮助 | 不太有帮助 | 有帮助 | 很有帮助 |
|---|---|---|---|---|---|---|
| 私人社会网络 | 4.2 | 9.5 | 5.3 | 14.5 | 31.0 | 35.5 |
| 导师 | 3.0 | 2.2 | 18.9 | 28.7 | 24.9 | 22.4 |
| 同学 | 0.3 | 1.9 | 10.1 | 25.1 | 41.4 | 21.2 |
| 非学术职业人员 | 20.5 | 17.2 | 4.4 | 9.3 | 28.1 | 20.5 |
| 其他教师 | 2.7 | 2.4 | 12.0 | 28.0 | 35.3 | 19.6 |
| 往届毕业生 | 9.0 | 10.1 | 8.4 | 20.4 | 33.5 | 18.5 |
| 第三方服务（高校） | 18.0 | 26.5 | 11.3 | 13.8 | 18.3 | 12.1 |
| 外部的职业辅导沙龙 | 30.3 | 22.4 | 11.2 | 19.4 | 11.5 | 5.2 |
| 职业咨询机构 | 10.7 | 36.2 | 25.5 | 15.9 | 9.6 | 2.2 |
| 本部门职业辅导沙龙 | 34.8 | 9.5 | 14.1 | 22.8 | 16.8 | 1.9 |
| 第三方服务（社会） | 26.2 | 49.1 | 14.4 | 6.0 | 2.6 | 1.7 |
| 校友服务 | 19.1 | 40.4 | 26.0 | 9.8 | 3.5 | 1.1 |
| 招聘会 | 28.4 | 37.6 | 24.6 | 8.3 | 0.3 | 0.8 |
| 其他 | 14.3 | 40.5 | 2.4 | 4.7 | 16.7 | 21.5 |

注：表中数字为有效百分比。

## 二、替代性学术职业的准备及满意度评价

上述分析表明，尽管大学1/3的博士学位获得者最终无法从事学术工作，

需要在学术部门之外寻找就业机会并做好相关的职业准备，但从表4－11可以发现，54.0%的博士生从来没有接受过任何有关从事非学术性或替代性学术职业（alternative academic career）的建议或培训。即使是那些最终从事教学以及与教学科研都无关的工作的博士毕业生，也同样有超过一半的人，没有接受过相关的职业培训或咨询服务。而从接受过相关建议或培训的来源来看，主要是本单位外部或本单位从事非学术性工作的员工，其他学生（如以往的毕业生或同学）、导师和资深教授，以及外校教师。

表4－11　　　　　　是否以及从何处接受非学术性职业的咨询指导服务　　　　单位：%

| 来源 | 教学工作<br>（N＝53） | 科研工作<br>（N＝114） | 教学科研工作<br>（N＝132） | 非教学科研工作<br>（N＝73） | 总计<br>（N＝374） |
|---|---|---|---|---|---|
| 没有此类服务 | 60.4 | 50.0 | 54.5 | 56.2 | 54.0 |
| 外单位非学术员工 | 15.1 | 27.2 | 12.9 | 20.5 | 19.0 |
| 本单位非学术员工 | 11.3 | 13.2 | 22.0 | 16.4 | 16.6 |
| 往届校友 | 7.5 | 20.2 | 12.1 | 8.2 | 13.1 |
| 导师 | 7.5 | 17.5 | 13.6 | 8.2 | 12.8 |
| 本单位资深教授 | 7.5 | 15.8 | 14.4 | 8.2 | 12.6 |
| 同学 | 5.7 | 15.8 | 12.9 | 8.2 | 11.8 |
| 外校教师 | 7.5 | 11.4 | 9.8 | 5.5 | 9.1 |
| 其他 | 15.1 | 7.9 | 6.8 | 8.2 | 8.6 |
| 家庭成员 | 7.5 | 9.6 | 7.6 | 8.2 | 8.3 |
| 本单位初级教师 | 7.5 | 9.6 | 3.8 | 5.5 | 6.4 |
| 职业咨询机构 | 3.8 | 7.0 | 5.3 | 5.5 | 5.6 |
| 本单位临时教员 | 0.0 | 4.4 | 3.8 | 4.1 | 3.5 |
| 外部顾问 | 1.9 | 1.8 | 1.5 | 1.4 | 1.6 |

注：此题为多选，每一列的数字之和不等于100%。

其中，在传统的博士生支持机制方面，仅有12.8%的博士生获得导师的职业建议，而向其他教师寻求职业建议的人数则略少。这与克莱尔等（Clair et al.，2017）针对生物医学专业博士生的研究结果是一致的。他们发现职业导向为非学术职业的博士生，难以从他们的导师和其他教员那里获得建议和支持。可能的原因是导师倾向于鼓励自己的学生走学术路线，不仅因为这是他们自己喜欢的，而且也是他们最了解的。导师以培养学者或学科接班人为目的指导博士生，博士生与导师之间缺乏有关职业目标的沟通，甚至不敢向导师提及非学术职业的想法，也就谈不上导师能够为博士生提供多元化的就业指导与支持。虽然一些博士生寻求同学、往届校友和家庭成员的支持，但很少有人利用职业咨询机构获得有关非学术职业的信息。值得注意的是，约35.6%的博士生曾与非学术职业人士（包括本单位和外单位）咨询讨论过职业问题。虽然还不确定这些资源的效果如何，但它确实表明，一些博士生在导师和其他教师之外，积极寻求与其职业相关的资源。尚不清楚的是，博士生寻求这些替代资源的动机是由职业兴趣、缺乏正规资源还是其他因素驱动的。不过，可以预见，由于博士生常年处于相对封闭的大学环境，甚至没有任何工作经历，大部分不了解学术界外部的工作环境且不知道如何寻求帮助，这需要引起教育部门和教育机构的关注。

正因为难以获得有效的咨询服务，博士毕业生对于所接受的非学术性或替代性学术职业的咨询服务，满意度评价相对较低（见表4－12）。其中，很不满意、不太满意的占比分别为42.2%和19.5%，而满意或很满意的比例仅分别为8.8%和4.4%。由此可见，虽然学术界（学术研究）仍然是博士生的首选职业目的地，但大部分可能很难找到能够确保终身稳定的学术性工作。学术界之外的其他职业不再是"另类"，而是越来越成为常态。意识到这一点，非学术性职业也应被视为同等重要和值得考虑的机会，应该加强这些方面的职业咨询和指导服务。

表4－12　　　　　　　　非学术性职业准备满意度评价

| 类别 | 频数（个） | 百分比（%） | 有效百分比（%） |
| --- | --- | --- | --- |
| 很不满意 | 154 | 33.3 | 42.2 |
| 不太满意 | 71 | 15.4 | 19.5 |
| 一般 | 92 | 19.9 | 25.2 |

| 类别 | 频数（个） | 百分比（%） | 有效百分比（%） |
|------|-----------|------------|----------------|
| 满意 | 32 | 6.9 | 8.8 |
| 很满意 | 16 | 3.5 | 4.4 |
| 缺失 | 97 | 21.0 | |
| 总计 | 462 | 100.00 | |

### 三、毕业后的在职培训需求

调查数据表明，在工作中，72.7%的雇主或单位为博士学位获得者提供在职培训机会。在给定的一年，对于单位提供的培训和开发资源，大部分博士毕业生都会利用。其中，44.3%的人会利用全部时间或资金，32.5%利用几乎全部（most）时间或资金进行培训和开发。

尽管如此，当工作中遇到与职业相关的问题时，人文社科博士毕业生主要求助于私人网络、免费的网络资源、书籍资料，其次是与培训或课程相关的资源。换句话说，单位提供的培训并不是解决工作当中所遇到问题的最有效方式，或是单位所提供的培训和开发的针对性、有效性有待进一步提高。

## 第五节　本章小结

本章利用人文社科博士毕业生调查数据，分析入学动机、职业期望与实际就业结果之间的关系，探究博士教育期间和求职过程中的职业准备情况，以期为完善博士培养机制提供参考。

研究发现学术职业依然是博士生的首选，但实际能够获得学术工作尤其是终身教职的比例远低于职业理想。"个体发展"等内在因素是攻读博士学位的主要动机，83.7%的人期望毕业后从事学术职业即成为大学教授。然而，毕业后最终进入学术市场进行求职的博士仅有63.2%，相比期望从事学术职业的比例大约下降了 20 个百分点。而在进入学术就业市场求职的博士毕业生中，仅有 52.4% 获得了学术工作机会，且有一半以上即 27.1% 是非常任轨。从调查时的工作任务和内容来看，接近 1/3 的博士毕业生不再从事与科研相关的工作。这意味着，即使在毕业一段时间之后，依然有很大部分的博士无法从事自己所期望的工作，而不得不选择其他替代性工作。

就职业准备而言，尽管大部分认为博士学位对职业成功"重要"或"非常重要"，但博士阶段的训练和职业准备是不足的。总体来说，有 59.2% 认为对工作的某些方面或某些工作任务感到毫无准备。其中，博士期间的方法课程，对于完成博士论文和获得博士学位很有帮助，但相对来说对目前的职业不太有价值。在职业咨询指导方面，比较有效或有价值的是私人社会网络、同学、其他教师、往届毕业生、非学术职业人员、导师等。尽管大学 1/3 的人文社科博士学位获得者最终无法从事学术工作，需要在学术部门之外寻找就业机会并做好相关的职业准备，但 54.0% 的博士生从来没有接受过任何有关从事非学术性或替代性学术职业的建议或培训。博士生尤其是定位于非学术职业的博士生，由于无法从他们的导师或所在的部门获得支持，必须更多地依靠自己并寻求其他方面的资源，如同学或其他非学术职业人士的建议和支持，以便帮助他们更顺畅的进入非学术就业市场。正因为难以获得有效的咨询服务，博士毕业生对于所接受的非学术性或替代性学术职业的咨询服务，满意度评价相对较低。

目前，博士培养目标往往是为未来的学术职业做好准备。因此，教育机构吸引那些喜欢学术职业而不是其他替代性职业的学生也就不足为奇。绝大多数博士生希望能够留在学术界发展。此外，博士生长期停留在学术界并在博士生期间进一步朝着学术职业社会化，不断强化他们作为（未来）学者的身份认同。因此，很少考虑学术界以外的就业，更不会考虑与学术界价值观和评价体系不同的政府或产业部门。

需要指出的是，本研究结果来自一个国际性调查项目，这有助于了解博士毕业生就业与职业准备状况的普遍性，但各国经济社会发展水平、博士毕业生就业市场和高等教育规模存在差异，而限于样本数量，无法在中国与其他国家地区之间进行比较分析。不过，基于中国文化情景下的研究也发现，博士毕业生到高校从事学术职业的比例越来越低。而且随着博士教育规模的扩大和高校专任教师队伍渐趋稳定，以及政府、企事业单位需求的扩大，中国博士毕业生的职业道路将变得更加多样化。因此，本研究仍然具有前瞻性的启示意义，期待政策制定者和学界共同重视和关注博士生培养与就业问题，为国家创新驱动发展的重大战略做出新的贡献。

总之，当前劳动力市场条件下，学术岗位数量跟不上博士生增长速度。博士生不能再被视为学术职业的预备或早期阶段，越来越多的博士毕业生必须寻求其他替代性职业。博士毕业生需要接受这样的现实，即职业机会将不仅仅限于从事教学科研工作，也不应该将没有获得终身教职视为"失业"或"失败"。尽管如此，但本研究表明，博士毕业生对学术界外部的职业不太了解或没有做好充分准备。为了弥补博士毕业生职业准备方面存在的不足，大学需要更加积极主动，确保博士毕业生做好在学术界内外就业的准备。当然，在考虑攻读博士学位之前，学生自己也必须了解未来学术职业道路的现状和现实。

首先，优化拓展博士教育的目标和功能，持续深化博士生培养机制和模式改革，着力培养创新型、复合型高端人才。知识经济时代，新一轮科技和产业革命对知识创造和创新的需求达到前所未有的高度，产业部门对博士人才的需求将进一步提高。在供需结构转型背景下，博士毕业生仅仅拥有高深专业知识是远远不够的，更需要能够在不同职业和环境中转移和应用这些技能和知识。在改变目前单一的学术型博士培养模式，大力发展专业博士学位教育的同时，必须以统筹提高创新能力和职业能力为目标，调整完善学术型博士教育。事实上，学术研究能力和通用性的职业能力并非是二元对立的，而是可以相互促进和相互补充的。学术职业既需要创新能力，也需要包括教学在内的广义的沟通表达、团队合作等可迁移技能。即使是学术界外部的职业，鉴于科学研究已经渗透到各行各业，博士毕业生也需要具备相应的科研创新能力。因此，技能的培养应成为博士教育的组成部分。这就要求研究生院或培养单位，采用更结构化的模式对博士生进行研究训练，并传授可迁移技能，以便更好地为博士毕业生在学术界、企业及政府公共部门就业做好准备。

其次，强化博士生培养与劳动力市场需求的关联性，融合博士生学术训练与职业准备。如前所述，根据目前的博士培养模式，大学里的大部分资源旨在为学术职业提供训练和准备。这种模式强化了面向学术职业的辅导和指导实践，从而使那些不追求学术职业的学生自己寻找其他相关的资源和机会。因此，考虑到实际进入学术就业市场并获得学术职业的博士毕业生与预期存在较大差距，导致大量学生缺乏相关的支持和准备。此外，博士毕业生在学术环境的时间越长，就越可能将自己的职业目标定位于学术职业并力求与这种环境的需求相匹配。当以后必须在学术界之外寻求就业的时候就会产生问题（Manathunga et al.，2007）。尤其是对于人文与社会科学等领域的博士毕业生来说，他们相比理工科的博士生与产业部门的联系更少，从学术界转入非学术性劳动力市场的跨度和难度更大。因此，定期与行业合作的研究领域以及与行业密切联系的博士项目，可以帮助博士毕业生早日着手学术界外部就业的准备（Borrell-Damian et al.，2010）。事实上，无论什么类型的就业，教育机构都有明确的责任和义务为所有学生的职业需求提供帮助。因此，在开设专业课程的同时，需要为博士生提供职业生涯规划等课程，帮助博士生客观了解就业市场并建立更切实际的就业预期，并鼓励他们在博士生早期阶段就开始着手进行职业规划。这可能是支持博士生做好在学术和非学术就业准备的有效方法。同时，加强与企业、招聘机构的合作，让博士生了解市场对他们的需求。

最后，落实导师是博士生培养第一责任人的要求，加强对博士生导师的培训和支持。导师的引导和支持对博士生学术能力、职业兴趣和就业结果都具有重要影响，他们的角色特别重要，因为在许多情况下，博士生甚至在毕业后依然没有明确的职业定位和规划（Mcalpine & Emmioğlu，2015）。事实上，导师不仅负责学生的研究训练，并且在职业指导和咨询建议中发挥着核心作用，有时使用他们的社会网络来帮助博士毕业生找到工作（Platow，2012），但主要是学术界内部的就业机会。来自博士生导师的反馈意见表明，即使他们愿意帮助学生为学术界内外的职业生涯做好准备，但因为缺乏对学术界外部职业的了解而无法提供有效帮助。因为博士生导师自己只有从博士生到学术职业的线性经验，他们与学术外部的联系非常有限。因此，一是需要为导师提供相关的培训，包括改变对博士毕业生从事非学术职业的消极态度，促进全面理解并提供相关信息，进而帮助博士生做好就业准备。二是改变以科研绩效为单一指标的导师评价机制，把对学生的学业指导、学术道德教育和学术训练等纳入导师评价，鼓励其对博士生职业规划发展提供支持。

# 第五章

# 博士毕业生就业能力内涵与提升路径

伴随知识经济时代的到来和经济全球化进程的加快，国家、社会、企业的繁荣发展都有赖于劳动力知识、技能和能力的不断提升。自 20 世纪 90 年代中期以来，知识经济已经成为全球性话语并影响国家政策体系。所谓知识经济，其特点是高水平的技术进步、生产力和效率的提高，以及广泛的知识生产和服务。因此，知识和技能、知识产权、国家创新系统、知识转移和知识管理成为影响国家或地区生产力和竞争力的关键因素。这就要求劳动力具有高水平的教育和培训以及终身学习机会。

世界各国对知识型经济的追捧，对高等教育变革和毕业生就业能力的关注产生直接影响。按照人力资本理论，教育被视为经济可持续增长和发展的支柱。值得注意的是，经济结构加速调整，职业消亡、产生和更替的速度越来越快。工作要求改变的背景下，劳动力市场需求与高校毕业生实际能力之间的"技能差距"（skillgap）成为一个全球性问题。特别是在发达经济体，面对全球经济中的国家竞争力和技术进步的快速增长，雇主对未来需求的不确定性的担忧日益增加。因此，高等教育机构将通过培养具备相关知识，技能和创造力的合格劳动力来支持国家经济增长计划和战略。因此，必须不断检查和反思高等教育，改革的关键焦点之一就是就业能力问题。在此背景下，就业能力（employability）近年来在学术出版物、政府和企业政策中频繁出现，受到整个社会的广泛关注。就政府而言，就业能力作为高质量教育和积极就业政策的有效工具，是做好相关工作的重要抓手，对于实现创新驱动和经济社会高质量发展具有重要意义。

鼓励博士人才参与产业部门的创新创业已成为政策制定者日益关注的问题，以期望他们对知识经济做出更大的贡献。然而，博士毕业生从学术部门到产业部门的这种职业转变过程并不像预期的那样简单。首先，博士学位获得者需要与硕士毕业生竞争产业部门的高级研究工作，尽管硕士毕业生的专业知识可能少于博士学位获得者，但他们往往具有更多相关的工作经验。澳大利亚科学、技术、工程、数学（STEM）相关行业的雇主甚至对硕士毕业生的职业技能和素质的评价高于博士毕业生（Rayner & Papakonstantinou，2016）。因此一些雇主特别是那些小型企业，可能更喜欢聘用硕士而不是博士（Borrell-Damian et al.，2010）。其次，许多雇主仍然持有墨守成规的偏见，认为博士毕业生长期与世隔绝地待在"象牙塔"中，因此怀疑博士学位获得者是否具备在商业环境中表现良好的必要能力（Morgavi et al.，2007）。最后，许多博士生入学动机就是想成为教授，毕业时仍然希望从事学术职业，仅仅将其他部门就业作为第二选择或替代选择（De Grande et al.，2014）。这种动机和对未来学术职业的偏好可能会阻碍博士生投资于产业部门所需的就业能力，从而导致技能不足或技能不匹配。尽管很少有雇主怀疑博士学位获得者的智力水平，但行为和态度方面的供需存在不匹配。因为研究人员在实践中的行为和业务组织，以及研究成果（如学术成果而非专利或产品）的评价制度在学术界和产业界都存在差异（Borrell-Damian et al.，2010）。类似地，在学术界形成的观念、价值观和动机等态度和行为因素，与产业部门研究人员或雇主的要求并不一致。

更严重的问题是很多博士生并不清楚他们到底需要具备哪些能力，自然而然，博士生对自身潜在的就业能力不足或不匹配问题也认识不足。很多时候，他们只专注于完成博士论文和获得博士学位，而没有为未来的职业做好规划和准备。这不仅使他们对学术界外部的能力要求熟视无睹，而且还使得他们不关注在博士研究期间应该获得哪些技能（Cryer，1998）。因此，明确提出博士生需要在校期间形成和掌握的能力清单，可以优化博士教育模式和促进博士生就业与职业发展。

鉴于此，本章梳理国内外有关博士生就业能力的研究文献，提炼博士生就业能力内涵及结构维度、提升路径等，尝试回答就业环境变革背景下应该培养什么样的博士人才，以及如何培养等基本问题。在"双一流"建设背景下，提升博士生就业能力，是重视和改进博士教育质量的题中应有之义。这些基本问题的分析，有助于推动博士教育目标和培养机制的优化，确保博士教育能够为经济社会发展做出更大的贡献。

# 第一节　就业能力与博士教育变革

关于就业能力的研究是从 20 世纪 60 年代开始在英国等地区发展起来的，但直到 20 世纪 90 年代末，就业能力才成为理解教育机构对于就业市场作用的焦点，这与日益关注高等教育质量有关。人们开始认真思考，"市场（雇主）需要什么能力以及高等教育机构可以做些什么来提高学生的就业能力"，即所谓的人才为谁培养和如何培养。问题来自这样的观察，即提高生产所需技能并没有体现于高校毕业生身上。人们反思认为问题不是出在经济的发展，而是教育和人才培养。就业能力可视为高等教育质量的一个方面，或者更准确地说，是教育培训对职业和工作任务的益处和有用性。总体来看，在竞争日益激烈的全球市场中，各国政府越来越意识到高等教育在为知识型经济的发展提供创新和创造力方面的重要性。大致提出了三项主要的教育政策：第一，提高入学率或毕业率；第二，提升毕业生就业能力；第三，提倡和创造终身学习机会。

就业能力是耳熟能详但又难以清晰定义的概念。学术界、国际组织和政府教育机构的文献或报告显示，"能力"通常被用作是技能、属性、品质和素质的同义词（Gilbert et al., 2004）。针对博士生的半结构化访谈发现，尽管少数人将就业能力与就业混淆，但大部分博士候选人清楚知道就业能力的内涵，将它理解为有助于获得就业机会，体现为个体所拥有的包括知识、技能和态度在内的能力集合（Golovushkina & Milligan, 2012）。

就业能力往往与就业结果混用，这反映了概念上对结果（就业）与过程（就业能力）的混淆。简单来说，一个人的就业能力表现在他或她获得和维持工作的能力，而就业是就业能力导致的结果。在这种情况下，哈维（Harvey，2001）认为就业能力是一个过程，个体而不是机构在其中起着关键作用并导致就业的结果。然而，仅考虑个人层面的就业能力是不够的。约克（Yorke，2006）将就业能力定义为"一系列技能、理解力和个人品质，使毕业生更有可能获得就业并在所选择的职业中取得成功，这有利于他们自己，劳动力，社区和经济"。从广义上来说，高校毕业生找到令人满意且与其教育水平相匹配的工作的能力，受到多种因素的共同影响，包括学科专业能力、拥有的可迁移的就业技能（通用性能力）和劳动力市场情况。因此，从这个角度来看，作为主体的劳动者可视为个人自身和职业发展的能动者，但同时也不能忽视社会经济背景、就业市场的特征，以及制度和教育模式的作用。

博士生教育旨在培养早期研究者（early stage researcher），涵盖学术和专业训练两个维度的目标。一是学术目标，即让毕业生对各自的学科做出原创性的知识贡献；二是提供专业的研究训练并使博士毕业生成为独立的研究人员。学术和专业训练这两个目的或维度被一些人认为是竞争性的，反映了博士作为"产品"和一个"过程"的双重性质（Park，2005）。一方面，博士教育的学术目标是通过最终的"产品"即学位论文来评估的，要求博士论文具有原创性，并适合在学术界传播，甚至要求已经获得同行认可（如在同行评审期刊公开发表）。另一方面，专业训练维度则强调培养过程、流程，以及独立进行研究的能力。传统观点认为，博士教育提供了"学徒式"培养模式，博士生将与导师密切合作，学习和掌握所有的必要技能，并为学术职业做好充分准备。如果没有深入理解该学科的知识，以及具备提出研究问题、分析问题和解决问题的研究能力，就无法对该学科知识做出原创贡献。因此，在某种程度上，可以合理地认为，如果授予博士学位，则意味着博士学位获得者已经具备特定学科的深入广泛的知识、并具有设计和实施一项独立研究的能力。这意味着博士教育是学习训练过程，既可以获得学科知识，也可以获得建构知识的方法，成功的博士毕业生应该掌握相应的知识和技能，其中一些是特定学科的知识和技能，另外一些则是通用的或可迁移的知识、技能。相关文献综述及总结发现，博士教育可以培养包括在导师指导下工作以及自己独立工作的能力、自我激励和自律、宽广的学科和专业知识、研究技能、批判性思维、分析和写作能力、解决问题的能力、教学技能，以及终身学习能力等（Raddon & Sung, 2008）。

尽管如此，现有研究已经从博士（毕业生）自身以及雇主等多个角度，发现博士学位获得者在就业能力方面存在不足，或是与市场需求不一致，即供需不匹配。一方面，博士毕业生在学术界外部或不再从事研究工作的比例越来越高，使得单一的博士教育目标与多元化的市场需求存在冲突，就业能力的培养与需求不匹配。另一方面，由于高层次人才市场和岗位性质的差异，所谓高处不胜寒，就业市场对博士毕业生的通用能力的要求远远超出本科毕业生和短期硕士研究生（Cryer, 1998）。因此，政府、企业和产业部门经常抱怨博士毕业生缺乏劳动力市场所需的技能，并对博士学位的实用性提出了质疑，因为博士毕业生数量不断增加而大学学术工作机会减少。考虑到劳动力市场的情况，虽然博士毕业生应为其就业和职业选择负责，但教育机构有责任为博士毕业生的职业发展提供支持。皮尔逊和布鲁（Pearson & Brew, 2002）认识到高等教育越来越多地关注未来研究人员的研究能力的提升。这种趋势与博士教育扩张以及大学战略重点从发展智力和高阶技能到就业准备的总体转变相一致。

在此背景下，尽管博士教育是否应该作为训练过程以及应采取什么样的形式仍然存在争论，但西方国家已经对博士毕业生能力需求做出了回应。他们将技能培训纳入博士教育，旨在为毕业生提供充分的就业准备，以确保他们能够为经济社会发展做出贡献。例如，2001 年英国研究理事会和人文艺术科学研究委员会（AHRB）联合发布《研究生技能培训要求》（*Skills Training Requirements for Research Students*），阐述博士研究生的技能要求，并强调可迁移能力是必须具备的重要能力，以确保毕业生具备学术界外部就业所需的技能。作为推动欧洲博士生教育改革的里程碑，2005 年发表的"萨尔茨堡原则"为"博洛尼亚进程"成员国的博士生教育改革与发展指明了方向。2010

年 6 月在柏林大学提出的"萨尔茨堡建议Ⅱ"再次提出,尽管通过原始创新推动知识进步依然是学术型博士教育的核心部分,但博士教育也必须提供额外的技能发展的机会,如沟通协调、团队协作、时间管理等(EUA,2010)。澳大利亚联邦教育、科学和培训部在一份报告中规定了其认为在研究工作场所和未来潜在就业中取得成功所必须具备的基本能力(Borthwick & Wissler,2003)。这些研究报告通过技能、属性、能力和品质清单,阐明了其对博士毕业生的期望。这些能力包括(但不限于):学科知识、研究能力、项目管理和领导能力、教学能力、口头和书面表达能力、团队合作能力和自我管理能力以及道德、冒险、动机、创新等。

博士毕业生就业能力涉及博士教育目标的基本问题。最近几十年来,博士教育的目标一直是英国、美国等西方文献和政府报告中反复出现的主题。博士教育目标引发了博士生身份的深刻变革,他们需要不断重新评估自己和接纳其他角色,例如,学生、研究者或专业人员(Crossouard & Pryor,2008)。学术界外部就业导致的就业多元化使这一过程更加复杂化。当然,从教育的角度来看,社会发展实际上不能与人的整体发展分开。因此,博士教育必须首先致力于充分实现个人的发展。与此相关的是,它还必须在更广泛的意义上促进社区和社会的发展进步。这种情况使我们能够从综合性视角重新思考博士生的培养路径,以确保通过就业能力实现个人的全面发展并为知识型经济社会做出更大的贡献。高等教育机构、博士生和教育部门都应该清晰地认识到这一点,以便更好地帮助博士毕业生实现能力提升和促进就业与职业发展的目标,提供通用性的就业能力培训应该成为高校和博士项目的优先事项。

## 第二节 博士毕业生就业能力的结构及维度

博士毕业生为国民经济提供科研创新人才队伍,有助于推进知识经济和创新发展,对于维持全球竞争力和国家生产力至关重要。为了实现这一愿景,博士毕业生需要具备专门的学科知识、技能和能力素质,并做好在学术界内外就业的充分准备。尽管非学术职业要求博士毕业生具备必要的通用能力，但大学和其他研究机构同时也需要有足够数量的优秀研究人员进行研究和培养下一代研究人员（Neumann & Tan，2011）。因此，重视就业能力不是简单的培养或提供获得工作的技能，也不是强调通用能力而反对专用性的学术研究能力，而是要把两者有机地结合在一起，促进博士毕业生全面的能力提升和发展。

## 一、面向学术职业的研究能力

长期以来，获得博士学位被视为成为学者或科研人员的前提，因此博士论文写作过程中所训练和体现出来的知识、能力也就被默认为是未来研究人员必备的能力。许多国家、组织和大学将完成博士学位的基本要求作为博士生成为研究者所应具备的能力素质。博洛尼亚资格框架工作小组于 2005 年提出"欧洲高等教育资格框架"（Qualifications Framework in the European Higher Education Area），该框架基于学习结果，从 6 个方面提出博士学位（第 3 级资格）的资格要求，包括系统的专业知识、独立研究能力、获得原创性研究成果、具备复杂的批判性分析评估能力、良好的学术交流和沟通能力以及能够推动技术、社会或文化进步。2008 年，欧洲议会提出"欧洲终身学习资格框架"（2017 年修订）和"欧洲资格框架"（European Qualification Framework，EQF），旨在促进教育和培训系统的现代化，鼓励终身学习并提高学习者和劳动力的就业能力。[①] 这两个框架基于学习成果（learning outcomes），从知识、技能和能力三个维度提出各个等级的资格要求。其中，博士学位为最高资格等级（即第 8 级），要求掌握学科交叉和前沿知识、具备解决复杂问题的最高等级的能力和技巧，以及权威、创新、学术和专业的品质和持续投入开发新思想或新方法。

---

① 2017 年 5 月 22 日欧盟理事会对"欧洲终身学习资格框架"做了新的修订，参见 https：//ec. europa. eu/ploteus/sites/eac-eqf/files/en. pdf。

其中，以创新的方式解决科学问题的能力，是评估学术博士或博士候选人的重要资格条件。因此，在博士生应具备的众多能力素质中，科研创新能力被认为是最为核心的能力，也是博士培养目标的主要内容及评估反映博士生质量的主要指标。"创新能力"是与"创新"紧密相关的一个概念。所谓创新（creativity）就是产生对个人或社会有价值的新颖产品、想法或问题解决方案，需要同时具备创新精神（也可认为是创新能力中的非认知能力）和创新能力。创新能力就是能够不断提供具有价值的新思想、新理论、新方法和新发明的能力，包括注意力、洞察力、理解力、想象力以及批判性思维能力等构成的认知能力。

同样，在我国对于博士生能力素质的规定也是基于学位的资格要求而派生出来的。例如，1981 年颁布的《中华人民共和国学位条例》中有关博士学位的要求，规定"研究生通过博士学位的课程考试和论文答辩，在本门学科上掌握坚实宽广的基础理论和系统深入的专门知识，具有独立从事科学研究工作的能力，在科学或专门技术上做出创造性的成果，授予博士学位"。从能力素质的角度看，对博士生资格要求主要是"专门知识""独立研究能力"，而且要求做出"创造性成果"（一般指博士论文）。相对来说，《中华人民共和国高等教育法》对博士生的能力要求相对更为广泛，不仅强调培养专业知识和科学研究能力，还强调培养从事实际工作的能力。2013 年国务院学位委员会第六届学科评议组依据学位条例制定了 110 个《一级学科博士、硕士学位基本要求》，分别对各学科获取博士学位所应具备的基本知识、基本素质、学术能力以及论文要求做出规定。其中，学术能力的维度和要求略有学科差异，但大部分学科都要求具备获取知识能力、学术鉴别能力、科学研究能力（问题意识）、学术创新能力、学术交流能力，少部分学科提出了教学能力及其他能力的要求。

具体到研究能力的内涵，可将博士生的研究能力归纳为 3 个维度，涉及研究行为中的感悟、思考和执行等 38 项能力（Olehnovica et al.，2015）。其中，一是信息能力，这个维度的能力包括研究人员的人格特质和智力，以便识别问题、收集和分析信息、综合和评估研究问题，需要具备宽广的知识、经验的适用和整合、批判性分析和研究敏感性等；二是思想交流能力，包括向别人解释自己的研究计划，学术环境中与人合作的能力等；三是执行能力，如收集、处理及解释研究数据的能力。美国学者博耶（Boyer，1990）认为研究者应具备 4 项能力，分别是发现能力、整合能力、应用能力和传播能力。也有学者归纳了优秀研究者需要具备的 10 种品质，即研究兴趣浓厚、研究动机强烈、具有好奇心和求知欲、工作投入、具有牺牲精神、追求卓越、知识渊博、学术敏锐、学术范式和融会贯通（Toledo-Pereyra，2012）。此外，国内学者针对博士科研人员的能力素质要求也做了研究。例如，包水梅（2015）认为以学术创新为目的的学者，必须具备的素质应包括广博扎实的知识、卓越的学术能力、以学术为志业的品质；李永刚（2018）把博士研究人员应该具备的学术能力归纳为 4 个维度，包括学术志趣与品德、学科知识与方法技能、科学思维与研究能力以及研究合作与管理能力。

苏马尔瓦蒂等（Sumarwati et al.，2017）则区分和识别顺利毕业或完成博士论文所需具备的能力素质。他们针对马来西亚博士学位所需核心技能的半结构化访谈，发现博士生必须具有 8 种核心能力素质，否则在撰写博士论文时就会面临困难。这些能力为：阅读和批判性思维技能、研究技能、规划和管理技能、技术研究技能、道德和道德技能、解决问题的能力、智力独立技能以及写作、沟通和演讲技巧。国内学者也提出博士生顺利毕业须具备提出问题、分析解决问题、语言表达和团队合作这 4 种能力（乔中东，2019）。

然而，即使博士毕业生具备这些学术研究能力，也并不意味着一定能够取得职业成功。从就业结果来看，大约只有 50% 的博士毕业生最终从事学术职业（academic careers）。其中能够成为研究大学教师（faculty）的比例就更低了。换句话说，即使在高校等学术部门，也只有很少的一部分博士生毕业后主要从事研究工作。在其他类型的教育机构中，教学、社会服务角色具有同等或更重要的意义。实际上，博士期间助教或课程主讲教师的经历对于获得高校的教学岗位具有显著的积极作用（Mcfall et al.，2015；Sullivan et al.，2018），即使是研究型大学也越来越多地要求教师关注他们的教学角色（Allgood et al.，2018）。因此，教育机构有责任让博士生充分了解教师的角色和生活，更好地为学术职业做好准备并培养能够让他们获得教师职位并取得成功的就业能力。例如，美国自 1993 年开始由研究生院理事会（CGS）与美国大学协会（AAC&U）合作推出全国性的"未来师资培训"（PFF）项目，旨在帮助有抱负成为教师的博士生为其职业生涯做好准备，包括提供观察和体验教师职责的机会，从而掌握承担教学、科研和社会服务等职责所需要的各项能力和经验。[①] 事实上，在学术发表等研究能力之外，博士毕业生还须具备不同类型的学术机构所需的教学经验和能力、写作和沟通及获取外部基金的能力（Fleet et al.，2006）。类似的，克拉克和索萨（Clark & Sousa，2018）的研究指出，要成为一名成功的研究人员，除了智力、决心和努力工作（加班）之外，还需要具备一组非凡的技能，如优先事项管理、培养创新能力、建立协作网络，以及形成良好的工作习惯。事实上，由于研究资源、需求及组织结构等研究空间的变化、研究文化的改变，以及研究方式方法的变革，未来研究成员核心的 6 项研究能力主要是（Ulrich & Dash，2013）：第一，良好的分析能力，包括掌握复杂的 IT 工具；第二，在跨学科环境中工作和合作的能力；第三，发展研究网络的能力；第四，语言技能；第五，企业文化和管理技能；第六，意识到研究的相关性和评估其学术影响的能力。

此外，集教学、科研于一体的现代大学，为了更好地组织和管理教学科研活动，一般按照学科进行机构设置。不过，随着科技创新和社会发展进步，社会需求和科学的发展演变需要新的知识生产方式，往往需要多个学科合作共同努力研究和解决复杂问题。因此，跨学科研究俨然成为科学研究工作中的一种新趋势，许多机构与大学已将跨学科视野、知识与能力纳入博士生教育目标之中。例如，为了回应 1995 年美国国家科学院关于为博士生提供更多的跨学科教育、提高职业、道德技能的建议，美国国家科学基金委员会在 1998 年开始设立"研究生教育与研究训练综合项目"（IGERT），旨在打破传统的学科界限，通过跨学科的培养模式，提高博士生知识的宽度以及跨学科

---

① 他们分别为自然科学和数学、人文与社会科学提出了指导手册，参见 http://www. preparing-faculty. org/。

研究能力。[①] 在 IGERT 报告中，盖姆斯等（Gamse et al.，2013）定义了 6 项跨学科研究的基本能力：一是能够在一个学科或研究领域发展知识的深度；二是能够认识到多学科的优点和缺点；三是能够应用来自多个学科的方法和工具来解决复杂问题；四是能够与来自不同学科团队人员一起工作；五是能够将自己的研究解释给不同学科背景的研究人员；六是跨学科交流能力。类似的，许多欧洲国家也在寻求促进学科之间的合作，跨学科研究的重要性在政策层面也前所未有的引起重视（Wernli & Darbellay，2016）。

由此可见，作为学术型学位，尽管对博士生核心的资格要求是在博士论文研究中培养或体现出具有独立从事原创性研究的知识、技能与能力，然而这种以原创性知识贡献为目标的博士教育模式受到了越来越多的质疑和挑战。一方面，在就业市场环境变化及就业多元化背景下，人们开始反思传统博士教育过度强调学科或专业狭窄领域内的论文创新所带来的一系列问题。学术型博士教育不仅是为改变人类的知识进程做贡献，而且应当是为未来的研究人员提供训练（Collinson，1998）。因为博士教育是一个过程而不仅仅是产品，相对于结果（获得博士学位）或产出（博士论文）来说，博士生教育和培训过程才是最重要的（Park，2005）。也就是说，"培养人"才是博士教育的重点，从而使博士毕业生具备必要的能力并成为符合知识经济时代劳动力市场需求的知识型人才。另一方面，随着知识生产方式的转型，学术职业或研究密集型工作的内容、方式也发生了变化。在知识经济时代，知识生产与创新模式的转型，赋予传统学术研究人员新的角色和新的要求（Etzkowitz & Viale，2010）。例如，跨学科研究的兴起，国家战略及需求导向的应用型研究，不同情境下的团队合作等都对研究者提出了新的挑战。

总之，博士教育内外环境和需求的变革促使研究者与实践者们不得不重新思考博士教育目标，博士学位获得者应该具备何种能力素质，以便为知识型经济社会发展做出新的重大贡献。即使是为了培养接班人或博士毕业生在学术界内部就业，也需要掌握一系列新的就业能力。然而，政府教育机构或

---

① 具体请参见 http://www.igert.org/public/about/history-and-mission.html。

大多数研究者所重视的博士毕业生能力素质，依然停留在传统的基于学科的学术研究能力，而非个体全面发展或适用于广泛就业环境的可迁移技能或通用性能力。这在某种程度上引起对博士教育的担忧和广泛的批评，如博士生的教育和培训过于狭窄，使得他们缺乏关键的就业能力和没有做好相应的就业准备等（Nerad，2004）。因此，构建一套符合学术界内外就业市场需求的博士毕业生就业能力框架就变得不可或缺。

## 二、超越研究能力：就业能力的维度及结构

由于博士毕业生的就业范围不断扩大，对博士毕业生就业能力的关注已经超越核心研究能力和专业能力。专用性的学术研究能力之外的技能，一般称为通用能力（generic competences）或通用技能（generic skills）、可迁移技能（transferable skills）、软技能（soft skills）。在博士毕业生就业能力文献中，这些概念都是相对于专用性的学术研究能力来说的。[①] 当然，学术研究能力与通用能力并没有明确的边界，研究能力和就业能力也并不相互排斥（Metcalfe & Gray，2005）。例如，拉德等（Rudd et al.，2008）利用美国人类学、传播学、历史学、政治学和社会学等社会科学博士毕业生的调查数据，研究结果表明，在博士教育过程中获得的研究能力对于学术职业以及其他类型的职业都至关重要。事实上，对于社会科学博士毕业生来说，批判性思维、数据分析和综合等研究能力是最通用的能力。当然，学术职业也需要团队合作能力、演讲技能等通用能力，尽管非学术职业更重视这些能力。凭借这些技能，博士毕业生能够更好地做好学术工作。由此可见，在研究环境（高校）中习得的通用能力，适合在包括学术工作环境在内的所有职业中使用。

尽管在博士期间获得的通用能力最适合那些在学术界之外就业的人并带来附加价值（Kyvik & Olsen，2012），但博士毕业生所拥有的大部分可迁移技

---

① 这些术语可以互换使用，主要是源于学科表述习惯的差异。本研究对这些概念不做区分，也可能会交替使用。

能，对于非研究型工作（如行政管理、咨询服务、知识产权和科技政策）和研究密集型工作（包括学术界及学术界外部的研究工作）的职业发展都具有重要价值（Sinche et al.，2017），这正是通用能力本质特征的体现。这些通用能力大多是博士生教育的结果，它们似乎对博士教育本身也具有附加价值，影响博士生是否能够获得博士学位和顺利毕业。因此，通用能力的获得在博士教育中获得越来越多的关注和重视。通用能力与原始创新能力相结合可以提高博士毕业生的就业能力，并使他们能够选择不同的职业，扩大他们在学术、政府和私营部门就业的选择范围。

（一）博士毕业生就业能力框架

一些文献旨在提供博士毕业生共享的、基础性的能力框架，不区分学科或博士教育政策背景的差异。克莱尔（Cryer，1998）基于伦敦大学学院的案例研究，识别和区分博士生需要掌握的"可迁移技能"，包括：第一，长期项目或任务的管理能力，包括计划管理能力，时间和资源的合理分配，解决难题和找到灵活性、创造性替代方案的能力；第二，在更广泛领域开展工作的能力，如对文献进行广泛的研究，信息筛选，批判性接受和挑战已有观点的能力；第三，口头沟通和书面表达能力；第四，非认知能力，如自我指导、自律、自我激励、适应能力、坚韧，以及同时处理多项任务的能力；第五，团队协作能力；第六，其他，如有效的教学技能、人际交往能力等。奈奎斯特（Nyquist，2002）指出21世纪学术博士需要具备的十项核心能力：一是学科知识，包括掌握已知的知识和创造性的发现新知识；二是基于职业选择基础上的职业承诺；三是一般意义上的教学能力，包括课堂教学、预备成为领导者、项目管理者，以及学习的激励、督促和评估者；四是对现在与未来学生和工作场所多样性的理解；五是学术界及其他工作场所的领导力；六是跨学科、跨机构和跨领域交往和联系的能力；七是全球化视野；八是能够将自己视为学者型公民，并具备服务社会需求的意识与能力；九是团队工作与沟通的能力，包括向公众和政策制定者解释研究成果的能力；十是理解作为研究者、教师和专业人员应该具有的道德操守。

莫布雷和海尔希（Mowbray & Halse，2010）采用扎根理论的方法对在校博士生进行了定性调查，得出博士生就业能力模型并将其归纳为具有密切联系、相互塑造的七类能力素质：第一，个人实践智慧（phronesis）。它是一种反思性，感性，情感和语境能力，使学生在学业和其他生活问题时变得更加自信、有弹性、坚持不懈、坚定不移。第二，认知能力。第三，研究技能。第四，工作场所和职业管理能力。第五，领导和组织能力。第六，书面和口头沟通能力。第七，项目管理能力。然而，正如他们所承认的那样，他们的研究是基于澳大利亚一所大学收集的数据（仅包括 20 名博士生）。此外，把在校博士生作为对象也存在局限性，因为他们还没有毕业，不太了解他们所需要培养和具备的能力（Cryer，1998），特别是因为他们还没有机会在其他专业背景下运用这些能力。

杜丽特等（Durette et al.，2016）通过开放式问题的在线调查，收集并评估法国博士毕业生就业能力。通过 2794 名来自法国各地和具有广泛学科代表性的博士毕业生样本[①]，统计分析得到 6 个主要类别的 111 项能力组成的"核心"能力模型，包括：第一，知识和应用技能；第二，可培训的迁移能力（如沟通和项目管理能力）；第三，不可培养的可迁移能力（如处理复杂问题的能力、合作能力）；第四，性情（如严谨、自治和创造力）；第五，行为能力（如毅力）；第六，元能力（如适应能力）。

国际组织、政府教育部门、第三方组织等也对博士毕业生就业的维度和结构进行开发，并对推动博士教育改革产生了较大的影响力。在"萨尔茨堡原则"，尤其是 2010 年"萨尔茨堡建议 II"的推动下，欧洲国家纷纷提出博士就业能力框架。2010 年法国高管就业协会和德勤咨询公司联合发布《研究

---

① 这项调查于 2011 年 4 月 4 日至 8 月 29 日在互联网上进行，包括三类不同的对象和问卷，分别用于博士、博士生和雇主。最终有 2794 名博士、1783 名博士生和 136 名雇主回答了调查。所有问卷都包括开放式问题，用于参与者在自由文本中回答能力。通过调查收集的与能力相关的全部文本数据（包括来自博士和博士生和雇主的数据）被用于建立能力参考框架，但仅使用博士毕业生样本对就业能力框架进行验证分析。学科范围包括地球和生命科学、工程机械和计算机、化学、数学和物理、法律、经济和管理、文学与人文学科，以及跨学科类。

领域所需的技能与能力：迈向 2020》的报告。该报告针对部分经济合作与发展组织（OECD）国家（即法国、德国、芬兰、荷兰、英国、瑞士、日本和美国）研究人员的跨国研究，提出年轻的研究人员应具备以下 3 个维度的多项能力：第一，学术能力，包括科学知识、学习和适应能力、提出研究问题的能力、分析和掌握复杂技术工具的能力、在跨学科环境中工作的能力；第二，项目和团队管理技能，即在团队中工作的能力、发展网络的能力、沟通技巧、语言技能、商业文化和管理技能、项目管理技能、管理和引导团队的能力、对研究的针对性认识及其对环境影响的意识；第三，个人才能/人际关系技巧，如创造力、开放的态度、动机/参与、适应性、自我评估能力（Lamblin & Etienne，2010）。类似的，英国高等教育研究会与第三方机构（Vitae）合作，2011 年开发提出了适用于学术界内外就业的《研究人员发展框架》（RDF）。该框架共有 4 个一级指标，12 个二级指标，64 个三级指标（Vitae，2011）。其中主要指标包括：一是知识与智力能力，如知识基础、认知能力与创造力；二是个人效能，包括个人素质、自我管理和专业与职业发展：三是研究治理与组织，包括专业操守、研究管理和财务、资金与资源；四是参与、影响和效果，如与他人合作、沟通和传播、参与和影响。该框架公布后得到了英国众多资助机构、研究理事会以及各大学的采用和参考，并在澳大利亚、新西兰等国家产生广泛影响。与此同时，爱尔兰大学协会在 2014 年修订了《爱尔兰大学博士生技能要求》，指出博士生应该具备：研究技能与意识、伦理与社会的理解、沟通技能、个人效能或发展、团队合作与领导力、职业管理能力以及创业与创新。[①] 此外，美国国家博士后协会（NPA）发布博士毕业生（博士后）应该具备的 6 个维度的核心能力（NPA，2009），包括：第一，学科知识，如提出科学问题和设计研究假说的方法、广泛的跨学科知识、研究领域的深厚知识；第二，研究能力，如研究方法、实验设计、数据分析

---

① 参见爱尔兰大学协会（Irish Universities Association）Irish Universities'PhD Graduate Skills Statement（2ND Edition），http：//www. iua. ie/publication/view/iua-graduate-skills-statement-brochure – 2015。

和解释、文献资料收集和批判性分析能力、资助申请和学术发表；第三，沟通技巧，如写作、口头沟通、教学和人际交往等；第四，专业精神和价值观；第五，领导和管理技能，如人员管理、项目管理、预算管理，以及目标指引、激励他人和充当榜样等领导能力；第六，研究伦理和道德规范。

（二）特定学科的博士就业能力

在这项工作中，已经确定了食品科学与技术等特定学科博士通用能力框架。例如，有学者依据欧洲大学协会提出的"萨尔茨堡建议Ⅱ"以及"欧洲高等教育资格框架"，建构提出食品科学领域博士毕业生的能力清单，涵盖与研究活动相关的专用能力和通用能力（或可迁移能力或软技能）的7个维度（González-Martínez et al.，2014）。其中，通用性的就业能力包括4个维度（15项），专用性的学术能力包括3个维度（18项）。通用能力（或软技能）维度包括：第一，个人有效性，指在与不同的环境和人员合作时的灵活性和开放性，在研究或其他专业活动中以适当的方式处理困难的能力，对不可预测/不可预见的情况迅速做出有效反应的能力；第二，沟通能力；第三，网络和团队合作能力；第四，职业生涯管理能力。而专用能力的维度涉及研究能力和技巧、研究环境的感知和理解能力以及研究项目的管理能力。

萨科霍恩（Sekhon，1989）调查研究数学科学领域产业部门和博士毕业生的看法，提出数学科学博士毕业生需要具备的能力素质，包括认知能力（高智商）、学科专业知识（如熟悉广泛的数学方法，掌握前沿领域的最新知识和数学建模）、时间管理能力、口头沟通和书面表达能力、团队合作能力、独立自主的工作能力等。有学者则通过雇主招聘广告的内容分析，发现自然保护行业雇主对研究生（包括硕士和博士）非学术能力的要求，尽管政府/非营利部门、私营部门的能力要求存在差异，但项目管理、人际交往、人际关系网络、项目领导和书面表达能力是所有部门最为核心的通用能力（Blickley et al.，2013）。

正如前文所说，现代博士教育的初衷在于培养未来的研究人员或学者，博士学位与学术职业的这种耦合关系长期以来被视作是一件理所当然的事，否则就认为是教育或个人的"失败"。因此，作为学术职业的后备军，博士生需要在导师的指导之下，通过学习和研究实践，掌握学科知识、研究技能、习得学术规范并形成身份认同。其中，衡量博士研究生是否已经成为一名合格研究者的最主要标准在于教育产品，即博士论文是否对学科知识做出原创性贡献。因此深厚的学科知识、前沿的研究方法、共同体的学术规范是博士毕业生需要具备的基本能力。不过随着就业环境与知识生产方式的变化，博士毕业生的能力内涵和需求发生重大改变，跨学科、团队的合作能力，面向学术界内外不同群体的沟通能力变得越来越重要。未来的博士毕业生需要具有良好的写作能力、沟通能力，发展学术网络的能力，以及掌握政府、商业或产业部门所需的通用能力。

## 第三节　博士毕业生就业能力提升路径

就业能力培养和发展是一个复杂的过程。在这个过程中，博士生（主体），以及环境因素，如学校、导师、同学、雇主等利益相关者，都对博士生就业能力培养具有重要影响（Golovushkina & Milligan，2013）。博士毕业生的就业能力通常由高校或研究生院负责，然而，一些通用性的就业能力是在非学术环境中或非专业领域养成的。这些技能的学习和训练也是很有困难的，因为它们通常依赖于特定的环境和具体的实践应用，而这些实践和应用在不同的学科领域存在明显的差异。在不断变化的高技能人才劳动力市场中，这种差异和多态性变得越来越明显。此外，博士生特征及其需求也是多样的，因为有些学生可能已经通过前期的教育、培训，工作经验或个人和家庭环境获得了某些技能，然而其他学生则可能没有获得这样的技能。因此，如果不考虑就业能力发展的背景和支持就业能力发展的环境，就无法讨论和解决博士生就业能力发展问题。提升博士毕业生就业能力需要各利益相关者的共同参与。这些利益相关者，特别是学生本身及其导师，应将就业能力发展视为博士学习过程中的一个组成部分，而不是可选部分。

## 一、个人特征与动机的作用

毫无疑问，博士生所具备的基本认知和非认知能力是就业能力培养的先决条件，因此个人的先赋条件和就业能力提升之间存在着密切的联系。人格特征（如"大五人格"）和自我效能感都对学术产出具有显著影响（Stajkovic et al.，2018）。其中，个体天赋是创新能力或创造力的基础，关于创新或创新能力的心理学研究，对此已提供相关证据支持。例如，创新能力是个体智力（intelligence）和智慧（wisdom）的反映，内在动机、灵活思考和解决复杂问题的能力都与创新能力显著相关（Hennessey & Amabile，2010）。这些结论在博士生创新能力研究中也得到了某种程度的印证，孙彩云（2017）的研究表明，博士研究生的创新能力由创新人格、创新倾向、创新潜能、创新显能、创新成果组成，四者在层次上呈相互递进关系。类似的，个体的创新思维、创新动机都是创新能力和创新绩效的重要影响因素（金凌志，2011）。

博士生入学动机和期望强烈影响他们对就业能力的看法及期望发展的就业能力（Golovushkina & Milligan，2012）。此外，博士生主观的科研兴趣对导师影响博士生科研绩效的作用起着重要的调节作用（蔺玉，2012）。当然，由于个体动机、先赋性因素的差异在很大程度上取决于先天条件、原生家庭环境及早期教育，因此关于博士毕业生就业能力问题的研究，主要关注博士教育经历、学习环境、导师指导、师生互动模式等外在影响因素。一些研究人员重申，博士生通过与朋友、家人以及同龄人和导师的互动过程发展自己的能力和素质（Austin，2002）。不过，一项研究表明，博士毕业生往往不相信他们的职业生涯会受到就业能力的影响（Hakala，2009）。因此，培养就业能力必须要与培训者的利益结合起来，如将学到的技能与改善职业机会联系起来，提高博士生关注和提升自己就业能力的意识，以便为就业和职业发展做好充分的准备。

## 二、结构化课题体系与就业能力提升

结构化的博士课程体系可以提供一系列就业能力。博士教育和博士学位的获得可以看作是学术旅程，是从学生或学徒成为独立研究者的转变过程。事实上，关键技能的获得贯穿于整个博士教育期间。结构化的博士培养模式，加强了与导师、其他学者和同学之间的互动过程，关键技能的获得和提升在整个博士教育期间是显而易见的。刚入学到博士资格考试之前被称为博士生，在此阶段的主要任务是学习基础知识、掌握研究方法等。通过资格考试之后到答辩之前称为博士候选人，意味着已经掌握了深入的学科知识和具备基本的学术素养。直到撰写并通过论文答辩之后，即获得博士学位，象征着具备独立从事科学研究的能力和基础。在这个结构化的训练过程中，博士生通过专业基础课、研究方法课程，掌握学科知识和研究方法。通过研讨会则可以培养口头沟通能力，使其能够有效和自信地进行正式演讲，参加小组讨论等。通过论文写作则可以培养写作能力、通用的书面表达能力、学术发表能力等。

博士生课程在博士生创新能力形成过程中发挥着重要作用。尼豪斯等（Niehaus et al.，2018）通过早期博士研究人员的访谈发现，博士期间的正规课程（包括研究方法课程及撰写论文的过程）是他们研究自我效能感（research self-efficacy）提升的重要推动力量。罗尧成（2010）基于30位青年博士教师的专题调查显示，博士研究生课程内容和组织形式对科研创新能力具有影响作用，其中"专业前沿课程"与"研究方法课程"最有助于科研创新能力的提升。尹晓东和高岩（2014）以西部某校首届博士研究生国家奖学金获得者及部分导师为调查访谈对象，分析博士生科研创新能力培养的主要影响因素，发现除生源素质之外，课程设置、跨学科、导师以及学术氛围都起到了重要作用。

此外，在博士课程中加强数据分析、演讲培训机会，促进团队合作以及跨学科合作、提供人员及预算管理的培训机会，可以提高通用或可迁移技能的形成，并扩大博士毕业生的职业选择范围。不过，从单个课程或研讨会来看，关键技能的获得并不明显，因为这些课程或研讨会可能与博士教育的核心目标脱节，甚至与博士生研究特征的身份认同和社会化过程脱节（Mantai，2017）。

当然，人们一直在争论是否以及如何将通用能力嵌入到博士课程中。与大学本科阶段一样，对于将通用能力纳入博士学位课程存在一些阻力，因为这些被认为有损于博士教育质量以及对学科知识做出重大贡献的总体目的（Pearson & Brew，2002）。考虑到博士教育非常关注个体及独立从事学术研究的本质特征，将通用能力嵌入到特定学科更具有挑战性。不过，现在已经有许多的英国和澳大利亚的大学，都有相关的计划和课程来培养博士生的通用能力，尽管这些通常处于监督过程之外且与博士生的研究项目无关（Manathunga et al.，2009）。事实上，博士课程的内容应根据不同就业市场的需求而多样化（Kyvik & Olsen，2012）。博士生就业能力培训，应该自然而然嵌入博士培养过程中的各种研究课程之中，培养批判的、反思的、有能力的研究者和学习者。

## 三、导师的影响

从苏格拉底的"产婆术"到牛津大学的本科生导师制再到人才培养的师承效应，导师的作用从来都是不可忽视的，甚至是"决定性的"。具体到博士生，博士教育的成功在很大程度上取决于导师。导师作为一个学识渊博和经验丰富的先行者、领路人，为博士生提供专业咨询和支持，提升他们的研究技能和专业素养，帮助其获得知识、提升研究能力，并确保创作出符合学术标准的高质量论文。

一些研究试图描述博士生导师的角色和作用，不管是从博士生视角还是导师视角的研究，发现除了学生自己，博士生导师通常是对学生的人生轨迹中最具有影响力的人。在所有的角色中，博士生导师最突出的角色包括指导者、咨询顾问、监督者、倡导者、学习榜样（Barnes & Austin，2009）。此外，有学者形象的提出，博士生导师应该是论文进展不前时的"离合器"

（Ahern & Manathunga，2004）。这就是说，作为一名"离合器"或"启动器"，导师需要能够识别他们的学生处于停滞不前的状况及原因，并给予针对性支持和鼓励，使之再次启动。随着博士生数量和多样性的增长，博士生导师的角色也不断被创新塑造，博士生导师的作用不仅仅局限于学术活动和学术生产（Vilkinas，2008）。例如，拜尔等（Bair et al.，2004）针对12所大学4个专业（临床心理学、护理学、教育管理、电气和计算机工程）的128名博士生导师、博士生、行政人员、校友和雇主的访谈，详细阐述了博士生导师在4个领域的角色和职责：第一，学术活动和研究生产力；第二，咨询和指导；第三，学生的选择和保留；第四，定义和塑造项目文化。巴恩斯和奥斯汀（Barnes & Austin，2009）访谈了美国中西部地区25位资深和优秀的博士生导师，从导师职责、功能和行为特质3个方面了解他们的认知。首先，导师的职责包括：帮助学生顺利毕业、获得成功，帮助学生发展成为独立的研究者，帮助学生发展成为每个领域的专家；其次，导师的功能包括：合作、指导、推动、矫正；最后，导师的行为特质为：友好/专业、平等、支持/关心、平易近人、坦率。

事实上，一旦进入博士教育和正式的学术训练阶段后，对科研能力提升帮助最大的人应该就是自己的导师，关于二者之间的关系已有大量的经验证据。博士生与导师之间不仅仅是教与学的关系，更是一种合作关系，导师需要引导学生进行独立思考、创新学习和从事新颖的研究。相关研究也涉及导师如何在研究/论文写作过程中监督指导博士生。例如，通过对澳大利亚7所高校25名博士生导师的访谈研究发现，最普遍的指导活动包括构建论文、提供指导、设定标准，以及让学生意识到问题和限制（Vilkinas，2008）。通过对来自人文与社会科学61名导师的开放性访谈发现，导师在博士生学位论文写作过程中具有重要作用。导师对学生论文写作主要提供三类支持：告诉学生应该做什么、审阅和编辑学生的论文、协作讨论学生的文本（González-Ocampo & Castelló，2018）。

博士生与导师的良好关系对一些重要结果都有影响，包括学科归属感、对做出贡献的信心，以及学术生产力（Curtin et al.，2013）。皮尔逊和布鲁

（Pearson & Brew，2002）从培养过程出发，提出合格和积极的博士生导师对博士生就业能力培养和提升具有重要作用。这一点得到了辛格莱等（Sinclair et al.，2013）的印证。他们的访谈研究发现，学术上富有成效的导师对博士生成为合格的研究者具有显著影响。帕格里斯等（Paglis et al.，2006）通过长达5年半的跟踪调查研究，发现在控制了入学时的能力后，导师的指导对博士生入学后的学术生产力和自我效能感具有显著的积极作用，但与是否选择学术职业没有显著关系。不过，也有研究发现导师是博士生学术职业自我效能感、兴趣和目标的预测因素（Curtin et al.，2016）。高曼等（German et al.，2019）的研究则表明，导师对博士生的职业轨迹，包括就业目标和结果都具有重要作用。他们通过对已进入就业市场的博士毕业生和即将求职的博士生的在线调查，发现那些将导师视为人生导师（mentor）的博士毕业生更有可能获得常任轨职位且对他们的工作机会更满意。同时，与导师交谈和讨论的学生，无论指导满意度如何，都更有可能申请并优先考虑常任轨职位。总之，承担人生导师角色并与学生谈论就业市场，导师可以帮助学生追求并成功获得常任轨职位。类似的，奥姆斯等（Ooms et al.，2019）基于欧洲两所顶尖的大学248名学者的样本，发现导师对博士生职业选择以及早期的发展具有重要作用。

美国学者巴恩斯（Barnes，2005）通过对25位来自教育学、社会科学、自然科学和人文学科的成功导师的深度访谈研究，揭示了影响导师作用程度的三个关键因素。第一个因素与学生有关，包括博士生的需求能够被导师感知到，导师对学生的喜爱程度，以及研究主题与教师专业领域的密切程度；第二个因素是导师本人在研究生院的被指导经历；第三个因素是导师的个人特征，包括导师的教学理念和道德意识。同时指出，成功的导师应该和博士生建立良好的伙伴关系并关心学生的成长，兴致勃勃地投入学生指导之中，塑造学生的个人实践并帮助他们成为反思性的实践者。博士生眼中的好导师包括可依靠、对学生的信心、鼓励、知识渊博、信息丰富和具有分享精神。导师需要具备倾听技巧、鼓励争论和辩论、提供持续的反馈和支持、热情并展示温暖和理解（Denicolo，2004）。

在众多影响因素中，导师和博士生之间形成的指导关系最为显著，包括导师的专业素质、导师的指导力度和指导模式。导师对博士生的指导、培养是一个教与学的互动过程，对于学习领域更为专业化、更为接近学科前沿、以接受学术训练为主的博士生来说，师生互动过程尤为重要。因为导师需要和博士生建立紧密的工作关系，以便教会博士生很多课本中没有但对职业发展和未来生活意义重大的东西。事实上，导师—博士生之间的互动合作关系对博士教育的成功至关重要，包括学习年限、毕业率、教育满意度，以及职业抱负和职业态度。例如，艾夫斯和罗利（Ives & Rowley，2005）通过对 21 位博士生和他们的导师的三轮访谈研究发现，当学生的研究主题与导师专长相匹配并与导师建立了良好的人际工作关系时，他们的研究更有可能取得良好的进展。奥梅拉等（O'Meara et al.，2013）对博士师生关系的情感属性以及它发挥作用的原因进行了分析。定性访谈结果表明，博士生和导师在良好关系中所形成和展示出来的情感能力促进了积极成果的形成。

中国文化背景下的情况尤其如此。基于北京某高校 39 名管理学科博士生、博士毕业生和博士生导师的访谈研究表明，中国博士生监督指导模式受到中国传统文化习俗和政策实践的影响，博士生导师与学生保持家庭式关系，并采用家庭式方式进行管理（Zhang，2018）。博士生导师有两个主要职责，即培养人才、传递学术知识和技能，即使博士生导师为每位博士生提供个别的一对一培训，在整个博士指导过程中都倾向于集体教育和品德教育。这表明当代中国博士教育和学术体系具有独特模式，来自西方文化国家的理论或模型在中国背景下并不一定能很好地运作。宋晓平和梅红（2012）的针对西安两所高校的调查发现，导师与博士生互动模式为"高度合作 + 一定程度强势指导"和"高度合作 + 一定程度尊重学生观点"，更有利于博士生科研能力、创新能力的培养。相反，完全的强势指导或放羊式指导都不利于博士生创新能力的提高。香港大学教育学院钟彬娴（Jung，2018b）利用新加坡、韩国和中国香港地区的博士生调查数据，研究发现导师指导方式对博士生的能力有非常重要的影响。定期提供研究建议的专业型指导（professional supervisions）方式对博士生学术态度如责任感有积极影响，关系型指导方式（relational supervisory style）对博士生的项目管理和创新能力有着积极影响，这说明博士生与其导师之间交流的重要性。令人惊讶的是，东亚地区盛行的威权型指导方式（authoritarian supervisory style）对几乎所有维度的能力都有积极的影响。此外，导师的学术影响力和学术声望是博士生选择导师的重要标准，并对博士生学术能力提升和科研产出具有显著影响。科研能力强、科研成果突出的导师，能够站在学科前沿并预见到学科的未来发展方向，更好地指导学生开展相关的科研活动，对博士生的科研绩效有较强的促进作用（袁康等，2016）。导师对博士生的指导关系，如学术指导和交流频次，对博士生的学术创新能力具有显著影响（黄海刚和白华，2018）。

## 四、支持性学习环境

就业能力是个体在特定组织环境中建构和形成的。自然而然，高校或研究机构的学习环境和文化也影响着博士生的学习经历及能力。莫布雷和海尔希（Mowbray & Halse，2010）的访谈发现，学院或学术的共同体环境有助于培养和提升博士生的智力和情感能力。卓越的学术环境是培养博士生创造性思维与品格的关键因素，布罗丁（Brodin，2016）对4个不同学科14名博士生的质性访谈，发现培养批判性和创新性思维，有赖于学生是否能够继承学术传统、按照学术发表的标准进行学术论文写作、对新知识保持开放心态、独立自主地开展科研活动。

博士教育机构的文化氛围与博士生的能力密切相关（Jung，2018b）。例如，重视科研绩效和团队合作即以研究为导向的文化环境对博士生自我评估的创新和创造能力具有积极影响。部门资源竞争和分配等与资源相关的文化则对博士生解决问题和项目管理能力产生正向积极影响。奖学金、科研设施等支持性环境与大多数能力维度呈正相关。菲利普斯和罗素（Phillips & Russell，1994）发现科研产出与研究自我效能感之间存在正相关，而研究自我效能感与学习环境之间存在正相关。进一步研究指出，学习环境包括修读过的课程数量、年均项目参与次数、对学习环境的看法，主要是通过研究自我效能感而对科研产出发挥作用（Shittu-Abina，2015）。蔺玉（2012）的研究发现，博士生所在系所的氛围作为情境因素在社会资本与科研绩效之间发挥调节作用。吕红艳和罗英姿（2013）的研究也发现，学校环境下的导师指导和学术环境对于博士生创新成果有很好的预测作用。如果导师指导得力，学术环境优越，博士生的创新成果的数量就越多、质量更高。此外，环境因素，如资金支持、社区环境、学生参与和校园体验等，与博士生满意度显著相关（García-Aracil，2009）。

# 第四节　本章小结

现代知识经济下，博士教育的目标和定位，不仅仅是以学位论文的产出形式为学科专业创造新知识，更要求培养具备专业知识，为就业做好准备并适应市场需求的高级人才。博士教育目标和观点的变化，刺激了旨在提高博士毕业生就业能力和加强与工作相关的学习过程的讨论。

在博士教育问题中，博士生就业前景和就业能力是不断增长的话题，并且往往是讨论的焦点。传统博士生教育的目标是为知识创造做出重要贡献。长期以来人们一直担心通过博士教育所培养开发的技能范围可能很窄。过于强调基于狭窄主题的论文而以牺牲更广泛的知识和能力为代价，使得博士教育与学术界之外的就业能力缺乏联系。同样，由于雇主倾向于根据他们广泛的技能雇佣新员工，并且将在工作中培养某些特定技能，因此博士学位不要"过于专业化"，与所有职业相关的就业能力应该成为博士教育的一部分。事实上，大量研究发现，传统的博士学位与学术界或实验室以外的职业需求不匹配。因此，政府、大学和学术界都越来越关注博士教育中的就业能力问题。在现有关于博士资格要求中，越来越强调学术沟通、跨学科合作能力等学术能力。同时，越来越重视不同工作环境下的通用能力或可迁移技能。

学术研究能力和通用性的就业能力并非是二元对立的，而是可以相互促进和相互补充的。博士毕业生就业能力是指其所拥有的技能和特征属性，以及在劳动力市场将其高质量转化应用的能力。博士毕业生就业能力部分地取决于个人所拥有的可迁移技能或通用能力，例如，能够与他人良好合作的能力、批判性和创造性思考能力、有效沟通能力、项目管理能力以及职业生涯管理能力等。换句话说，为博士生培养更广泛的能力，不仅能够让学术界外部就业的博士生受益，而且也能帮助那些继续留在学术职业上的人。总之，虽然博士教育的目标不是为满足劳动力市场的需求而提供专门的高端人才，但就业能力的养成应该成为博士教育的重要组成部分。

目前中国的学术型博士教育占绝对支配地位，但正着力于优化结构，协调发展博士层次应用型人才与学术型人才培养。其中，学术型博士教育以提高创新能力为目标，专业型学位博士教育以提升职业能力为导向。然而，从就业能力的视角，培养博士层次的应用型人才并非意味着简单的专业学位博士教育。就像上文所讨论的那样，学术研究能力并不能满足学术职业的发展要求，因为当今时代的学术职业也需要通用能力素质，学术界外部的职业就更不用说了。从这个意义上说，学术型博士教育也要重视通用性的职业能力的培养。何况由于学术界就业机会有限，部分博士生不得不从事与科学研究无关的工作，包括在学术部门从事非学术工作。这一现实意味着，博士生仅仅拥有高深的专业知识和学术研究能力是远远不够的。因此，需要优化博士人才供给结构，强化服务需求导向，在大力发展专业学位博士教育的同时，重视学术型博士综合性就业能力的培养和提升。从而满足各行各业的高层次人才需求，协调推动知识生产、科研成果转化应用和经济社会的创新驱动发展。

鉴于此，教育部门要审时度势的调整博士生培养目标和明确能力素质要求，加快推进博士生培养模式改革，坚持以提升就业能力为重点，持续深化博士生培养机制和模式改革，着力培养创新型、复合型高端人才。大学或教育机构应该在就业能力养成方面发挥更加积极的作用，优化课程结构体系，完善导师指导模式，并建构支持性学习环境。同时，支持行业和用人单位积极参与博士人才培养，中国的雇主联合会或是行业协会可以建构各个行业资格体系和技能清单，以便为博士学位等各级各类教育提供参考，或帮助大学等高端人才培养机构重组课程。总之，提升博士毕业生就业能力，需要各利益相关方共同努力，充分发挥博士人才的潜力和价值，从而创造和实现博士毕业生、博士教育和整体社会的共赢局面。

# 第六章

# 博士毕业生就业能力评估及供需匹配

自20世纪90年代中期以来，世界各国对知识型经济的追捧和高端人才的重视，使得博士教育规模不断扩大。在此期间，中国的博士教育也经历高速增长，招生人数从1997年的1.3万人增加到2018年的9.55万人。由此导致高学历研究人员无法充分被学术系统所吸收，越来越多的博士毕业生必须离开学术部门，广泛进入到企业、政府等各行各业从事研发或管理工作（高耀和沈文钦，2016；胡俊梅和王顶明，2017；沈文钦等，2019），博士毕业生职业路径多元化成为新常态。由此使得以培养学术人才为主的博士教育目标与社会期望或需求的冲突，博士生以高校和研究机构为主的就业偏好与多元化就业结果之间的矛盾，并进一步导致博士毕业生就业能力与职业实际需求不相匹配的问题。

传统学术型博士教育目标是推动知识创新并为大学提供新的教职人员。在这一目标导向下，博士生培养以学术创新能力为重点，不太重视通用能力。例如，2013年国务院学位委员会制定的《一级学科博士、硕士学位基本要求》，大部分都是从基本知识、基本素质、学术能力方面做出要求，仅有少部分学科提及教学能力、沟通能力等"其他能力"的要求。这或许是认为处于学术顶端的博士生并不欠缺通用能力，抑或认为其培养与本科生等其他高等教育阶段的人才培养没有不同。殊不知，由于高层次人才市场和岗位性质的差异，所谓高处不胜寒，就业市场对博士毕业生的通用能力的要求远远超出本科毕业生和硕士研究生（Cryer，1998）。何况，新一轮科技和产业革命对博士毕业生的能力需求和期望达到前所未有的高度。因此，欧美发达国家政府、企业部门越来越关注博士毕业生的就业能力，并对博士教育变革产生直接影响。例如，在"萨尔茨堡原则"推动下，英国、法国、德国、爱尔兰等欧洲国家纷纷提出博士生就业能力框架，引导博士教育变革并采用结构化的培养模式。从单一化培养学者转向培养社会各界领袖精英，增设通识课程以促进技能的养成正成为全球博士教育改革的共同趋势（王传毅和赵世奎，2017）。相对而言，中国政府、教育机构和学术界对学术型博士的就业能力问题还没有引起应有的重视，仅对所占比例很小的专业博士学位提出职业能力要求。然而，学术型博士教育和专业型博士教育在本质上并没有不同，仅在招生选拔阶段存在差异，因为专业型学位要求学生具备社会实践和工作经历。本研究想说的是，学术型博士教育，也需要重视通用能力的培养。

由于博士毕业生的就业范围不断扩大，这就要求博士毕业生必须具备并能够将他们的通用能力和专用性的学术研究能力更广泛地应用于多元化的就业环境和知识生产体系之中。实事求是地讲，学术研究能力与通用能力并非是二元对立关系，两者都是就业能力的重要维度，对于博士毕业生在学术界内外就业和职业发展都具有显著影响。拉德等（Rudd et al.，2008）利用美国社会科学博士毕业生的调查数据，发现博士期间获得的研究能力对于学术职业以及其他类型的职业都至关重要。类似的，博士毕业生所拥有的大部分通用能力，对于研究密集型工作（包括学术界外部的研发工作）和非研究型工作（如行政管理、咨询服务）都具有价值（Sinche et al.，2017），这正是通用能力本质特征的体现。因为学术职业也需要团队合作能力、演讲技能等通用能力，尽管非学术职业更重视这些能力（Kyvik & Olsen，2012）。此外，规划管理能力，写作、沟通和演讲等通用能力也是影响博士生能否高质量完成博士学位论文和顺利毕业的重要因素（Sumarwati et al.，2017）。

尽管现有研究已经强调了通用能力对于博士毕业生的重要性，但大量研究发现博士毕业生就业能力存在不足，或是与职业需求不匹配。这些研究主要通过博士毕业生的自我评估（Jackson & Michelson，2016；Sinche et al.，

2017），或是雇主的单方面评价（Bhert，2012），发现大部分能力都能够满足需求，但雇主看重的团队合作、管理能力等存在欠缺。少数研究则同时从博士生和雇主两个角度，分析供需双方对就业能力的认知差异和不匹配状况。例如，德格兰德等（De Grande et al.，2014）分析化学/制药企业对博士毕业生的能力要求，并通过对比博士候选人和雇主对各项能力的重要性排序，发现博士生对就业能力需求和重要性存在认知差异。这一结果的解释是多方面的，一是博士生和教育机构不清楚在校期间应该具备哪些能力；二是教育机构提供的课程目标、内容与需求不一致；三是雇主尤其是那些没有博士人才聘用经历的雇主，对博士毕业生的能力特征缺乏全面了解（Durette et al.，2016）。只有已经参加工作的博士毕业生，或是聘用过博士的雇主才比较清楚了解和准确评估就业能力需求及存在的不足。

为了更好地理解这个问题，本研究采用人文社科博士毕业生和雇主调查数据，同时从博士劳动力市场供需双方的视角出发，就以下两个重点问题展开分析：一是从博士毕业生和雇主两个角度评价各项就业能力的重要性，明确实际的就业能力需求及其相对重要性；二是通过博士毕业生就业能力的自我评估与雇主评估，明确博士毕业生就业能力水平、存在的差距或是供需不匹配状况。在此基础上，讨论研究结果及其潜在的政策含义，提出相关对策建议。这将有助于博士生恰当认识就业能力的需求，并结合自身兴趣特长做好职业生涯规划和准备，同样有助于博士生导师和教育机构理解这些就业能力需求及将这些技能融入博士教育中（Manathunga et al.，2009）。

# 第一节　就业能力不足与不匹配问题

知识经济时代，科学研究不再限于学术界，而是几乎渗透到所有工作和生活领域。博士毕业生即使进入产业部门就业，很大可能也是从事研发工作并需要具备较高的学术创新能力。然而，市场和雇主调查表明，尽管研究和技术能力依然是招聘和甄选研究人员最重要的决定性因素，但这还不足以使博士毕业生获得称心的工作，因为软技能或通用能力（如团队合作、学习能力）至少与科研能力同等重要（De Grande et al.，2014）。就业能力的重要性，或博士毕业生在各种不同工作环境中应用其技术专长和知识所需的技能、属性和能力，已经受到越来越多的关注。

## 一、学术界内外有别的就业能力需求

通用能力如何适用于不同的就业环境还有待观察，但有大量证据表明，学术界和产业部门对博士毕业生就业能力的需求及重要程度存在差异。在产业部门就业的博士毕业生需要在工作场所表现出灵活性和解决问题的能力，以及团队协作、领导和沟通技巧（Usher，2010），而对于学术职业来说，除了独立性和批判性判断之外，沟通、创新能力和分析技能是最重要的（Manathunga et al.，2009）。相比之下，团队合作和领导能力，以及对知识产权和商业化的理解对于产业界就业更为重要。根据凯文克和奥尔森（Kyvik & Olsen，2012）对挪威博士毕业生的调查研究，发现那些继续在学术界工作的人，在论文工作中获得的知识对他们的工作最重要，但对于那些在学术体系外部不再从事研究工作的人来说，博士期间获得的通用能力最受重视，如分析思维和处理复杂问题的能力。类似的，针对 1998~2001 年曼彻斯特大学科学与工程专业毕业的 102 名博士，依据工作类型和任务将其职业划分为学术/公共部门研究工作、制造业研发职位和其他非研究工作（如私营部门的管理工作、自由职业者等），发现通用性的分析能力及解决问题的能力对所有职业都非常重要。不过，博士期间形成的不同类型的就业能力在不同职业类型相对价值存在差异：与学科领域相关的知识在学术/公共部门研究工作中更有价值，而通用性技能则在其他两类职业中更有价值（Lee et al.，2010）。针对美国的研究发现，博士期间培养的可迁移技能对于广泛的职业发展都至关重要，但创新能力/创新思维、职业规划和意识技能以及与组织外部人员合作的能力更有利于研究密集型工作，而时间管理、快速学习的能力、项目管理能力对于非研究型职业更有价值（Sinche et al.，2017）。

因此，以不变应万变的"一刀切"的学术型博士培养模式，认为只要为学术职业做好准备就万事俱备的观点显然不再成立。换言之，由于教育机构、博士生等认识不足，以及教育与市场需求脱节，处于学位顶峰的博士毕业生，其就业能力也可能存在不足，或是拥有的就业能力与市场需求不匹配。

## 二、博士毕业生就业能力不足

从供给方角度，博士毕业生自我评价存在就业能力不足。如前所述，在产业部门从事研究工作意味着要适应短期产出、商业化思考，通常做应用性研究而非基础研究。德格兰德等（De Grande et al. ，2014）在比利时法兰德斯 9 家技术或化学/制药企业研发部门（或与研发相关）工作的 19 位研究人员的访谈发现，大部分博士学位获得者认为他们的博士学位对于职业发展有帮助，且在博士期间形成的研究能力（如专业性、独立性和求知欲等），以及通用能力，如演讲、人际关系、写作能力等都具有价值，但也承认某些重要的能力如团队合作和团队指导能力存在不足。类似的，美国学者针对 2004～2014 年期间在美国毕业或在美国工作过的 8099 位博士学位获得者（包括生命科学、物理、计算科学、社会科学和工程学）的调查，发现在所有的 15 项通用能力中，尽管大部分能够在博士期间培养和掌握，但与外机构人员的合作能力、团队协作、时间管理、管理能力和职业生涯规划能力的平均得分低于市场需求，存在技能不足（Sinche et al. ，2017）。威斯顿等（Western et al. ，2007）在《5～7 年后的博士毕业生：就业结果、工作特征以及研究训练的质量》的报告中指出，博士毕业生总体上对在读期间的科研质量表示满意，79% 的博士毕业生认为在读期间所学的技能对于目前所从事的工作有"帮助"或"非常有帮助"，但他们也表示，除了专业知识、研究方法和独立研究能力，在博士期间所获得的其他能力都低于它们在工作中的重要程度，尤其是通用能力（如口头沟通能力、团队协作能力）以及与专业或学科没有直接关系的管理技能、决策能力、项目管理能力和财务管理能力等。类似的，杰克逊和迈克尔逊（Jackson & Michelson，2016）采用澳大利亚全国范围内 3829 名博士毕业生的调查数据，尽管发现大部分博士毕业生对博士期间所掌握的能力自我评估较高，但有足够的证据表明博士毕业生尤其是学术界外部就业的人欠缺部分必要的就业能力，如解决问题的能力、书面表达能力等。

另外一些研究则从雇主的角度进行评价，也发现博士毕业生就业能力存在某些不足。根据产业部门雇主的说法，博士学位获得者的专业技能（解决问题的能力，技术知识）值得高度评价和认可，但他们也缺乏一些非学术技能，如商业思维，灵活适应其他工作环境的能力，或面向社会公众阐述其研究成果的能力（Rubio & Hooley，2010）。英国工业和高等教育委员会 2010 年提交的报告也表明，虽然雇主对博士毕业生等高等学位获得者有很高的满意度，特别是在专业知识方面，但雇主所关注的领导能力和工作经验存在不足（Cihe，2010）。类似的，1999 年澳大利亚政府关于研究生教育的讨论文件表明，雇主对博士毕业生的技能和能力普遍表示不满意（Kemp，1999）。该文件建议，澳大利亚大学应改变博士教育并旨在"拓宽学习基础，加强毕业生的创新能力，沟通和解决问题的能力，并为学术环境以外就业的提供培训机会和经验准备"，因为博士毕业生往往没有为就业做好充分准备。博士毕业生"技能不足"问题的根本原因就是研究项目过于狭窄、过于理论和专业化，毕业生的沟通、人际关系和领导能力需要进一步发展。2010 年澳大利亚工业、创新与科学部（DIISR）委托艾伦咨询集团研究调查雇主对研究人员的需求。在他们提交的报告中，发现大多数新雇佣的研究人员在技术能力方面表现出色，但雇主强调博士毕业生在通用能力方面依然存在差距，如雇主重视的沟通、计划和组织以及团队合作等软技能（The Allen Consulting Group，2010）。根据这些调查结果，艾伦咨询集团建议政府重构博士教育，以便提高研究生的就业能力，并提出"T 型"能力模型，即同时具有深度专业技能和宽广的软技能。2012 年澳大利亚商业/高等教育圆桌会议的报告显示，雇主所重视的关键技能包括团队合作、分析和批判性思维能力，但博士毕业生缺乏一些可迁移技能，如沟通、人际关系和谈判（Bhert，

2012）。此外，学术界和商业部门的文化环境存在差异，博士毕业生需要做好在这两个部门就业的准备。由此可得，随着博士毕业生就业去向的多元化，博士毕业生在沟通、团队合作和项目管理等维度的能力将越来越成为关注的焦点。

## 三、就业能力供需不匹配

与就业能力不足相关的问题就是供需不一致或不匹配。一般而言，对于最高教育级别的博士学位获得而言，就业能力水平总体不会低。也就是说，相比于就业能力不足，博士毕业生就业能力与多元化市场需求不匹配的问题可能更严重。因此，在博士期间培养和形成的就业能力如何更好地与工作要求相匹配，正在成为博士教育改革讨论和关注的问题。

博士生就业能力认知和重要性评价与雇主需求不匹配。德格兰德等（De Grande et al.，2014）的研究发现，在27项就业能力中，那些倾向于毕业后在产业部门寻求研究工作的博士生认为未来职业最重要的5项能力素质分别是研究能力、科学知识、分析思维、社交能力和团队合作，而聘用博士毕业生的产业部门的雇主/人力资源经理认为最重要的5项能力是团队合作、科学知识、研究能力、技术能力和分析思维。由此可见，尽管前5项能力有3项（科学知识，分析思维和团队合作）一致，但博士生高估了研究能力和社交能力的重要性，而低估团队合作、技术能力的重要性。此外，雇主看重项目管理能力（排第6位）、商业技能（排第8位），但博士生把它们排在第12名之外而高估语言习得（第7位）和演讲技巧（第9位）。[①] 同时针对学术界和产业部门雇主进行调查，发现学术界和产业部门对食品科学与技术学科领域博士毕业生的就业能力要求及其重要性的认知差异（González-Martínez et al.，2015）。尽管学术界及产业界人士对能力重要性的认识和评价大致相同，

---

① 这并非意味着雇主不欣赏这些技能，只是在招聘优秀研究人员时，这些技能可能并不具有决定性作用。

但从能力平均的重要程度得分和最重要的三项能力来看，学术界和产业部门存在差异。学术界（教师）对处理复杂问题的能力、撰写科学论文和开发新项目的能力评价很高，但产业部门则认为不确定情况下的快速反应能力、面向广泛受众的沟通能力、项目管理能力才是最重要的。

相对来说，与产业部门比较接近的学科是工程和自然科学，因为这些学科的应用性更强，而且通过产学研合作项目，他们在博士研究期间也可能与产业界有更多的接触。即便如此，仍然有研究发现，他们与产业部门所需技能存在差距或不匹配（De Grande et al. ，2014）。当然，进入政府、社会组织、商业服务或产业部门就业的博士学位获得者，他们整体上也不会有太多的就业困难。这在一定意义上说明，博士毕业生的主要问题可能不是缺乏技能，而是博士生的身份认同以及他们对非学术职业的消极态度。

当然，博士毕业生就业不足或不匹配的研究结果，也可是源于雇主对博士毕业生及其能力素质缺乏充分了解，或受到外部因素的影响。相关研究发现，雇主对博士毕业生的看法与雇主的雇佣经历相关，雇主聘用博士毕业生的经历越多或与博士学位获得者的接触越多，他们对博士毕业生的技能评价越高（Morgavi et al. ，2007）。类似的，雇佣博士学位的雇主和没有雇佣博士学位的雇主，对博士研究人员的能力要求及其重要性评价也存在差异（De Grande et al. ，2014）。这两类雇主共同看重技术能力、团队合作、分析思维、科学知识，跨学科研究方法和人际关系特征等，然而聘用博士毕业生的雇主相对看重研究能力、科学知识和领导力，而没有聘用博士毕业生的雇主倾向于重视技术能力、独立性和自信心。除此之外，有研究发现公司规模对博士学位获得者的技能要求和评价也有影响，如小规模的企业更看重应用性的技术能力（De Grande et al. ，2014）。这可能是因为规模较小的公司目标不同，往往也没有足够的财力吸引博士毕业生，更需要全能型的员工而不是具有原创能力的研究人员。

综上所述，随着就业市场环境变化，学术界渐多关注博士（毕业）生就业能力不足或供需不匹配问题。大部分研究以博士毕业生为对象，通过他们的自我评价来分析就业不足问题。或是采用雇主的单方面意见，评估博士毕业生就业能力及存在的不足。仅有少数研究同时从供需双方的视角，但大多以在校博士生为调查研究对象，分析博士生和雇主对就业能力的认知差异，而不是博士毕业生实际就业能力与需求的差异。然而，就像上文所指出的那样，博士生或没有聘用博士毕业生的雇主，可能他们本身对就业能力需求就不太了解，由此得出结论的可靠性和政策含义大打折扣。鉴于此，本研究同时采用博士毕业生和聘有博士人才的雇主的观点，评估博士毕业生所在岗位对就业能力的需求，以及博士毕业生实际的就业能力存在的不足或不匹配问题，研究结论有助于学术界和政策制定者深化理解应该培养什么样的博士人才，进而优化博士培养机制。

## 第二节 数据来源与样本特征

数据来自弗吉尼亚大学的"人文学科研究生教育和替代学术职业调查"。调查以网络方式进行，分为两个部分，一是来自中国、美国、英国、澳大利亚、加拿大等十几个国家人文社科领域的研究生即雇员调查，内容包括他们的学习，职业准备，就业状况和能力素质评价等；二是研究生雇主调查，内容包括雇主对毕业生绩效表现、能力需求及研究生雇员的能力评价等。这为本研究从供需两个角度，评估就业能力及差距提供了支持。需要说明的是，在调查过程中，基于伦理和隐私的考虑，性别、出生年份和国籍（种族）等人口学特征由被调查者自愿回答。[①] 设计者可能认为这些信息对于主题来说是无关紧要的，此部分数据也没有向学界公布。这使得我们无法确切地知道样本的国籍、性别等分布状况。虽然存在这些局限，但我们依然希望能够通过核心内容的分析，获得关于人文社科领域博士毕业生就业能力的供需匹配

---

① 有关调查及数据详细介绍请参见 https：//www.icpsr.umich.edu/icpsrweb/ICPSR/studies/34938。

状况，为后续更为严谨的研究打下基础。根据研究目的，排除硕士毕业生样本，仅限博士毕业生样本及已聘用博士毕业生的雇主。其中，博士毕业生样本量为 462 人，雇主单位有 49 家。

博士毕业生的学科专业主要分布于英语、历史、宗教学、美国研究和艺术史，以及政治学、文化研究、性别研究、东亚研究等。他们有 83.5% 毕业于知名的研究型大学。2000 年以前毕业的博士占 24.7%，2000~2009 年毕业的博士占 49.1%，2010 年及之后毕业的占 26.2%。从博士毕业生就业状况来看，目前拥有终身教职（with tenure）身份的人占全部样本的比例为49.8%，常任轨（tenure-track）全职工作身份的比例为 6.5%，两者之和为56.3%。其他的非教授身份、兼职教师、固定期限合同或自由职业者的比例达到 27.5%。这说明，即使在毕业一段时间之后，依然有很大部分的博士无法从事自己所期望的学术工作，甚至是没有工作（5.4%）。①

调查询问了当前的工作是否涉及任何形式的教学、科研，从就业样本的调查结果来看（$N=387$），人文社科博士学位获得者大多从事与教学或科研相关的工作。其中，52.7% 的博士毕业生的工作与教学相关，68.7%的人其工作内容与科研相关。仅有教学而没有科研的比例为 15.0%，仅有科研没有教学的比例为 31.0%，而工作内容同时涉及教学和科研的占37.7%。② 此外，有 64.6% 的人在当前职位以外兼职从事教学或科研（论文发表）等相关工作。不过，依然有 16.3% 就业样本（63 人），其工作内容既没有教学也没有科研。不管怎样，就业样本中有 31.3% 博士不再从事科研工作（121 人），再加上目前没有工作的样本（25 人），在全部样本（462 人）中共计接近 1/3 的博士毕业生没有从事学术工作。这一结果表明，不管是从就业身份还是其工作内容来看，人文社科博士生无法完全实现自己的学术职业理想。

---

① 另有就业状况缺失的样本 50 个。
② 即使是没有教授身份、兼职、固定期限合同或自由职业者（有效样本 109），他们的工作内容也有 54.1% 涉及教学，76.2% 涉及科研。

# 第三节 就业能力需求及认知差异

为了更系统地了解市场对博士毕业生就业能力的需求，明确博士毕业生必须具备的重要能力素质，同时从博士毕业生、雇主（如人力资源经理和部门主管）的视角进行对比分析。

## 一、博士毕业生对就业能力重要性的认知

调查询问了博士毕业生关于就业能力对于目前所从事工作的重要程度。表6－1结果表明，为了完成目前的工作，超过的60%的博士毕业生认为书面表达能力、口头沟通能力、合作能力、分析能力和项目管理能力"非常重要"。认为"重要"的能力，有专业知识、说服能力、领导力和行政能力等。相对来说，不太重要或"一点也不重要"的能力则是外语水平和项目申请能力。在此基础上，如果把"非常重要"和"重要"两个选项汇总排序，博士毕业生认为重要性程度排名前十位的能力依次为书面表达能力（95.6%）、口头沟通能力（95.5%）、分析能力（93.9%）、专业知识（90.3%）、合作能力（88.8%）、文字编辑（87.8%）、项目管理能力（85.1%）、人际交往（83.9%）、研究能力（81.9%）、说服能力（77.9%）。

表6－1　　　　　　　　目前工作对能力需求的重要程度　　　　　　单位：%

| 类别 | 样本量 | 一点也不重要 | 有点重要 | 重要 | 非常重要 |
|------|--------|------------|---------|------|---------|
| 专业知识 | 384 | 3.1 | 6.5 | 39.8 | 50.5 |
| 研究能力 | 382 | 5.2 | 12.8 | 30.1 | 51.8 |
| 口头沟通能力 | 384 | 1.8 | 2.6 | 22.1 | 73.4 |
| 书面表达能力 | 385 | 1.8 | 2.6 | 20.3 | 75.3 |

| 类别 | 样本量 | 一点也不重要 | 有点重要 | 重要 | 非常重要 |
|------|--------|--------------|----------|------|----------|
| 文字编辑 | 383 | 3.1 | 9.1 | 32.4 | 55.4 |
| 分析能力 | 382 | 2.1 | 3.9 | 26.4 | 67.5 |
| 合作能力 | 384 | 2.1 | 9.1 | 21.1 | 67.7 |
| 项目管理能力 | 383 | 5.0 | 9.9 | 24.0 | 61.1 |
| 技术能力 | 381 | 9.2 | 34.4 | 34.1 | 22.3 |
| 外语水平 | 384 | 56.3 | 23.4 | 10.7 | 9.6 |
| 项目申请能力 | 384 | 35.7 | 26.0 | 20.1 | 18.2 |
| 管理能力 | 384 | 19.8 | 20.6 | 29.4 | 30.2 |
| 领导力 | 384 | 10.4 | 13.0 | 38.3 | 38.3 |
| 行政能力 | 383 | 8.1 | 18.8 | 38.1 | 35.0 |
| 说服能力 | 379 | 5.8 | 16.4 | 38.3 | 39.6 |
| 人际交往 | 384 | 4.7 | 11.5 | 31.8 | 52.1 |

注：表中数字为有效样本的百分比。

为了进一步区分不同工作性质对能力的要求，依据上文所述的工作内容，细分教学工作、科研工作、教学科研工作、与教学和科研都无关的工作，并对"一点也不重要""有点重要""重要""非常重要"分别赋予1~4分，得分越高意味着该项能力越重要。从图6-1可以发现，各项能力相对重要性在不同性质工作之间既有共同特征，比如都认为外语能力并不重要，但也存在组间差异。相比教学工作和与教学科研无关的工作，教学科研工作尤其是科研工作，研究能力、书面表达能力、分析能力等相比其他能力更为重要。而人际交往能力、行政能力则对于与教学科研无关的替代性工作更为重要。

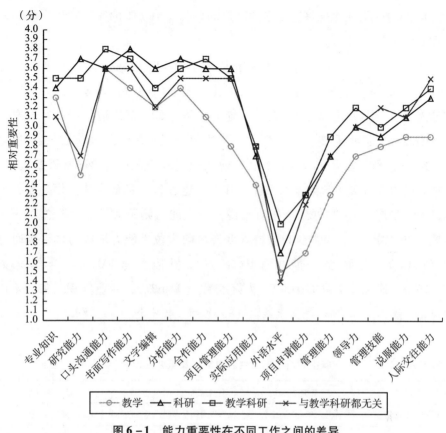

（分）

相对重要性

图例：教学　科研　教学科研　与教学科研都无关

**图6-1　能力重要性在不同工作之间的差异**

## 二、雇主对博士毕业生就业能力的需求

根据雇主调查，大部分人文社科博士毕业生需要与其他学历层次的人竞争同类岗位。其中，39.1%雇主回答在类似岗位上聘用博士毕业生是惯例，而在其他类似岗位则有来自广泛或不同教育背景的员工。同时，在招聘新员工时，54.4%的雇主或单位对求职者的学位有要求。不过，学位要求对招聘结果的限制并不十分严格。在有学位要求的单位中，仅有16.0%的单位回答，如果没有达到要求就不会录用。而其他单位会考虑该候选人，即使要求不到位。从学科专业要求来看，38.6%的雇主严格限定需要人文学科的毕业

生。且 36.4% 的雇主回答这是必须满足的条件,63.6% 的雇主则认为学科要求重要但不是必需的。

在表 6-2 中,雇主依据岗位和招聘需求对 14 项就业能力的重要性进行评价。① 总的来说,雇主最看重博士毕业生的通用能力,如合作能力、口头沟通能力、书面表达能力和人际交往能力,超过 60% 甚至达到 81.4% 的雇主认为他们"非常重要"。当然,与科学研究相关的能力,如分析能力(69.8%)、研究能力(67.4%)和专业知识(61.9%)也"非常重要"。其他能力的重要性和价值则不太一样。其中,超过 50% 的雇主认为领导力、技术能力、说服能力"重要"。相对来说,行政能力则不太重要。汇总"非常重要"和"重要",雇主认为重要程度排名前十位的能力依次为口头沟通能力(100%)、书面表达能力(100%)、分析能力(100%)、合作能力(97.7%)、研究能力(97.6%)、人际交往(97.6%)、专业知识(92.9%)、项目管理能力(90.7%)、文字编辑(86.0%)、技术能力(83.8%)。

表 6-2 　　　　　　　　　雇主对博士毕业生能力需求及重要性评价　　　　　单位:%

| 类别 | 一点也不重要 | 有点重要 | 重要 | 非常重要 |
|---|---|---|---|---|
| 专业知识 | — | 7.1 | 31.0 | 61.9 |
| 研究能力 | — | 2.3 | 30.2 | 67.4 |
| 口头沟通能力 | — | — | 23.3 | 76.7 |
| 书面表达能力 | — | — | 30.2 | 69.8 |
| 文字编辑 | 2.3 | 11.6 | 37.2 | 48.8 |
| 分析能力 | — | — | 30.2 | 69.8 |
| 合作能力 | — | 2.3 | 16.3 | 81.4 |
| 项目管理能力 | 2.3 | 7.0 | 48.8 | 41.9 |
| 技术能力 | — | 16.3 | 60.5 | 23.3 |
| 管理能力 | — | — | 41.9 | 48.8 | 9.3 |

---

① 没有包括博士毕业生认为不重要的外语水平和项目申请能力。

| 类别 | 一点也不重要 | 有点重要 | 重要 | 非常重要 |
|------|------|------|------|------|
| 领导力 | — | 19.1 | 61.9 | 19.1 |
| 行政能力 | 2.4 | 38.1 | 47.6 | 11.9 |
| 说服能力 | — | 21.4 | 57.1 | 21.4 |
| 人际交往 | — | 2.4 | 33.3 | 64.3 |

由此可见，在人文社科博士毕业生替代性学术职业中，尽管学术研究能力依然很重要，但最重要或是被雇主额外欣赏的能力是合作能力、沟通能力（包括口头和书面表达）和人际交往能力等通用性能力。这与德格兰德等（De Grande et al.，2014）的研究发现是一致的，即产业部门的雇主在招聘和甄选研究人员时，尽管最重要的依然是研究和技术能力，但这还不足以使博士毕业生获得该工作，因为软技能或通用能力（如团队合作）至少与专业性的学术研究能力同等重要。

通过上述分析，并进一步对比供需双方对就业能力需求的认知，表6-3的结果表明，尽管具体的排序略有差异，但博士毕业生和雇主对就业能力需求的认识基本一致。在调查所列的能力清单中，双方各自认为最重要的前5项能力有4项一致，前10项能力有9项保持一致。其中，能力供给方（博士毕业生）认为最重要的5项能力是书面表达能力、口头沟通能力、分析能力、专业知识、合作能力，雇主则认为口头沟通能力、书面表达能力、分析能力、合作能力、研究能力最重要。相对来说，博士毕业生高估了专业知识（第4位）的重要性而低估了研究能力（第9位），雇主把他们分别排在第7位和第5位。而在重要性排名第6~10位的能力中，博士毕业生相对雇主来说，高估文字编辑能力（第6位）而低估技术能力（第14位）。博士毕业生认为重要程度排名第6~10位依次为文字编辑、项目管理能力、人际交往、研究能力、说服能力，雇主的排序则依次为人际交往、专业知识、项目管理能力、文字编辑、技术能力。由此可见，除了以往所重视的专业知识、分析能力和研究能力之外，实际工作更需要沟通表达、团队合作、人际交往等通用性就业能力。

表6-3 供需双方认为最重要的十项能力

| 排序 | 博士毕业生 | 雇主 |
|------|-----------|------|
| 1 | 书面表达能力 | 口头沟通能力 |
| 2 | 口头沟通能力 | 书面表达能力 |
| 3 | 分析能力 | 分析能力 |
| 4 | 专业知识 | 合作能力 |
| 5 | 合作能力 | 研究能力 |
| 6 | 文字编辑 | 人际交往 |
| 7 | 项目管理能力 | 专业知识 |
| 8 | 人际交往 | 项目管理能力 |
| 9 | 研究能力 | 文字编辑 |
| 10 | 说服能力 | 技术能力 |

注：排序依据为"非常重要"和"重要"的比例。

此外，雇主调查当中的主观文字回答题目，也提到通用能力的重要性并提出相关建议。雇主认为博士毕业生具有出色的写作和研究能力，但为了进一步做好职业准备，提出博士毕业生需要更加注重掌握基本的技能和经验，而不仅仅是专业知识。提到次数最多的就是合作能力（包括跨学科或跨团队进行合作的能力）和管理能力，其他能力还有综合素质、人际交往能力、办公软件的技术应用能力、计算机应用能力、财务会计和项目管理能力等。并且建议在博士教育期间，尤其是那些准备在学术界外部求职的博士生，通过实习等方式加强通用能力和实践技能的培养。同时，一些被调查的雇主并不要求博士毕业生从一开始就已经具备所有的技能，但他们必须证明自己有能力改进和学习掌握新的技能。事实上，某些能力素质只能在实际工作中培养或是在实践中培养更有效。

# 第四节 就业能力评价及供需差距

采用类似的方法，接下来从供需双方对博士毕业生的就业能力进行评价，并通过对比分析发现博士毕业生就业存在的不足或不匹配状况。

## 一、博士毕业生自我评估

尽管博士学位对职业成就来说具有非常重要的作用，但博士阶段的学习和培训显然也是不足的。从调查结果看，一方面，不管是什么性质的工作，大部分认为获得博士学位对取得职业成功是"重要"或"非常重要"，尤其是从事教学科研工作的样本，比例高达91.9%。事实上，博士阶段的专业知识和科学方法的训练，是从事教学科研工作的前提基础。另一方面，尽管如此，博士阶段的训练并不能够使得博士学位获得者能够完全胜任工作。当人文社科博士学位获得者开始进入岗位的时候，总体有23.5%的人认为博士项目并不能使得各方面的职业准备都非常充分。尤其是对于非学术职业，如教学、与教学科研都无关的工作，分别有32.7%和28.6%的人认为博士项目培训对于工作要求或职业准备是不完备的。换句话说，即使接受最高程度的学校教育并拥有最高学位，进入就业市场之后，至少在工作中的某些方面依然感到准备不足。不管是学术职业还是非学术职业，都存在准备不足的情况。总体来说，有59.2%认为对工作的某些方面或某些工作任务感到毫无准备。

上述各项能力的获取渠道或来源也存在差异，表6-4结果表明，通过博士必修或选修课程，主要获得研究能力、分析能力、书面表达能力、文字编辑等能力和专业知识。而管理能力、人际交往能力、领导力、行政能力、技术能力和项目管理等通用能力则需要在博士课程之外才能够获取。也就是说，相比市场工作的实际能力需求，博士项目对能力的培养存在不足，通过博士项目所获得的能力无法完全满足工作需求。

表 6 - 4 博士生能力获得渠道 单位：%

| 类别 | 样本量 | 课程之外 | 博士选修课程 | 博士必修课程 |
|---|---|---|---|---|
| 专业知识 | 334 | 36.5 | 19.8 | 43.7 |
| 研究能力 | 302 | 8.3 | 16.2 | 75.5 |
| 口头沟通能力 | 352 | 48.6 | 33.2 | 18.2 |
| 书面表达能力 | 356 | 26.7 | 16.6 | 56.7 |
| 文字编辑 | 323 | 35.9 | 23.5 | 40.6 |
| 分析能力 | 343 | 19.2 | 14.3 | 66.5 |
| 合作能力 | 328 | 70.7 | 22.3 | 7.0 |
| 项目管理能力 | 311 | 71.7 | 20.3 | 8.0 |
| 技术能力 | 205 | 74.6 | 17.6 | 7.8 |
| 外语能力 | 73 | 46.6 | 17.8 | 35.6 |
| 项目申请能力 | 139 | 70.5 | 21.6 | 7.9 |
| 管理能力 | 221 | 87.8 | 10.4 | 1.8 |
| 领导力 | 282 | 79.4 | 17.0 | 3.6 |
| 行政能力 | 266 | 77.4 | 19.6 | 3.0 |
| 说服能力 | 282 | 61.4 | 23.1 | 15.6 |
| 人际交往 | 301 | 81.7 | 16.6 | 1.7 |

注：表中数字为有效样本的百分比。

## 二、就业能力与绩效表现的雇主评价

表 6 - 5 为雇主对本单位博士毕业生就业能力水平的评价。从中可以发现，超过 60% 的雇主认为人文社科博士毕业生的研究能力和专业知识表现优秀，分别有 71.1% 和 68.6% 的雇主选择此项。而一半以上的雇主认为博士毕业生的口头沟通（61.5%）、分析能力（51.3%）表现良好。如果以优秀和良好的总体比例来看，博士毕业生在专业知识、研究能力、书面表达能力、分析能力、口头沟通能力和文字编辑等方面的能力水平较高，雇主认为优秀和良好的比例之和超过 80%。合作能力、人际交往、说服能力最多只能算是

合格。相对来说，超过 10% 的雇主认为博士毕业生在管理能力（27.3%）、项目管理能力（19.4%）、领导力（13.3%）、行政能力（13.0%）和技术能力（12.5%）相对不足和需要改进。此外，文字调查还发现，博士毕业生缺乏时间管理能力，例如，有雇主说"他们往往是完美主义者，并且很难知道什么时候足够好，这导致了时间管理问题"。

表 6 – 5　　　　　　　　　　博士毕业生就业能力雇主评价　　　　　　单位：%

| 类别 | 需要改进 | 合格 | 良好 | 优秀 |
|---|---|---|---|---|
| 专业知识 | — | 2.9 | 28.6 | 68.6 |
| 研究能力 | 2.6 | 2.6 | 23.7 | 71.1 |
| 口头沟通能力 | — | 12.8 | 61.5 | 25.6 |
| 书面表达能力 | 5.1 | 5.1 | 43.6 | 46.2 |
| 文字编辑 | 8.6 | 5.7 | 48.6 | 37.1 |
| 分析能力 | — | 10.3 | 51.3 | 38.5 |
| 合作能力 | 7.9 | 23.7 | 34.2 | 34.2 |
| 项目管理能力 | 19.4 | 30.6 | 30.6 | 19.4 |
| 技术能力 | 12.5 | 31.3 | 34.4 | 21.9 |
| 管理能力 | 27.3 | 31.8 | 27.3 | 13.6 |
| 领导力 | 13.3 | 50.0 | 23.3 | 13.3 |
| 行政能力 | 13.0 | 47.8 | 21.7 | 17.4 |
| 说服能力 | 3.3 | 36.7 | 50.0 | 10.0 |
| 人际交往 | 5.4 | 29.7 | 37.8 | 27.0 |

从实际效果和贡献来看，博士毕业生具有较高的竞争力并体现出应有的价值。被调查的雇主认为，如果要为相同或相似的岗位雇佣，47.7% 的雇主"绝对"会继续雇佣人文学科的博士毕业生，另有 43.2% 的"可能"会，其他 9.1% 保持中立态度。绝大多数（95.5%）的单位有常规的绩效评价。从绩效评价结果来看，68.3% 的博士毕业生表现优秀，26.8% 为良好，4.9% 合格。

与其他员工相比，博士毕业生的总体表现较好。从图6-2可以发现，73.8%的博士毕业生其绩效评价要强于其他没有受过博士教育的员工。

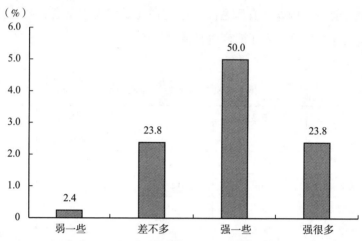

**图6-2 博士毕业生相比其他员工的绩效表现**

从雇主的主观文字评价来看，从事非学术职业的博士毕业生在工作岗位上也体现他们的价值，尤其对于那些需要较高学科专业知识的岗位。具体价值主要体现在：第一，高深的学科专业知识。例如，大学的图书管理员，尽管大部分员工为硕士或本科生，但博士员工可以提高文献整理和研究，以及更好地了解和满足服务对象的需求。第二，特定的能力。例如，复杂问题的思考能力、研究和书面表达能力，这些能力对于特定的工作具有重要意义。第三，可以促进产业部门与学术界、政府等公共部门的交流。例如，有雇主回答说，拥有尽可能多的博士学位获得者，使他们的工作能够在理论和方法论上被学术界、公众所理解和接受。第四，提高单位声誉等方面的隐性价值。当然，也存在一些批评，例如，博士毕业生过于专业化或是工作要求可能与教育不匹配，并且只会与非常狭隘的受众沟通（写作和对话）。与同事的交流合作能力有所欠缺，工作过于苛刻而缺乏灵活性。

### 三、就业能力培训需求

调查显示，大部分雇主都为员工提供培训和发展计划。其中，56.1%的雇主提供常规的培训发展，41.5%依需要而提供培训，仅有2.4%的雇主没有培训服务。调查还发现（见图6-3），与其他员工相比，博士毕业生的培训需求相对较少。其中，培训需求略少或明显较少的比例为30.8%，培训需求略多或显著较多的比例为18.0%，其他为一样多。

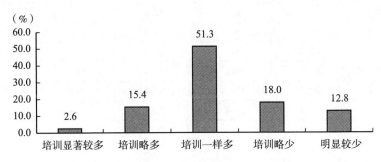

**图6-3 博士毕业生相比其他员工的培训需求**

从具体的能力维度来说，从事替代性职业或非学术职业的人文社科博士毕业生，有些能力很强，有些能力则相对不足而需要提供培训。从表6-6可以发现，60%以上的雇主认为博士毕业生的书面表达（75.8%）、研究能力（71.4%）、口头沟通（69.7%）、文字编辑（68.8%）、分析能力（656.6%）很强，不需要进行针对性培训，而项目管理、技术能力、管理能力、领导能力、合作能力、人际交往能力则有超过60%的雇主认为需要培训，包括已提供培训、已建议培训或是未来可能需要培训，尤其是项目管理、管理能力和技术能力，分别已经有42.4%、34.3%、30.3%的雇主为此提供培训。然而，我们也观察到雇主的看法存在一些差异。例如，有些雇主看重的管理能力和行政能力，分别有20.0%和24.2%的雇主认为它们不需要培训，因为岗位不需要。

雇主提供的培训的主要形式，从图6-4发现，主要是专题讨论会

（workshops）、导师计划（mentorship）、自我指导的培训（self-directed training）、大学课程（university courses）。

表6-6　　　　　　　　　　　目前需要或将来需要的培训　　　　　　　　单位：%

| 类别 | 已提供培训 | 已建议培训 | 未来可能需要 | 不需要培训（员工实力强） | 不需要培训（岗位不需要） |
|---|---|---|---|---|---|
| 专业知识 | 25.0 | 2.8 | 11.1 | 55.6 | 5.6 |
| 研究能力 | 11.4 | 2.9 | 11.4 | 71.4 | 2.9 |
| 口头沟通能力 | 12.1 | 3.0 | 15.2 | 69.7 | — |
| 书面表达能力 | 6.1 | 9.1 | 9.1 | 75.8 | — |
| 文字编辑 | 3.1 | 6.3 | 12.5 | 68.8 | 9.4 |
| 分析能力 | 6.3 | 9.4 | 18.8 | 65.6 | — |
| 合作能力 | 15.2 | 18.2 | 27.3 | 39.4 | — |
| 项目管理能力 | 42.4 | 9.1 | 33.3 | 15.2 | — |
| 技术能力 | 30.3 | 12.1 | 42.4 | 9.1 | 6.1 |
| 管理能力 | 34.3 | 11.4 | 25.7 | 8.6 | 20.0 |
| 领导能力 | 21.9 | 18.8 | 28.1 | 18.8 | 12.5 |
| 行政能力 | 21.2 | 15.2 | 18.2 | 21.2 | 24.2 |
| 说服能力 | 3.2 | 6.5 | 22.6 | 58.1 | 9.7 |
| 人际交往 | 24.2 | 15.2 | 21.2 | 39.4 | — |

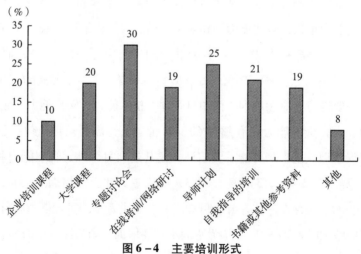

图6-4　主要培训形式

# 第五节 本章小结

明确博士毕业生能力素质需求，有助于针对性完善博士培养机制和发挥高端人才效用。本章基于人文社科博士毕业生和雇主的跨国调查数据，分析就业市场对博士毕业生的技能需求及其供需匹配状况，对于完善博士资格标准和如何培养具有启示意义。

研究结果表明，尽管博士毕业生和雇主对就业能力需求的认识基本一致，但供需双方都一致认为人文社科博士毕业生的就业能力与市场需求存在差距或不匹配。首先，在调查所列的能力清单中，双方各自认为最重要的前5项能力中有4项一致，前10项能力中有9项保持一致，尽管排序略有差异。总体来看，雇主希望博士毕业生具备综合的能力素质，即除了专业知识、分析能力和研究能力之外，还需具备技术能力和更广泛的通用能力，如能够与他人合作、具有良好的沟通能力（口头和书面表达）和人际交往能力。相对来说，研究能力、书面表达能力、分析能力等对于科研工作更为重要，而人际交往能力、行政能力则对于其他替代性工作更为重要。其次，尽管博士学位对于职业发展具有重要价值，且博士毕业生在所有的能力清单中，大部分能力都是合格或良好的，但雇主认为某些重要能力依然与需求之间仍存在差距，如管理能力、项目管理能力、领导力等。由此可见，雇主需求的不仅仅是专业知识和研究能力，他们还需要一系列的技能和素质。人文社科博士毕业生就业和职业发展过程中的主要问题可能不是缺乏技能或是能力不足，而是实际就业能力与市场需求不匹配。

从市场机制导向来看，技能差距或不匹配本身蕴含着博士教育质量问题，并可能阻碍博士毕业生从研究生院到学术界内外就业的转移及个人职业生涯的发展，从而不符合社会对高端博士人才的预期。解决这种技能不匹配问题，应该把技能培训作为博士教育的重要组成部分，厘清多方主体即利益相关者的功能并各自承担一定的责任，形成互动合作机制。

首先，大学或教育机构应该在就业能力养成方面发挥更加积极的作用。从目前的结果来看，博士期间的必修或选修课程主要培养研究能力、分析能力等专业能力，而难以有效提供市场所看重的管理能力、人际交往、领导力、合作能力等。然而，即使是从事学术工作，博士毕业生也需要具备对职业发展非常重要的通用能力。因此，为了满足博士毕业生做好在学术界内外就业的准备，结合中国博士教育实际，学术型博士教育也需要重视通用能力的培养，根据市场需求，优化培养模式，调整完善结构化的课程设置。世界各国，尤其是欧洲地区，大学已经开始做出调整并承担相应的责任，除了科学知识和研究能力之外，拓展博士教育目标并重视通用能力或可转移能力的培养。因为团队合作、项目管理、沟通表达等通用或可迁移能力在学术环境也越来越重要。当今知识生产模式已经转型，大型科研项目更多地需要跨学科、跨团队合作完成，包括与政府及产业部门的沟通协作。教学、学生管理或是承担公共服务，也需要演讲表达、管理能力。换句话说，为博士毕业生培养更广泛的能力，不仅能够让学术界外部就业的博士毕业生受益，而且也能帮助那些继续留在学术职业上的人。总之，虽然博士教育的目标不是为满足劳动力市场的需求而提供专门的高端人才，但就业能力的养成应该成为博士教育的重要组成部分。

其次，博士生本身也需要做好自己的职业规划，主动提升综合的就业能力。由于学术界就业机会有限，部分博士毕业生不得不从事与科学研究无关的工作，包括在学术部门从事非学术工作。这一现实意味着，博士毕业生仅仅拥有高深的专业知识和学术研究能力是远远不够的。博士生需要对就业前景、自己的职业抱负和能力特长有更为清醒的认识，在博士教育的早期阶段就做好职业规划。学术职业非常有限，这是客观事实，此外也不是所有的人都适合学术职业。同时，博士生包括他们的导师在内，要转变对非学术职业的态度。随着科技革命、产业革命的融合，产业部门对科技创新的需求前所未有。博士毕业生进入产业部门从事研发工作，大有可为，这是实现个人价值和促进经济社会创新驱动发展的重要途径。这就要求博士毕业生必须具备并能够将通用能力和专用性的学术研究能力广泛应用于多元化就业环境和知识生产体系之中，但有些能力无法在学校或课堂中获得。因此，博士生应该寻求更多的资源和机会，除了利用课程、本学校、导师的资源和帮助之外，可以考虑去外部的学术单位或与学术界外部的人员进行交流讨论。

最后，博士毕业生的用人单位或是行业协会也要承担相应的责任。整体来说，中国工业企业部门在博士教育和相关政策方面还没有发挥相关作用。中国的雇主联合会或是行业协会可以建构各个行业资格体系和技能清单，以便为博士学位等各级各类教育提供参考，或帮助大学等高端人才培养机构重组课程。一旦有了这样的资格体系，在职培训过程中也可以为本单位员工提供更为针对性的培训，帮助博士毕业生弥补技能不足或不相匹配的问题。

总之，各利益相关方共同努力提升博士毕业生就业能力，不仅有助于缩小博士毕业生就业能力与学术界内外市场需求之间的差距，也有助于充分发挥博士人才的潜力和价值，从而创造和实现博士毕业生、博士教育和整体社会的共赢局面。

需要指出的是，本研究结果来自跨国调查数据，这有助于了解博士毕业生就业能力需求的普遍性。不过，由于文化背景或市场需求差异，相比本研究的样本数据，中国学术部门和产业部门都相对重视博士毕业生的外语水平和项目申请能力。因而中国文化情景下的博士毕业生就业能力需求评估还需要更多深入研究。此外，博士毕业生就业能力需求也可能存在学科差异、职业差异。因此，需要针对不同学科领域或不同类型的职业行业领域开展更多的研究，以便为应该培养什么样的博士人才提供重要参考。本研究抛砖引玉，更多是提出问题和启示，期待政策制定者和学界共同重视和关注博士就业能力与培养问题，为国家创新驱动发展的重大战略做出新的贡献。

# 第七章

# 博士生能力与就业期望

传统上，博士生被期望毕业后从事学术职业并为人类的知识进步做出贡献。然而，近几十年来，随着博士教育规模的不断扩张，经济社会发展中不同部门对高层次人才需求的此消彼长，博士毕业生的就业领域向非学术部门溢出，全球范围内出现了博士就业去向的多元化趋势。越来越多的博士毕业生选择进入企业、政府和社会各部门从事非学术职业，或接受临时的博士后工作。外部就业环境已然发生改变，但在校博士生仍然渴望获得长期稳定的学术工作，尤其是成为研究型大学的教授（Curtin et al.，2016）。因此，博士生职业目标、博士教育以及他们实际能够获得的职业之间存在着不匹配。

博士就业多元化进程和程度受国别因素的影响，但中国博士毕业生就业多元化趋势也非常明显。随着中国迅速成为博士生教育大国，高等院校和科研机构仍是中国博士毕业生的主要就职场所，但学术就业市场已无法充分容纳和吸收寻求教职工作的博士毕业生。于是乎，在校博士生的学术职业抱负也出现某种程度的冷却现象。一方面，尽管高校科研机构仍然是博士生最主要的偏好或职业目的地，但期望进入企业、政府、其他事业单位或自主创业的博士生也不在少数，尤其是理工科博士生（蒋承，2011；罗英姿和顾剑秀，2015；卿石松，2017；徐贞，2018b）；另一方面，有研究发现，部分在校博士生逐渐放弃入学时的学术职业抱负，转而倾向于非学术职业，尤其是非名牌大学（非"985""211"大学）的博士生（Gu et al.，2018）。由此可见，中国博士生的就业期望呈现多元化趋势，除了传统学术职业、政府以及产业界的研发管理工作也日益受到博士生的青睐。

在学术就业市场的这种变化背景下，博士生就业期望的新趋势新特征是值得关注的现实问题。由于我国缺乏对博士毕业生就业与职业发展状况的全国性调查，目前对博士生就业期望的调查可能会为博士生教育改革提供参考价值。目前有关博士生就业期望的研究，主要关注学科、院校质量、性别和家庭经济社会背景的影响，仅有少数研究把主观评估的能力或客观的学术论文数量作为控制变量加以考察（鲍威等，2017）。博士生能力对就业期望的影响缺乏专门的经验分析。然而，从博士生自身的目标追求和能力发展的视角，博士生"想不想"，以及"能不能"从事学术或某个其他职业是值得关注的核心问题。基于此，本研究将博士生能力与他们的就业期望联系起来，为博士教育和就业问题的相关研究做出贡献。开展对博士生的就业期望，能力对博士生就业期望的影响研究，不仅可以为博士生教育政策的调整完善提供依据，也可以为提高博士生培养质量提供参考。

鉴于此，本章利用北京、武汉、南京、西安、兰州五市的 15 所高等院校的博士生抽样调查数据，从工作内容和工作单位两个维度分析博士生就业期望，并实证分析博士生主观能力评价、客观科研能力指标（论文发表和专利）和就业期望的关系。研究有利于学术界和教育部门进一步理解博士生的就业偏好，并提出相应的对策。

## 第一节　就业期望多元化与影响因素

在就业期望方面，尽管学术职业偏好是主流，但也表现出多元化和学科差异。根据美国科学基金会 1993～1994 年的早期调查数据，发现化学、计算机科学、电气工程、微生物学和物理学博士生的工作单位更倾向于学术部门，其中 36% 期望在学术部门从事研究工作，19% 期望从事教学工作。不过，相对来说，微生物学和物理学博士生偏好学术部门，而化学、电气工程领域的博士生更偏好非学术部门（Fox & Stephan，2001）。麦克福尔等（Mcfall et al.，2015）针对北美地区 1333 名毕业前求职准备阶段经济学博士生的调查，发现大约 72% 的博士生期望获得研究型大学的教职，11% 的博士生倾向于非营利组织、政府的研究岗位，而偏好教学型大学、工商企业和博士后的比例较低。从更大范围的学科领域来看，总体上接近 75% 的博士生毕业后打算从事学术职业，但工程和自然科学领域不想进入学术界的比例达到 50%。相比于 65% ~ 85% 的人文科学和社会科学专业的博士生偏好学术职业，硬科学领域的博士生寻求学术职业的比例较低，如电气工程专业博士生只有 19% 的人期望学术职业（Haley et al.，2014）。类似的，针对美国中西部地区某公立大学 316 位博士生调查数据，发现在人文、社会科学或教育领域，超过 77% 的受访者回答毕业后的职业目标是学术工作，而自然科学和工程领域的这一比例不到 50%（Kim et al.，2018）。凯文克和奥尔森（Kyvik & Olsen，2012）针对挪威 2002 ~ 2005 年毕业的 1027 位博士的回顾性调查表明，他们在博士入学开始阶段最初的职业规划，总体有 43% 的人回答他们计划在高等教育机构中从事学术研究，21% 的人计划在其他机构从事学术研究生涯，15% 的人计划在研究体系之外进行职业生涯，而 21% 的人对他们想做的事情没有明确的看法。不过，在这方面，各学科之间存在很大差异。在人文学科中，大约 75% 的人希望在研究型大学或其他高等教育机构工作，相比之下，社会科学的这一比例为 55% 的，医学为 45%，自然科学为 35%。德格兰德等（De Grande et al.，2014）调研了比利时几所大学五个学科大类的 1548 名在读博士，了解他们的就业期望和规划，发现大约 50% 的受访者将该大学称为就业首选目标，81% 将其列为前三位。尽管大学里的学术岗位受到所有五个学科博士生的青睐，但学科差异也是显而易见的。例如，88.8% 的人文学科博士候选人愿意留在大学（排名前三位的就业部门包括大学），但工程学的比例为 73.3%。其他的热门就业部门是政府（57.0%）和非学术的教育机构（49.4%），尤其是社会科学和人文学科的博士。非营利部门排在第四位，尤其是社会和医学专业的博士生。总体而言，产业部门的就业偏好排在第五位，只有 27.4% 的受访者将其排在前三位。其中，大约一半（51.2%）的工程学博士候选人对产业部门感兴趣，而人文学科只有 3.9%、社会学科只有7.4%。对这些发现的一种解释是不同的学科与产业部门的联系密切程度不同。相比于人文学科等与产业部门的联系较少的学科，与产业部门联系紧密的学科（如工科）或博士项目，认可并追求非学术职业的比例更高。中国博士生就业期望也与之类似，大部分人的就业期望为高校和科研院所，尤其是人文社科领域（鲍威等，2017；蒋承，2011；罗英姿和顾剑秀，2015）。

与学科相似，学校的排名或声望也影响博士生的就业期望。学校的排名是衡量机构质量的指标，不仅影响博士生的入学选择，也影响他们毕业后的就业机会。因为学校的排名可能不仅标志着教育质量，也标志着博士生的生源质量和市场认可程度。研究型的名牌大学，其博士毕业生在激烈的竞争中更有可能获得学术职业。因此，针对中国博士生的研究发现，"985"大学的博士生相比普通高校（非"985""211"大学）的博士生更期望从事学术职业（Gu et al.，2018；蒋承，2011）。不过，也有研究发现，"985"大学的博士生除了偏好海外学术机构的博士后岗位之外，在国内学术职业与非学术职业之间并没有显著差异（鲍威等，2017），甚至是"985"大学博士生希望去高等学校就业的比例较低（赵世奎和沈文钦，2010）。

当然，博士生的职业兴趣也可能随着教育经历的进展而发生变化，即在博士教育不同阶段表现出不同的就业期望。通过对 38 位生物医学博士毕业生的小组焦点访谈，发现形成于非结构化环境的职业兴趣是动态变化的（Gibbs Jr & Griffin，2013）。其中，26% 的博士毕业生最初打算毕业后从事学术工作，但在博士后职位开始后，只有 18% 的人继续追求学术职业，而打算在产业部门从事研发工作比例从 5% 上升到 11%。利用加州大学旧金山分校生物医学博士生调查数据，发现博士生就业期望具有多元化特征并随时间变化，主要是相比入学阶段的博士生，高年级博士候选人对传统研究型大学的研究工作的兴趣下降（Fuhrmann et al.，2011）。类似的，针对美国一所公立大学全体学科的调查研究也发现，在博士教育的早期阶段（获得博士候选人资格之前），大多数（68.1%）博士生以学术职业为目标，而进入博士候选人阶段则有 50% 以上的人倾向于在学术界外部工作（Kim et al.，2018）。该研究通过逻辑斯蒂回归分析，发现博士候选人选择学术职业目标的概率比早期阶段的学生低 40%。同样，利用美国顶尖研究型大学生命科学、物理和化学领域博士生的全国性调查数据，研究发现，尽管导师强烈鼓励他们从事学术职业，但博士生对学术职业的偏好随着博士教育的进展而显著下降（Sauermann & Roach，2012）。与之一致，利用美国国家研究理事会 2006 年博士教育评估收集的全国性调查数据（有效样本为 7152），通过对比博士入学时和调查时点的就业期望，发现尽管大多数（76%）人的学术职业抱负保持稳定，但也有部分博士生已经放弃当初的学术职业抱负而转向学术界外部，尤其是工程领域的博士候选人（Etmanski，2019）。更为重要的是，与以往截面调查中通过队列或年级比较不同，罗琦和绍尔曼（Roach & Sauermann，2017）通过美国 39 所顶尖研究型大学 854 位科学与工程领域博士生的追踪调查也发现类似结果。研究发现，80% 的被调查者在博士入学阶段对学术研究职业感兴趣，但三年后接近 1/3 的人完全失去兴趣（占全部样本的 25%），其余则继续维持对学术职业的抱负。此外，在入学阶段对学术职业不感兴趣的博士生，随着时间的推移，1/4 的人对学术职业产生了兴趣，其余博士则在博士教育期间从未对学术职业感兴趣（占全部样本的 15%）。这意味着一些博士生的就业期望随着教育进展而发生改变，但对学术职业兴趣的下降并非所有博士生的普遍现象，而是反映了博士生就业期望的多元化。

此外，研究发现博士生的就业期望存在性别差异。受传统性别角色观念的影响，社会对男女两性的角色行为有不同期待和规范，进而影响个体的教育选择和就业期望。女性无论是追求博士学位，还是毕业后的职业选择过程中，都面临着结构性约束和障碍。根据早期研究，男性博士生更加偏好学术部门的研究工作，而女博士生更倾向于大学的教学工作（Fox & Stephan，2001）。类似的，来自中国博士生的调查研究，大部分发现男博士生相比女博士生更偏好非学术职业（鲍威等，2017；罗英姿和顾剑秀，2015），或是更倾向于企业单位而不是高校（徐贞，2018b；赵世奎和沈文钦，2010），但也有个别研究发现博士生的就业期望没有显著的性别差异（蒋承，2011）。其中，婚姻家庭与职业成就之间的平衡可能是影响女性博士生职业抱负的关键因素之一。有研究发现，未婚女性和男性有类似的就业期望，然而已婚女博士生对学术职业的偏好低于已婚男博士生（Roach & Sauermann，2017）。结婚之后的女性更重视家庭角色，因此女性往往会不断调适和改变自己的职业兴趣。

博士生就业期望与人生目标或抱负高度相关。遵循学术职业道路的博士毕业生，一般具有特定的追求，例如，智力挑战、知识的应用及传播、为社会做贡献、工作自主性等（Austin et al.，2007；Lindholm，2004）。由此可以预期，人生目标对博士生就业期望具有重要影响。例如，有学者根据科学、技术、工程、数学（STEM）领域3000多名博士生和博士学位获得者数据，通过探索性结构方程模型发现，对权力，收入和领导力的强烈需求预示着对非学术职业的渴望，而对能力、自主性和创造力的强烈需求，以及对收入的低兴趣，对成为大学教授的职业目标具有强烈的预测作用（Burk & Wiese，2018）。这一结果可能反映出个人对金钱的强烈偏好和对学术发表的弱偏好，使得博士生通过自选择行为而进入产业部门的研发岗位并获得较高的工资收入（Roach & Sauermann，2010）。国内为数不多的实证研究也表明，相对于非学术职业来说，学术志趣有助于提高对国内高校科研机构的学术职业以及海外博士后岗位的偏好（鲍威等，2017）。怀着学术兴趣而读博的博士生对学术部门和学术职业的兴趣更大（蒋承，2011；徐贞，2018b；赵延东和洪岩璧，2014）。

博士教育期间所掌握的知识技能是影响博士生就业期望和就业选择的重要因素。不同类型的职业，其目标、价值观和文化环境不同，对知识和技能的需求自然也不同。在学术环境中，学科领域的专业知识和学术生产力最能够获得专业认可（Lee et al.，2010），这些也成为博士生是否能够获得学术职业的重要筛选标准。相比之下，分析并解决复杂问题、团队合作、沟通表达和项目管理等通用性、可迁移性能力在产业部门更具有价值（Kyvik & Olsen，2012；Sinche et al.，2017）。由此，已有研究考察科研能力、通用能力等不同类型的就业能力对博士生职业期望的影响，但没有得到一致结论。罗琦和绍尔曼（Roach & Sauermann，2017）利用美国39所大学科学与工程领域博士生追踪调查数据，发现科研能力提升有助于博士生产生或维持对学术职业的兴趣。类似的，霍塔（Horta，2018）利用我国香港大学的博士生调查数据，发现博士自我评估的能力及其类型与就业期望高度相关，那些自我觉得"管理能力"突出的博士生倾向于学术界外部的职业。不过，针对美国某所公立大学的调查，发现博士生自我感知的学术研究能力指数（由 8 项能力建构而成）与是否打算在大学里从事学术职业没有显著关系（Kim et al.，2018；鲍威等，2017）。与之一致，鲍威等（2017）针对中国 24 所高校的调查发现，尽管通用能力（由 9 个指标构成）对博士生选择海外博士后具有显著的促进作用，但其在非学术职业和国内学术职业之间不存在显著差异，而且发现专业素养（由 5 个指标构成）对博士生职业偏好也没有显著影响。

另外一些研究则以学术论文发表或专利数量表征客观的学术能力并分析其对博士生就业期望的影响，不过也没有得到一致结论。例如，罗琦和绍尔曼（Roach & Sauermann，2010）利用美国北卡罗来纳州三所研究型大学科学或工程领域的博士生数据，发现学术论文数量与就业单位选择显著相关。发表论文较多的博士生，倾向于在大学从事研究工作，而不是进入企业（包括成熟企业和初创企业）从事研发工作。类似的，艾特马斯基（Etmanski，2019）也发现随着论文发表数量的增加，博士生坚持学术职业兴趣的概率增加，否则"不发表就出局"。而国内研究则发现学术发表对博士生选择学术职业有正向作用（鲍威等，2017；徐贞，2018b）。不过，也有研究则发现学术论文数量对是否选择高校研究型岗位没有显著影响，它仅仅能够提高毕业阶段的博士生们对高校学术职业的兴趣（Roach & Sauermann，2017）。而就获得专利的影响而言，罗琦和绍尔曼（Roach & Sauermann，2010）发现专利数量与博士生工作单位偏好没有显著关系，但国内研究发现获得过专利的博士生更倾向于去企业就业（沈文钦等，2019）。

博士生能力与就业期望关系的研究结论差异，可能源于测量指标、样本范围的不同。例如，针对博士生就业期望的测量，有的研究关注就业部门，重点考察博士生对高校与企业部门的偏好或吸引力；而另外一些研究则关注工作内容，重点分析博士生是否愿意从事研究工作而不管是在什么部门。此外，就像上文所指出的那样，博士生就业期望与学科领域、所处教育阶段等相关，因而样本覆盖的学科、年级的不同也会影响研究结论。总而言之，博士生能力与就业期望的关联模式还有待系统的经验分析。

综上所述，国内外学者已经确认博士生就业去向和就业期望具有多元化趋势，尽管既有的研究已经关注与博士生就业期望相关的因素，但与大量探讨学科、院校质量、性别对博士生就业期望的影响相比，博士生自身拥有的能力与就业期望的关系还缺乏系统的经验分析，尤其是基于中国实践的经验分析还有待开展。更重要的是，在中国博士教育规模不断扩张和学术就业市场环境变革的背景下，博士生培养质量及就业问题渐多关注，本研究聚焦博士生能力、就业期望的总体状况及相关性，对于回应博士教育目标、培养质量等争议问题具有现实意义。

## 第二节　数据与变量测量

### 一、数据来源

本章数据来源第三期中国妇女社会地位调查当中的大学生样本。[①] 调查采用配额抽样和随机抽样相结合的方法，在北京、武汉、南京、西安、兰州五市的 15 所高等院校的本科生、研究生中抽选调查样本进行调查，共回收大学生有效问卷 5032 份。其中，博士生样本数为 666 份，硕士生样本数为 1543 份，其余为本科生样本。我们主要利用博士生样本，但在部分相关问题，针对博士生、硕士生和本科生做了比较分析。

博士生样本的专业范围涵盖除艺术学之外的所有学科门类，即哲学、经济学、法学、教育学、文学和历史学等 12 个学科门类，且样本学科分布大致

---

① 该数据于 2014 年 11 月向学界开放，感谢全国妇联妇女研究所提供的数据支持。

符合在校博士生的总体分布状况。其中，理学和工学所占比例最大，分别为29.77%（198 人）和 22.86%（152 人）。从学校类型来看，有 67.4% 的博士生来自 5 所"985"大学，这与名牌大学博士点较多和招生规模占比较大的情况是一致的。被调查博士生的平均年龄为 27.7 岁，女性博士生样本占46.6%，独生子女超过 1/3（35.2%），中共党员（包括预备党员）比例较高，占 76.4%。约 1/2（52.6%）的博士生样本出生地为农村，或在上大学前是农村户籍。家庭经济条件"不太好"或"很不好"的比例为 26.0%、家庭经济条件一般的为 60.6%、"比较好"的样本仅占 11.4%。在全部样本中，接近 90% 的博士生参与过导师的课题，其中 32.1% 的博士生参与过1 项课题、56.6% 的博士生参与导师的多项课题。此外，有 28.5% 博士生参加过 1 次或多次国内学术会议并发言，拥有国际会议演讲经历博士比例为 19.2%。

## 二、变量测量

本研究的因变量为博士生的就业期望。与以往文献单独考虑职业，或仅考虑就业部门相比，本研究依据第一章提出的博士生就业类型划分，从工作内容和就业部门两个维度考察就业期望。通过问题"您最想成为下列哪种人才"和"您最希望在什么类型的单位工作"对其加以操作测量。其中，职业选项包括党政人才、企业经营管理人才、实用技术人才、科学研究人才、其他等。就业部门或单位选项包括党政机关、医院学校等事业单位、社会团体、国有企业、外资企业、私营企业、自主创业、自由职业者、其他。

核心解释变量为博士生的能力。参照同类研究做法（Etmanski，2019；Roach & Sauermann，2017），利用学术论文、专利作为客观的博士生能力或科研绩效指标，自我汇报的能力评价作为主观测量指标。从表 7 - 1 可以发现，博士生所发表的核心期刊论文即 SCI、EI 或 SSCI、CSSCI 文章来看，总体有 53.8% 的博士生有论文发表记录、有 1 次发表记录的为 24.9%，有多次发表记录的为 28.9%。13.8% 的博士生参与研制并获得产品专利，有 1 个专利的占 7.6%，2 个及以上专利的占 6.2%。通过两性分组及比较，发现论文发表、专利并没有显著的性别差异。

表 7-1　　　　　　　　　博士生发表论文及获得专利的情况　　　　　单位：%

| 类别 | 分组 | 没有 | 有 1 次 | 有多次 |
|---|---|---|---|---|
| 发表论文 | 男 | 44.2 | 24.5 | 31.3 |
| | 女 | 48.5 | 25.3 | 26.2 |
| | 总体 | 46.2 | 24.9 | 28.9 |
| 获得专利 | 男 | 83.7 | 8.5 | 7.9 |
| | 女 | 89.2 | 6.6 | 4.3 |
| | 总体 | 86.2 | 7.6 | 6.2 |

同时，通过问题"与同龄人相比，您如何评价自己在下列各方面的表现？"对博士生的能力进行主观评价。这与罗琦和绍尔曼（Roach & Sauermann，2017）通过与专业领域同龄人对比而评价得到相对的科研能力的思路是一致的。博士生自我评估的能力指标一共有 12 项。每个指标均使用自评量表的形式，由被调查博士生自我评价，1～5 分别表示很弱、比较弱、一般、比较强、很强。12 个指标的总体平均得分为 3.54，接近"比较强"的程度。为了避免测量指标之间的共线性问题，对 12 个能力测量指标进行因子分析，发现可以得到 3 个公因子，其中公因子 1 主要涉及专业基础知识、创新能力、书面表达能力、实践/操作能力及计算机水平、外语水平专业性能力，故将其命名为"专业能力"；公因子 2 则包括团队合作能力、组织协调能力、交流沟通能力和人际交往能力，故将公因子 2 命名为"通用能力"；公因子 3 则集中于测量心理承受能力、抗挫折能力，故命名为"心理素质"。12 个指标内部的克朗巴哈系数为 0.864，具有较好的信度并达到统计学意义上的要求。其中，专业能力、通用能力、心理素质的克朗巴哈系数分别为 0.758、0.870 和 0.804。

博士生对自身能力的评估结果见表 7-2。在"专业能力"维度，自我评价最高的是书面表达能力，有 59.5% 的被调查者认为这方面的能力"比较强"或"很强"。紧随其后的是专业基础知识，有 52.0% 的博士生认为该能力"比较强"或"很强"。在"通用能力"维度，能力排名依次为团队合作能力、交流沟通能力、组织协调能力、人际交往能力。而在"心理素质维度"，整体来说都比较好，超过 60% 的博士生自认为心理承受能力、抗挫折能力"比较强"或"很强"。

表 7-2　　　　　　　　　博士生能力的维度及评价　　　　　单位：%

| 维度 | 测量指标 | 评价 | | | | |
| --- | --- | --- | --- | --- | --- | --- |
| | | 很弱 | 比较弱 | 一般 | 比较强 | 很强 |
| 专业能力 | 专业基础知识 | 0.5 | 7.1 | 40.5 | 47.8 | 4.2 |
| | 创新能力 | 0.9 | 7.8 | 49.8 | 37.3 | 4.2 |
| | 书面表达能力 | 0.8 | 5.6 | 34.2 | 49.1 | 10.4 |
| | 实践/操作能力 | 0.3 | 7.1 | 43.2 | 42.5 | 6.9 |
| | 计算机水平 | 1.2 | 10.9 | 56.1 | 26.8 | 5.0 |
| | 外语水平 | 0.9 | 8.9 | 53.9 | 31.4 | 5.0 |
| 通用能力 | 团队合作能力 | 0.8 | 2.4 | 25.3 | 55.6 | 16.0 |
| | 组织协调能力 | 0.9 | 5.0 | 36.9 | 44.4 | 12.8 |
| | 交流沟通能力 | 0.8 | 5.1 | 35.2 | 46.6 | 12.3 |
| | 人际交往能力 | 0.8 | 6.6 | 39.9 | 42.3 | 10.4 |
| 心理素质 | 心理承受能力 | 0.8 | 6.9 | 29.3 | 50.5 | 12.5 |
| | 抗挫折能力 | 0.8 | 7.2 | 29.6 | 49.3 | 13.1 |

　　鉴于因变量的类型和性质，本章在描述分析博士生就业期望特征的基础上，采用多类别逻辑斯蒂回归（multinomial logit）模型分析博士生所具备的主客观能力因素对就业期望的影响效应。

　　其他控制变量包括性别、年龄、婚姻状况、读大学前的居住地（户籍）、是否有工作经历等人口学特征，博士年级、学科和学校类型（是否"985"大学），以及父母受教育程度、职业等家庭背景信息。具体变量及其定义见

表 7 – 3。其中，女性样本占 46.6%，博士生平均年龄为 27.7 岁。大部分博士生都处于未婚状态，已婚样本占 30%。在攻读研究生之前，接近 1/3 的人（33.0%）有全职工作经历。36.6% 博士生为博士教育的第 1 年，33.0% 为博士学位的第 2 年，其余博士生（30.3%）为第 3 年及以上。依据学位授予和人才培养学科目录，但由于部分学科样本较少，我们将文学、历史、哲学、教育学、法学、经济学、管理学合并为人文社科学科，理学、工学、农学、医学和军事学合并为理工农医学科，其中人文社科博士生占比 45.1%。

表 7 – 3                    控制变量及样本特征

| 变量 | 定义及编码 | 百分比/平均值 |
|---|---|---|
| 女性 | 女性编码为 1，男性为 0 | 46.6% |
| 年龄 | 调查时点的年龄，根据出生年份计算得到 | 27.7 岁 |
| 已婚 | 初婚或再婚为 1，否则为 0 | 30.0% |
| 工作经历 | 在攻读研究生之前，有全职工作经历的为 1，否则为 0 | 33.0% |
| 农村户口 | 根据进入大学前的户口编码，农业户口为 1，非农户口为 0 | 44.9% |
| 博士年级 | 目前就读博士学位的第几年，第 1 年为 1、第 2 年为 2，第 3 年及以上为 3 | — |
| 人文社科 | 将学科门类中的人文社科（文史哲、教育、法学、经管）编码为 1，其余（理工农医）为 0 | 45.1% |
| 学校类型 | "985"大学为 1，其他为 0，"211"大学为 1，其他为 0 | 67.4% <br> 17.9% |
| 父母教育 | 父母受教育程度编码为 3 组，包括初中及以下、高中/中专、大学专科及以上 | — |
| 父母职业 | 国家/社会管理者、企业管理人员为 1，<br>私营企业主、专业技术人员为 2，<br>办事人员、自营劳动者、商业服务业人员、产业工人为 3，<br>农业劳动者、家务劳动者、离退休人员、无业/失业/待业人员为 4 | — |

# 第三节　就业期望的特征与差异

## 一、博士生具有较强的事业心和成就动机

针对"您对毕业后的生活有何打算?"的调查表明,大部分博士生样本回答直接工作,占 72.3%。与第二章发现博士毕业生从事博士后工作比例较高的结论一致,在校博士生计划继续升学(博士后)的比例达到 14.3%,且绝大部分(13.1%)打算出国留学即在国外从事博士(后)工作。而打算自主创业的比例的仅有 1.7%。此外,"没想过"这个问题或"没想好"的比例为 11.8%。

在此基础上,博士生有较高的职业发展抱负,有较强的成就动机。如表 7-4 显示,大部分博士生表示自己"有明确的职业发展规划",选择"非常符合"或"比较符合"的比例为 63.6%。强烈的事业心和成就动机是推动人们追求理想、承担社会责任、追求卓越和实现个人成就的基础。调查表明,81.7% 的博士生"希望拥有一份事业而不仅仅是工作",能够把工作当作崇高的事业和内心的追求。绝大多数博士生有较强的成就动机,渴望事业成功,接近九成的博士生表示"希望自己在事业上能有所作为"(89.7%)和"愿意为事业付出艰辛努力"(83.9%)。成就动机是预测职业承诺水平的重要因素,从表 7-4 中也可以看到,83.0% 的博士生认为"获得成就感至关重要"。当然,博士生对自己未来的职业发展也充满信心。由此可见,处于学历"塔尖"上的"精英群体",博士生具有较高的职业发展抱负、要求实现人生价值。

表 7-4　　　　　　　　　博士生对事业发展和成就的看法　　　　　　单位:%

| 类别 | 非常符合 | 比较符合 | 一半符合 | 不太符合 | 很不符合 |
| --- | --- | --- | --- | --- | --- |
| 有明确的职业发展规划 | 14.4 | 49.2 | 26.9 | 8.5 | 1.1 |
| 希望拥有一份事业而不仅仅是工作 | 29.6 | 52.1 | 12.5 | 5.4 | 0.3 |

| 类别 | 非常符合 | 比较符合 | 一半符合 | 不太符合 | 很不符合 |
|---|---|---|---|---|---|
| 希望在事业上能有所作为 | 36.1 | 53.6 | 7.9 | 2.3 | 0.2 |
| 愿意为事业付出艰辛努力 | 34.6 | 49.3 | 13.4 | 2.0 | 0.8 |
| 获得成就感至关重要 | 36.2 | 46.8 | 13.9 | 2.9 | 0.3 |
| 对未来职业发展充满信心 | 16.6 | 47.4 | 29.1 | 6.2 | 0.8 |

## 二、科学研究工作是首选，但呈现多元化特征

从具体的职业抱负来看，博士生的职业定位以科学研究人员为主，但具有多元化特征。我国的博士生教育以学术型学位为主，旨在培养掌握"理论基础"和"专业知识"，具有"独立从事科学研究能力"的高级专门人才。不出所料，57.4%的博士生，自身的成长定位也是成为科学研究人才（见表7-5）。然而，也有32.0%的人想成为实用技术人才、企业经营管理人才或党政人才，这在男性和女性之间没有明显的差异。可以说，博士生就业偏好具有多元化趋势。尽管大部分学术型博士生具有自己的职业规划，并以成为学术人才为主要目标，但其他应用型的专业人员也占有一定的比重。

表7-5　　　　　　博士生最想成为下列哪种人才　　　　　单位：%

| 类别 | 总体（N=665） | 男性（N=355） | 女性（N=310） |
|---|---|---|---|
| 科学研究人才 | 57.4 | 56.9 | 58.1 |
| 实用技术人才 | 13.8 | 13.5 | 14.2 |
| 企业经营管理人才 | 9.9 | 9.3 | 10.7 |
| 党政人才 | 8.3 | 12.1 | 3.9 |
| 其他 | 1.1 | 1.4 | 0.7 |
| 没想好 | 7.4 | 5.6 | 9.4 |
| 没想过这方面的问题 | 2.1 | 1.1 | 3.2 |

　　与之一致，博士生对就业去向和对单位类型的偏好，也具有多元化趋势。尽管依然是以学校和科研机构等事业单位为主，不过，党政机关、企业单位、自我创业和自由职业者的比重达到1/3（见表7－6）。其中，学校等事业单位、党政机关、国有企业是选择比例最高的三项，分别有63.6%、9.0%、8.6%的被访者选择。可见在大多数博士生中，高校、科研院所从事学术工作是其首要选择；其次是体制内工作稳定性较好的政府部门和国有企业。在被调查的博士生中，打算成为自由职业者或自主创业的比例很小，两者之和为8.5%，打算去私营企业工作的比例极低。从工作单位意愿的性别比较来看，相对于男博士生，女性博士生愿意进入高校等事业单位的比例更高。高等院校和其他事业单位相对稳定的工作性质与工作环境，可能是吸引女博士选择的一个重要因素。而对于党政机关和国有企业，男博士生的倾向性更高一些。这意味着，政府机关和国有企业等"权势部门"对男性博士生的吸引力更大一些。有学者针对荷兰的调查研究也表明，男性博士毕业生进入非学术部门就业的比例高于女性（Van de Schoot et al.，2012）。原因可能是男性博士毕业生在学术部门外部就业，获得的工资溢价高于女性博士（Schulze，2015）。总的来说，博士生就业去向主要倾向于学校等事业单位，但具有多元化特征。

表7－6　　　　　　　　毕业后的工作单位意愿及性别差异　　　　　　单位：%

| 单位性质 | 总体（$N=665$） | 男性（$N=355$） | 女性（$N=310$） |
|---|---|---|---|
| 学校等事业单位 | 63.6 | 58.9 | 69.0 |
| 党政机关 | 9.0 | 12.1 | 5.5 |
| 国有企业 | 8.6 | 11.0 | 5.8 |
| 外资企业 | 6.2 | 5.4 | 7.1 |
| 自由职业者 | 5.0 | 5.4 | 4.5 |
| 自主创业 | 3.5 | 3.4 | 3.6 |
| 私营企业 | 1.8 | 2.5 | 1.0 |
| 社会团体 | 1.2 | 0.6 | 1.9 |
| 其他 | 1.2 | 0.9 | 1.6 |

上述结果表明，博士生职业定位和工作单位偏好具有多元化特征。尽管成为科学研究人才和进入学校等事业单位是博士生毕业后的首选，但也有不少人希望成为应用型人才并去政府部门、企业工作，在一定程度上说明博士生对工作单位类型的偏好具有多样性。因此，在就业偏好和实际就业多元化背景下，单一化的学术型博士生培养模式需要做出相应的调整和改进。

## 三、博士生工作单位偏好存在显著的学科差异

从表7-7工作单位偏好的学科比较来看，博士生的工作单位偏好存在显著学科差异（$\chi^2 = 26.609$，$p = 0.001$）。人文社科博士生更倾向于高校等事业单位、党政机关，而理工农医学科的博士生选择国有企业、自由职业者、自主创业的比例较高。这可能与供需双方的因素相关，一是理工农医尤其是理工科博士招生人数或毕业人数较多，学术界无法吸纳这么多的毕业生；二是知识经济时代企业单位对理工科博士毕业生的需求不断增加。因此，理工科博士毕业生离开学术部门，愿意或实际进入企业从事研发工作的比例越来越高，这与国内外研究发现是一致的（Haley et al.，2014；Kyvik & Olsen，2012）。总之，博士生对毕业后工作单位意愿的学科差异，既可能体现了供需两端因素的共同作用，又意味着博士毕业生就业市场的前景可反馈并影响博士生就业意愿，博士生就业期望并不完全是盲目的或不切实际的。

表7-7　　　　　　　　　　工作单位偏好的学科差异　　　　　　　　单位：%

| 单位性质 | 理工农医（$N=365$） | 人文社科（$N=300$） | 总体（$N=665$） |
|---|---|---|---|
| 学校等事业单位 | 62.2 | 66.0 | 63.9 |
| 党政机关 | 6.0 | 12.7 | 9.0 |
| 国有企业 | 11.8 | 4.7 | 8.6 |
| 外资企业 | 6.0 | 6.3 | 6.2 |

续表

| 单位性质 | 理工农医（$N=365$） | 人文社科（$N=300$） | 总体（$N=665$） |
|---|---|---|---|
| 自由职业者 | 6.3 | 3.7 | 5.1 |
| 自主创业 | 4.1 | 2.7 | 3.5 |
| 私营企业 | 2.5 | 1.0 | 1.8 |
| 社会团体 | 0.6 | 2.0 | 1.2 |
| 其他 | 0.6 | 1.0 | 0.8 |

## 四、博士生工作单位意愿没有显著的年级差异

表 7-8 的结果表明，博士生就业期望并没有像以往文献发现那样存在年级差异。换句话说，随着博士教育的进展，博士生对高校科研机构即学术职业的期望保持稳定。其中，博士一年级新生有 60.7% 选择了学校等事业单位，到毕业阶段的 3 年级及以上的博士生，对此选项的响应依然有 66.8%。这与美国等国家的相关研究发现，高年级博士生对学术职业兴趣有所下降的结论是不一致的（Etmanski，2019；Roach & Sauermann，2017）。这可能是因为经济社会发展水平、博士毕业生就业市场和高等教育规模存在差异，中国等发展中国家的学术职业机会相对较多，而企业等部门的研发岗位的相对需求不足。当然，或许就业偏好本身存在文化与国别差异，这一点值得后续进一步开展跨文化的比较研究。

表 7-8　　　　　　　　　工作单位意愿的年级差异　　　　　　　单位：%

| 单位性质 | 1 年级（$N=244$） | 2 年级（$N=220$） | 3 年级（$N=202$） |
|---|---|---|---|
| 学校等事业单位 | 60.7 | 63.6 | 66.8 |
| 党政机关 | 9.4 | 10.5 | 6.9 |
| 国有企业 | 9.4 | 6.8 | 9.4 |
| 外资企业 | 5.7 | 6.8 | 5.9 |
| 自由职业者 | 6.2 | 5.0 | 4.0 |

续表

| 单位性质 | 1 年级（$N = 244$） | 2 年级（$N = 220$） | 3 年级（$N = 202$） |
|---|---|---|---|
| 自主创业 | 3.3 | 3.6 | 3.5 |
| 私营企业 | 2.1 | 1.8 | 1.5 |
| 社会团体 | 1.6 | 0.9 | 1.0 |
| 其他 | 1.6 | 0.9 | 1.0 |

# 第四节　博士生能力对就业期望的影响

## 一、博士生能力与职业取向

博士生职业取向的多元逻辑斯蒂回归结果见表 7－9。[①] 可以发现，在控制个体特征、教育、父母等因素的情况下，博士生主、客观能力对其职业定位具有显著影响。具体来说，专业基础知识、创新能力、书面表达等专业能力越高，相比于科学研究人才，博士生定位于成为实用技术人才的概率越低。而团队合作、组织协调、交流沟通和人际交往等通用或可迁移能力越高，博士生越倾向于成为党政人才和企业经营管理人才。不过，心理素质维度的主观能力评价，则对博士生职业定位没有显著影响。而在客观的能力指标方面，是否已经发表论文对博士生的职业定位没有显著影响，但获得专利与实用技术人才定位显著相关。换句话说，相比发表论文、获得专利等客观的外在指标，主观内在的能力评价与博士生职业定位的相关程度更大。这与罗琦和绍尔曼（Roach & Sauermann，2017）发现主观汇报的研究能力有助于产生或维

---

[①] 回归分析仅限明确回答职业取向的样本，删除回答"其他""没想好"或"没想过这方面的问题"的样本。

持学术职业兴趣，或霍塔（Horta，2018）发现"管理能力"突出的博士生倾向于学术界外部职业的结论是一致的，但与学术研究能力或专业素养与是否打算在大学里从事学术职业没有显著关系的结论不一致（Kim et al.，2018；鲍威等，2017）。

表 7-9  博士生职业定位的多元逻辑斯蒂回归结果

| 变量 | 党政人才 | 企业经营管理人才 | 实用技术人才 |
|---|---|---|---|
| 专业能力 | 0.196 | - 0.198 | - 0.324 ** |
| 通用能力 | 0.484 *** | 0.443 *** | - 0.085 |
| 心理素质 | 0.002 | - 0.089 | 0.003 |
| 发表论文 | - 0.428 | - 0.515 | - 0.119 |
| 获得专利 | - 0.384 | 0.730 | 0.871 ** |
| 女性 | - 1.598 *** | - 0.083 | 0.262 |
| 年龄 | - 0.093 | - 0.079 | 0.020 |
| 已婚 | - 0.582 | - 0.557 | - 0.571 |
| 年级 | 0.353 | 0.213 | 0.137 |
| 人文社科 | 0.326 | - 0.068 | - 1.455 *** |
| "985" 大学 | - 0.828 * | - 1.134 ** | - 0.045 |
| "211" 大学 | - 0.276 | - 0.778 | 0.420 |
| 农村 | - 0.207 | 0.462 | 0.385 |
| 工作经历 | 0.052 | 0.469 | 0.481 |
| 常数项 | 0.947 | 0.323 | - 2.650 |
| 父母受教育程度 | 已控制 | 已控制 | 已控制 |
| 父母职业 | 已控制 | 已控制 | 已控制 |
| 样本量 | 531 | 531 | 531 |

注：共同的参照组为科学研究人才；*** $p < 0.001$，** $p < 0.01$，* $p < 0.05$。

当然，客观能力指标与职业取向关联不大的结论，可能反映出论文和专利所表征的专业能力主要是通过提升主观能力评价，而间接影响其职业定位。

为此，我们重新估计包括发表论文、获得专利，但不包括主观能力的模型。结果发现，发表论文前面的回归系数及其显著性水平并没有发生变化，获得专利的博士生依然倾向于成为实用技术人才。反之，如果纳入主观的能力评价指标而不包括发表论文、获得专利，我们依然得到自我评估的能力水平影响博士生职业定位的稳健结果。这些分析表明，在能力方面，影响博士生职业定位或工作性质的主要因素是自我感知的能力而不是发表论文。这在某种意义上意味着，博士生对自身的能力素质和职业定位有一定的认识，从而做出较为理性的就业期望。

## 二、博士生能力与工作单位偏好

从就业部门或单位类型的偏好来看（见表 7-10），与职业定位的回归结果不太一致。[1] 主观的能力评价与工作单位类型的偏好没有显著关系，相反，是否发表论文或获得专利对就业部门具有显著影响。其中，已经发表 1 篇或多篇论文的博士生，相对于学校等事业单位，对政府/社团、企业、创业/自由职业的兴趣较低。这与相关研究发现理工科博士生发表 SCI 论文越多，越倾向于高校的结论是类似的（徐贞，2018b）。在论文写作和发表方面没有取得良好成绩的博士生，可能意识自己难以获得学术职位，即使获得学术职位，也难以在竞争激烈的学术界取得成功。因而，发表学术论文有助于加强博士生对学术职业的兴趣，而学术论文发表越少的博士生倾向于将职业偏好转移到学术界之外。不过，两者的相关性并不意味着因果关系。尤其是，我们不能排除那些倾向于企业、政府等学术界外部就业的博士生主观上更不愿意发表他们的研究成果。鉴于学术型博士学位一般要求公开发表一定数量的论文才能毕业，博士生导师也会鼓励和支持他们发表论文，这在一定程度上缓解了内生性问题的担忧。从表 7-10 还可以发现，已经获得 1 次或多次专利的

---

[1] 回归分析对工作单位进行了归类并排除了回答"其他"的样本。其中政府机关和社会团体归为一类，国有企业、外资企业和民营企业合并，自我创业和自由职业者归为一类。

博士生，倾向于毕业后进入企业单位工作，而不是学校等事业单位。

表 7 - 10　　　　　博士生就业部门偏好的多元逻辑斯蒂回归结果

| 变量 | 政府/社团 | 企业 | 创业/自由职业 |
|---|---|---|---|
| 专业能力 | 0.167 | - 0.065 | - 0.159 |
| 通用能力 | 0.192 | - 0.007 | - 0.023 |
| 心理素质 | - 0.097 | - 0.043 | 0.266 |
| 发表论文 | - 0.567 * | - 0.497 * | - 0.813 ** |
| 获得专利 | - 0.398 | 1.187 *** | - 0.002 |
| 女性 | - 1.100 *** | - 0.378 | - 0.288 |
| 年龄 | - 0.023 | - 0.051 | 0.017 |
| 已婚 | - 0.411 | - 0.599 * | - 0.379 |
| 年级 | - 0.032 | 0.158 | 0.006 |
| 人文社科 | 0.853 *** | - 0.178 | - 0.232 |
| "985" 大学 | - 0.243 | - 0.618 * | 0.027 |
| "211" 大学 | 0.194 | - 0.057 | - 1.052 |
| 农村 | - 0.147 | 0.510 * | 0.201 |
| 工作经历 | - 0.042 | 0.270 | - 0.229 |
| 常数项 | - 0.911 | - 0.086 | - 2.737 |
| 父母受教育程度 | 已控制 | 已控制 | 已控制 |
| 父母职业 | 已控制 | 已控制 | 已控制 |
| 样本量 | 586 | 586 | 586 |

注：共同的参照组为学校等事业单位；*** $p < 0.001$，** $p < 0.01$，* $p < 0.05$。

综上所述，主观的能力评价对博士生职业取向的影响更大，而论文发表等客观能力指标则对博士生工作单位偏好的影响更大。这在一定程度上回应以往得出的有冲突和争议的研究结论。以往对能力与就业期望关系的研究并未得到一致结论，有研究得到学术能力与学术职业之间的正向关系，管理能力等通用能力则与非学术职业相关；类似的，有的研究发现学术论文发表等客观能力指标与就业期望相关，有的则发现两者没有显著关系。出现这一情况的一个重要原因，可能就是没有细分博士生就业期望的维度。本研究结果表明，主客观能力对于博士生就业期望当中的工作内容、工作单位偏好存在不同的影响效果。这提醒我们在讨论博士生就业期望之时，应注意区分工作内容性质、工作单位等不同维度，以及更加有效地对博士生能力加以评估。

其他一些控制变量也显示出有趣的结果。首先，值得说明是，博士生就业期望的学科差异得到回归结果的印证。与理工农医学科的博士生相比，人文社科领域的博士生更倾向于党政部门，而不太可能定位于成为实用技术人才。不过，博士生就业期望并没有随博士教育进展而表现出明显的阶段性变化。其次，与上文描述性分析结果一致，就业期望存在显著的性别差异。相比科学研究人才，女性比男性更不愿意成为党政人才。与之一致，相比高校事业单位，女性期望进入党政部门就业的概率低于男性。最后，从学校类型来看，相比一般普通高校，"985"大学的博士生更可能选择科学研究职业和进入高校工作，而定位于党政人才、企业经营管理人才，或进入企业工作的意愿较低。这与已有研究发现"985"大学的博士生更期望从事学术职业的结果是一致的（Gu et al.，2018；蒋承，2011）。

# 第五节　本章小结

本章通过博士生能力与就业期望之关系的实证分析，在控制个体特征、学校类型、博士年级、学科，父母受教育程度和职业等影响因素的基础上，得到一些有意思的研究结论。

第一，科学研究人才和高等院校依然是博士生的主流就业期望，但已经呈现多元化特征。博士生具有较高的职业发展抱负、成就动机，要求实现人生价值。尽管获得学术职位越来越难，但依然有60%左右的博士生定位于科学研究人才，或进入高校等事业单位工作。中国博士教育以学术型为主，其目标主要是培养学术科研人员。因此，毫不奇怪，博士教育吸引的是那些喜欢从事学术职业的学生。不过，在学术职业抱负与现实冲突之下，也有接近甚至超过30%的博士生打算或愿意在企业、政府部门寻求职业机会。与已有研究所表明的那样，博士生的就业期望或就业偏好体现出多元化特征。

第二，博士生能力素质对就业期望具有重要影响，但不同维度的能力对不同类型的就业期望影响不同。博士生对能力的自我认知，即主观的能力评价主要影响他们的职业取向而对工作单位偏好没有显著影响，论文发表等客观能力指标则主要与工作单位偏好相关。更确切地说，专业基础知识和创新等专业能力越高的博士生，更倾向于成为科学研究人才，而不是实用技术人才。反之，通用能力或可迁移能力越高的博士生，则更倾向于成为党政人才和企业经营管理人才。就客观维度的能力指标而言，是否已经发表论文对博士生的职业定位没有显著影响，但更倾向于进入学校等事业单位，而不是政府、企业等学术界外部。获得专利的博士生，更倾向于成为实用技术人才和进入企业单位工作。这些结果表明，如果高校或博士教育机构仅仅专注于博士生的科研能力或强调论文发表，不利于引导博士生做好多元化的职业规划，并帮助他们做好在学术界内外就业的准备。

第三，研究结果还表明，学科、性别都对博士生就业期望具有显著影响。尽管所有学科的博士生都青睐科学研究和高校，但与理工农医等学科的博士生相比，人文社科领域的博士生更倾向于政府部门，而不太可能成为实用技术人才。这表明博士生的就业期望因学科而异，这可能与供需结构以及学科与企业单位的亲疏程度相关。同时，与已有研究的结论一致，男博士更期望成为党政人才和进入政府部门工作。这可能体现了传统性别角色分工和社会结构对博士生就业期望的规范作用。

总的来说，本研究增加了我们对博士生就业期望与能力的相关性，及其他潜在因素的理解。传统上，博士教育被认为是学术职业的前期准备阶段。然而，近年来，随着博士教育规模扩张和教师职位数量增长不足，越来越多的博士生或博士接受政府、企业部门等学术界以外的工作。博士生就业期望和实际就业结果存在相当大的异质性、多元化。虽然大部分博士生倾向于高校的学术职业，但也对企业或自我创业表现出兴趣。这些分析结果印证了博士供需结构转变背景下，学术型博士教育与学术职业之间的解耦。尽管传统认为学术型博士应该以学术为志业，但就业期望或兴趣的多元化也可能被视为积极的变化，因为它会缓减博士生的就业期望与实际就业之间的冲突。

本研究的政策含义在于，在就业期望和实际就业多元化背景下，传统学术型博士生培养目标和模式需要做出相应的优化拓展。在创新驱动发展和研发投入增加的背景下，企业对应用型博士科技人才的需求将进一步增加。而随着高等教育规模渐趋稳定，高校科研机构的岗位将受到限制。适应经济社会发展，需要调整完善博士生培养模式，关注博士生各项能力的提升。不仅需要培养博士生的学术科研能力，也要帮助他们做好非学术就业准备并提供广泛的通用能力，如团队合作、沟通、领导力和项目管理能力等。虽然，教育部门已经开始重视专业学位的博士教育，但除了在招生选择方面要求专业学位博士生具有工作经历之外，博士培养过程并没有本质差异。事实上，学术型博士也需要重视职业能力的养成。因为学术部门的工作者，不仅需要承担科学研究工作，还需要更加重视教学、学生培养和管理、跨学科合作，以及与政府和产业部门沟通并承担公共服务等。

同时，不管是主动还是被动，有相当大比例的博士生最终不会从事学术职业。考虑到许多博士生没有任何工作经历，缺乏对非学术职业的了解，因此在博士教育的早期阶段，更好地帮助他们了解各种职业路径和需求是非常有益的。在知识经济时代和市场环境变革背景下，承认就业期望的多元化并重视非学术职业的价值，帮助博士生做好职业规划，是博士教育机构不可推卸的责任。当然，博士生也应该尽早开始考虑自己的职业目标，并充分利用校内外资源和平台做好职业生涯规划。同时，要对自己的兴趣和能力进行更准确的评估，以及对职业前景有更现实的了解，以便权衡追求学术职业或博士学位是否为最佳途径。

最后需要指出的是，本研究虽然从能力等角度深化了对博士生就业期望的认识，但就业期望到实际就业结果之间的动态复杂过程还有待深入分析。本研究使用横截面数据，尽管通过对比分析不同年级之间的就业期望，没有发现就业期望存在年级差异，但就业期望是否以及如何随博士教育进展和能力提升而变化仍需要进一步的洞察。同时，博士生的就业期望如何转化为实际就业，或就业期望与实际就业结果之间的关联也值得深入分析。未来的研究可纵向观察博士生在多个时点的能力、就业期望、职业决策等，以捕捉他们如何调整、应对和实现自己的职业抱负。

# 第八章

# 主要结论与政策建议

中国博士教育在过去四十年中迅速发展，已成为世界上最大的博士教育体系之一和全球博士教育领域的重要组成部分。中国博士生教育体系涵盖国家、专业、市场和企业的多重逻辑，特殊的制度逻辑将当前中国的博士教育体系塑造成国家主导的模式，同时又兼顾了市场导向和规范的学术自治（Zheng et al. , 2018）。中国的博士教育受到中国社会文化传统和强大的国家规制的影响，但也一直在朝着符合国际学术规范和全球市场化趋势的方向转变。当博士生的数量有增无减时，如何培养和提升其就业能力，使他们更好地与就业市场的需求相匹配，成为需要关注的重要问题。

当今时代，经济社会发展越来越依赖新思想、新知识、新技术，政策制定者也越来越关注劳动力人口的能力问题。高端人才是推动科技革命和产业变革最重要的引擎，实现博士生教育质量与规模的同频共振，对于获得和维持国家竞争优势具有重要意义。

于是，本研究以市场机制导向下的就业和能力需求为切入视角，深入探究博士毕业生就业特征，就业能力及供需匹配状况，博士就业能力提升等议题。在理论和研究视角上具有一定的突破和创新，开阔了博士教育和就业问题的研究视野，助推中国博士教育政策和实践的优化。

本章主要提炼结论，并指出中国博士教育存在的不足，反思实践，结合发展改革实际和借鉴国际良好经验，为优化中国博士教育和促进博士毕业生就业与能力提升提出一些针对性的政策建议。

# 第一节　主要结论与基本观点

对于学术型博士来说，尽管高等教育机构作为未来雇主的受欢迎程度远远超过政府或产业部门。然而，由于博士教育扩张和学术界就业机会相对有限，偏好学术工作的博士生最终也只有一半左右能够在学术界找到他们理想的工作，绝大多数博士生将需要转向其他行业寻求就业机会。博士毕业生就业多元化对中国乃至全球范围内的博士教育提出新的要求和挑战，既要一如既往地培养博士生的学术创新能力，又要培养博士生的通用能力以便适应经济社会发展需求。

博士毕业生要求具备在不同环境和不断变化的环境下应用多种技能和知识。为了帮助博士毕业生做好在学术界内外就业的准备，结合中国博士教育实际和市场需求，学术型博士教育也需要重视通用能力的培养，优化培养模式，调整完善结构化的课程设置。世界各国，尤其是欧洲地区，大学已经开始做出调整并承担相应的责任，除了科学知识和研究能力之外，拓展博士教育目标并重视通用能力或可转移能力的培养。因为团队合作、项目管理、沟通表达等通用或可迁移能力在学术环境也越来越重要。当今知识生产模式已经转型，大型科研项目更多地需要跨学科、跨团队合作完成，包括与政府及产业部门的沟通协作。教学、学生管理或是承担公共服务，也需要演讲表达、管理能力。博士教育将融合专用性和通用性的就业能力训练。而且，雇主也积极参与到博士生的培养过程之中。同时，产业或行业协会也可以联合学术界，建构各行业博士毕业生就业能力清单，或帮助重组大学的博士课程。

在此背景下，本研究利用博士毕业生、雇主和在校博士生的翔实数据资料，通过统计描述分析、因子分析、多元回归分析等方法，诠释论证博士毕业生就业去向和趋势特征，就业准备情况，就业能力的内涵维度、供需匹配、提升路径等，丰富和深化学术界对"培养什么样的博士人才"和"如何培养博士人才"的理解，优化中国博士教育目标和培养模式。得到以下主要研究发现和结论：

博士毕业生就业率很高，但就业去向呈现多元化特征，这与全球趋势一致。除个别高校外，我国博士毕业生的总体就业率普遍很高，失业率或未就业比例很低。从就业单位和行业分布来看，博士毕业生的就业去向多样化。尽管存在学校类型、学校层级和学科差异，博士毕业生倾向于在高校和研究机构就业，但临时性的博士后，以及企业、医疗卫生事业单位已成为博士毕业生就业的重要渠道。

对于从事学术职业的博士毕业生来说，追求独立自由、学术抱负和工作稳定是主要的择业动机。实际工作中，博士学术职业人员面临工作时间长、工作压力大和工资收入低等就业质量不高的问题，仅有 1/3 左右的博士学术人员对工作表示"满意"或"非常满意"。其中，实际收入符合或高于预期、有学术抱负、单位给予工作支持的博士学术人员的工作满意度较高。而工作压力、晋升与职业发展困难则降低他们的工作满意度。提升高校科研机构博士学术人员的薪酬福利待遇，创造良好的学术工作环境，加大对青年博士人员的工作支持，有助于缓解他们的工作压力并实现学术抱负，最终能够提高工作和生活质量。

而对于从事非学术职业的博士毕业生来说，单一学术目标的传统教育模式使得他们缺乏学术界外部就业的准备。追求个人发展和成为大学教授是博士生的首要动机，但最终进入学术部门且能够获得稳定教职的比例远低于他们的期望。传统教育模式使得他们没有做好充分的职业准备，而且导师或学校能够提供的支持非常有限，博士生转而寻求其他资源，如同学、以往毕业生和校外非学术职业人士的帮助。进一步发挥博士人才的社会价值，需要优化拓展博士教育的目标和功能，深化博士生培养模式改革，完善博士生职业咨询和指导服务。

不管学术职业还是非学术职业，博士毕业生就业能力涵盖专用性的学术研究能力和广泛的通用性能力。学术研究能力和通用性的就业能力并非是二元对立的，而是可以相互促进和相互补充的。博士毕业生就业能力部分地取决于个人所拥有的可迁移技能或通用能力，例如，能够与他人良好合作的能力、批判性和创造性思考能力、有效沟通能力、项目管理能力以及职业生涯管理能力等。这些通用性的就业能力对于学术职业也是非常重要的。其中，个体动机，以及来自导师和院系的支持性学习环境是博士生就业能力的重要推动因素。

博士毕业生与雇主对就业能力需求认知较一致，但其所拥有的就业能力与市场需求存在不匹配。不管是科研工作还是其他替代性职业，博士毕业生都需要专业知识和研究能力，以及口头沟通、写作、团队合作、人际交往和项目管理等广泛的通用能力。然而，博士毕业生和雇主一致认同，博士教育无法为毕业生足额提供就业市场所需的技能，如管理能力、人际交往、领导力、合作能力等。从而导致博士毕业生就业能力不足或与市场需求不匹配。在创新需求前所未有的新时代，科学研究渗透至各行各业，学术目标依然应该是博士教育的核心，但通用能力的培养应成为不可或缺的组成部分，即学术型博士教育也要重视职业能力的养成。

博士生自我感知的能力对其就业期望具有重要影响。博士生主观评价的能力与就业期望尤其是职业取向显著相关，而以学术论文、专利衡量的客观能力则对就业期望中的单位偏好具有显著影响。具体而言，专业能力有助于提高博士生对学术职业的兴趣，而通用能力较高的博士生则倾向于非学术部门的非研究工作。适应经济社会需求和实现个人抱负，需要调整完善博士教育目标，强调能力素质的养成，并帮助博士生做好学术界内外就业的准备。

总而言之，知识经济时代，科技和产业革命交汇融合，科学研究渗透到各行各业，高端的博士人才大有可为，高校科研机构等学术部门之外，企业等市场主体对科技创新和博士人员的需求越来越大。但随着知识生产方式及市场需求的变化，博士毕业生需要同时具备学科知识、科研能力、分析和解决复杂问题的能力，以及通用性的沟通表达、跨学科跨团队合作等多项能力素质。由于教育目标的单一性、计划性，博士教育与市场需求脱节，专业和课程设置不合理，博士毕业生拥有的能力素质及结构与市场需求不一致、不匹配。进一步发挥博士人才的社会价值，需要优化拓展博士教育的目标和功能，深化博士生培养模式改革，促进博士毕业生就业能力提升，完善博士生职业咨询和指导服务。提升博士生能力素质，需要发挥政府、教育机构、博士生导师和用人单位的协同作用，有效衔接各利益相关者的责任和功能，构建博士生能力培养和提升的互动机制和框架路线图。这是增强博士人才培养响应市场需求变化的能力和速度，提高博士毕业生能力及其与需求匹配程度的重要保障。

## 第二节 中国博士生培养与就业存在的问题

中国的博士教育一直在发展，符合国际学术规范和全球市场化趋势，也受到中国社会文化传统和强大的国家规制的影响。然而，由于我国博士教育历史较短、发展较快，而又在某些方面改革滞后等原因，博士生教育的进一步发展还面临着一些较为突出的问题，主要表现是：第一，培养规格、类型比较单一；第二，博士教育的经费、师资等投入相对不足；第三，博士生学习、就业压力越来越大，职业准备不足；第四，博士生专业知识广度不够，科研成果创新不足，就业能力有待提高。总结起来，博士生教育有三个重要问题需要引起重视：一是"为谁培养"，即博士教育的本质或目标问题，博士生教育不仅仅是培养学术人才，也要为各行各业提供"具有博士学位的高级人才"；二是应该培养什么样的博士人才，即就业多元化背景下博士毕业生应该具备哪些能力素质；三是如何培养的问题，即如何调整优化博士生培养模式，以便使博士毕业生做好在学术界内外就业的准备并为经济社会发展做出新的贡献。

### 一、单一的培养目标无法满足多元化需求

我国学术型博士教育旨在培养"高级科学专门人才"或"高级专门人

才"。1982 年原国家教委颁布《关于招收攻读博士学位研究生的暂行规定》，提出我国博士生培养目标是"德智体全面发展，在本门学科上掌握坚实宽广的基础理论和系统深入的专门知识，具有独立从事科学研究工作的能力，在科学或专门技术上做出创造性成果的高级科学专门人才"。1997 年国务院学位委员会审议通过《临床医学专业学位试行办法》，这是自研究生招生工作恢复以来我国历史上第一个专业博士学位，此后相继设立了"教育博士""工程博士""工商管理博士"等专业博士学位。专业博士学位的诞生，意味着我国博士研究生培养进一步向社会经济建设的发展需要靠拢。在大力发展专业学位的情况下，2014 年教育部印发了《2014 年招收攻读博士学位研究生工作管理办法》，重申博士学位研究生是为了"培养德智体全面发展，在本门学科上掌握坚实宽广的基础理论和系统深入的专门知识，具有独立从事科学研究工作的能力，在科学或专门技术上做出创造性成果的高级专门人才"。同时，从能力素质的角度看，对博士生资格要求主要是"专门知识""独立研究能力"，而且要求做出"创造性成果"（一般指博士论文）。

相对来说，《中华人民共和国高等教育法》对博士生的能力要求相对更为广泛，不仅强调培养专业知识和科学研究能力，还强调培养从事实际工作的能力。1998 年通过的《中华人民共和国高等教育法》（2015 年、2018 年修订），第十六条指出"博士研究生教育应当使学生掌握本学科坚实宽广的基础理论、系统深入的专业知识、相应的技能和方法，具有独立从事本学科创造性科学研究工作和实际工作的能力"。2000 年教育部下发的《关于加强和改进研究生培养工作的几点意见》，也同时要求博士生具有主持较大型科研、技术开发项目，或解决和探索我国经济、社会发展问题的能力。隐含着高层次博士创新人才不能限定在学术部门，还应该适应其他行业的需求并掌握解决实际问题的能力。由此可得，我国博士生教育需要兼顾其他行业发展的高层次人才需求，而满足这种需求对于推动知识创新和转化应用、促进科学技术进步和提升国际竞争力具有重大意义。不过，2005 年教育部下发《关于实施研究生教育创新计划加强研究生创新能力培养进一步提高培养质量的若干意见》，进一步突出强调博士生科研创新能力的培养，激励和引导博士生做出对科学发展有重要影响的原创性学术研究或具有重要应用前景的重大工程或技术创新研究。

目前中国博士教育的总体思路是协调发展博士层次应用型人才与学术型人才培养。学术博士教育以提高创新能力为目标，专业学位博士教育以提升职业能力为导向。例如，2013 年教育部、国家发展改革委、财政部联合发布了《关于深化研究生教育改革的意见》，明确提出稳步发展博士专业学位研究生教育，创新人才培养模式，完善以提高创新能力为目标的学术学位研究生培养模式，建立以提升职业能力为导向的专业学位研究生培养模式；2013 年教育部、人力资源和社会保障部发布的《关于深入推进专业学位研究生培养模式改革的意见》，进一步提出要以职业需求为导向，以实践能力培养为重点，以产学结合为途径，建立与经济社会发展相适应，具有中国特色的专业学位研究生培养模式。

从政策文本的表述上，可以看出我国博士生教育正着力于优化结构、强化服务需求导向。但从实践上来看，学术型博士生教育占绝对支配地位，使得培养类型比较单一、培养要求偏于学术性、培养出来的博士毕业生在就业能力和社会实践经验等方面存在不足，抑制了各行各业用人单位对博士层次人才的需求。因为长期以来，我国博士生教育强调学术研究型人才的培养，相对忽视实践应用型人才的培养，但劳动力市场对后者的需求不断增加。如果不继续调整完善博士生教育目标和结构，无法满足各行业部门的高层次人才需求，也不利于博士毕业生实现充分就业。

（一）博士教育要关注和重视博士生的内在需求

处在学历塔尖上的博士生，具有较强的职业成就感，并对自己的职业发展有着明确的规划。从具体的职业定位来看，博士生的职业目标以科学研究人员为主，但具有多元化特征。除了成为科学研究人才，在高校科研结构从事学术研究之外，也有不少博士生想成为实用技术人才、企业经营管理人才等。可以说，博士生抱负、就业期望具有多元化趋势。因此，在就业偏好和实际就业多元化背景下，单一化的学术型博士生培养模式需要做出相应的调整和改进，以满足不同群体的多元化需求。例如，借鉴国际经验，加强产学研联合培养博士等。在创新驱动发展和研发投入增加的背景下，企业对应用型博士科技人才的需求将进一步增加。而随着高等教育规模渐趋稳定，高校科研机构的岗位将受到限制。适应经济社会发展需要，调整完善博士生培养模式，关注博士生各项技能的发展。不仅培养博士生在学术界就业的能力，也要培养他们在非学术界就业的能力，如团队合作、沟通能力、领导能力和科研成果的转化应用能力等。

### （二）博士教育要进一步满足经济社会发展的需要

博士（毕业）生对科技创新和经济社会发展具有直接的贡献。中国科学技术信息研究所的报告结果显示，我国科研产出规模和质量继续增长，发表在各学科最具影响力国际期刊上的论文数量连续第八年排在世界第 2 位。[①] 其中，很大部分成果是在读研究生（主要是博士生）参与完成的。例如，中国学位与研究生教育发展报告课题组 2004 年对部分高校导师的调查表明，有 93.6% 的博士生参与了导师的课题，博士生在课题中所承担的工作量在高校整体科研活动中占到 46.8%。[②] 通过 2000～2007 年期间加拿大魁北克省所有同行评审出版物的分析表明，博士生占该省出版物学术论文的 1/3 左右，尤其是自然科学和医学科学的博士生（Larivière，2012）。

尽管上文指出中国博士教育规模已经较大，但高校科研机构、企业等对博士研发人员的需求依然有较大空间。首先，我国研发人员中，高层次人才尤其是博士人才的占比较低。《中国科技统计年鉴》数据显示，2017 年，我国研发人员总数为 621.4 万人。其中，博士毕业的研发人员有 41.7 万人、硕士 92.0 万人、本科毕业生 271.2 万人。研究生学历的占到总数的 21.5%，其中博士毕业生仅占 6.7%（见表 8-1），与世界发达国家尚有一定的差距。其

---

① 资料来源于中国科学技术信息研究所"2018 年中国科技论文统计结果"。
② 中国学位与研究生教育课题组. 中国学位与研究生教育发展报告 [M]. 北京：高等教育出版社，2006：105.

次，我国高层次研发人员主要集中在高等学校和研发机构，企业界的高层次研发人员比例非常低。2017年研发人员有462.7万人分布在企业部门，占74.5%，但主要以本科毕业生为主，具有硕士及以上学位的比例仅为8.4%，具有博士学位的比例仅为0.9%。由此可见，尽管博士教育规模、博士研发人员的人数和比例不断增加，与高校、研发机构相比，我国企业界博士研发人才的储备极低。最后，即使是高校、研发机构中的研发人员，博士毕业生占比逐年增加，2017年分别为30.5%和17.7%，这个比例相比发达国家也不算高。未来一段时期，高校、研发结构以及企业对博士人才仍有较大的需求空间。

表 8-1　　　　　　　　　研发人员中的博士毕业生占比　　　　　　　　单位：%

| 类别 | 2009 年 | 2010 年 | 2011 年 | 2012 年 | 2013 年 | 2014 年 | 2015 年 | 2016 年 | 2017 年 |
|---|---|---|---|---|---|---|---|---|---|
| 总体 | 5.6 | 5.7 | 5.8 | 5.7 | 5.7 | 5.9 | 6.5 | 6.5 | 6.7 |
| 企业 | 1 | 1 | 1.1 | 1.1 | 1 | 0.9 | 1.1 | 0.9 | 0.9 |
| 其中：规上工业企业 | 0.9 | 0.9 | 1 | 1 | 0.9 | 0.8 | 0.9 | 1 | 0.9 |
| 研发机构 | 11 | 12.2 | 13.7 | 14.6 | 15.4 | 16 | 16.8 | 17.6 | 17.7 |
| 高校 | 22.6 | 21.7 | 22.8 | 24.2 | 25.1 | 26.6 | 27.5 | 29.1 | 30.5 |
| 其他 | 3.7 | 3.3 | 3.9 | 4.2 | 4.5 | 4.8 | 5.2 | 5.6 | 6.3 |

资料来源：历年《中国科技统计年鉴》。

综合以上分析，尽管博士教育规模扩张、就业出现多元化，但这并非是简单的"供过于求"。事实上，随着科技需求、研发投入的继续增长，社会对博士毕业生等高学历研发人员的需求将继续增加，并进一步推动研发人员规模和素质的提升。我们需要适度保持博士教育规模的同时，进一步重视博士毕业生的多元化需求和就业能力问题。

当然，我国博士生教育的目标定位不仅要考虑到经济社会发展需求的变化趋势，也要顾及我国当前的经济社会发展阶段和培养条件。目前我国社会各行各业都需要博士层次的创新人才，但追踪国际科技前沿和赶超科技创新水平，仍是我国博士生教育的当务之急。当前以及未来较长一段时期，我国博士生教育仍然是以培养具有创新性的学术型人才为主。考虑到进入工商业和政府部门工作的博士比例越来越高，现实的就业状况已经偏离了博士生教育的传统目标。因此，我国博士生教育的培养目标应超越传统的单一学术目标，兼顾博士学位获得者的学术性发展和职业性发展，除了培养从事学术职业的高层次学术人才，也培养在学术界外部就业的应用型研究人才。不过，从就业能力的视角，培养博士层次的应用型人才并非意味着简单的专业学位博士教育。就像第五章所讨论的那样，学术研究能力并不能完全满足学术职业的发展要求，因为当今时代的学术职业也需要通用能力素质，学术界外部的职业就更不用说了。从这个意义上说，学术型博士教育也要重视通用性的职业能力的培养。

## 二、博士生导师规模扩张滞后于博士教育扩张

提高博士教育质量是持续深化研究生培养机制改革的核心诉求。影响博士生培养质量的因素有很多，如教育及科研经费投入、培养机制和过程质量监管、学术氛围等，在诸多因素中，博士生指导教师毫无疑问是保证博士培养质量的关键因素之一。

在我国博士生招生规模快速扩大的过程中，博士生导师的数量也迅速增加（见图 8 - 1），并且呈现出明显的年轻化趋势。1981 年我国首次批准的博士生导师仅有 1155 人（其中年龄在 56 岁及以上的占到 87.1%），直到 1991 年全国也仅有博士生导师 2321 人。2017 年，我国博士生导师总规模增长到 20040 人（其中普通高等学校有 17142 人），相比 1991 年增长了8 倍。其中，年龄在 56 岁以上的占 35.9%，44～55 岁、45 岁及以下的博士生导师分别占 43.9% 和 20.2%。我国博士生导师队伍规模扩大和年轻化，主要得益于大批国内外博士学位获得者充实到高等学校教师队伍中。博士生导师队伍的规模扩张、水平提高和逐步年轻化成为我国博士生教育

持续发展的基本保证。

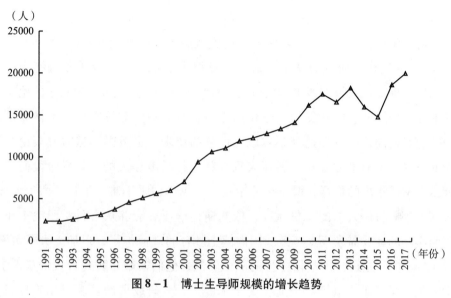

**图 8 - 1　博士生导师规模的增长趋势**

资料来源：根据历年《中国教育统计年鉴》整理。

　　不过，从博士生和导师规模的相对变化来看，生师比却出现了较大幅度的增长。《中国教育统计年鉴》数据表明，1991～2017 年，我国在校博士生规模从 14558 人扩大到 361997 人（其中学术学位 352437 人、专业学位 9560 人），增长了 24.9 倍；尽管同期博士生导师规模从 2321 人扩大到 20040 人，增长了 8.6 倍，博士生导师数量的增加明显滞后于博士生招生规模的扩大，生师比从 1991 年的 6.3 提高到了 2017 年 18.1。同时，我们也应该注意到，2017 年 40 岁及以下年龄段博士生导师所占比例仅有 8.9%。说明以正教授职称为前提的博士生导师遴选条件已经成为博士生导师队伍进一步年轻化和规模扩张的"瓶颈"。生师比的增加，难免会导致指导缺位、经费不足、学术训练质量降低等问题的出现，已经成为人们对博士生培养质量提出质疑的重要原因（程凤农，2014）。

### 三、学习和就业压力大，女博士就业更难

博士生在校期间需要学习掌握"坚实宽广的基础理论和系统深入的专门知识"，通过科学研究方法的训练，具备提出学术问题、分析和解答问题，最终做出创造性成果即博士学位论文。有时还要求公开发表一定数量的论文，才能通过中期考核或获得博士学位的答辩资格。即使对发表论文不做要求，但要想获得同行认可和达到学术就业市场的要求，也不得不努力发表论文。因此，博士生的学习经历、科研表现与就业是高度相关的。就现阶段而言，就像上文所指出的那样，博士毕业生找一份工作似乎不难。不过，由于大部分博士生对科研人员的身份认同，依然期望毕业后能够从事科学研究工作，但与实际的就业需求不太一致。国内博士教育的规模扩张，再加上大量留学博士的回归，这已经影响博士生的职业前景，他们很难在研究型大学获得学术职位。学术职业市场对毕业生的学术能力、科研成果的要求也越来越高。因此，调查发现，学习科研和就业压力是博士生最苦恼的事情。其中，日常学习生活中，接近2/3的博士生选择学习科研为第一位最苦恼的事情①，最苦恼的事情排第二位的则是就业压力（见表8-2）。此外，博士生在经济、恋爱或婚姻、家庭等方面也面临一定的压力。

表8-2 博士生日常最苦恼的事情 单位：%

| 类别 | 第一位 | 第二位 |
| --- | --- | --- |
| 学习科研 | 65.81 | 15.82 |
| 就业压力 | 16.11 | 26.26 |
| 恋爱或婚姻 | 6.33 | 16.67 |

---

① 调查时点前一天博士生学习/科研时间约6.5小时，平均比本科生多1.3小时，比硕士生多1.7小时。博士生一天的睡眠时间都不足8小时（包括午休），休闲娱乐（如打牌、看片、逛街、聊天等）时间平均为2.20小时，做家务（包括洗衣、打扫、收拾房间等）大约1小时。

续表

| 类别 | 第一位 | 第二位 |
|------|--------|--------|
| 经济压力 | 4.37 | 17.00 |
| 家人健康 | 2.86 | 7.74 |
| 人际关系 | 1.20 | 5.39 |
| 身体健康 | 1.20 | 5.89 |
| 生活空虚 | 0.90 | 2.86 |
| 身材相貌 | 0.45 | 2.02 |
| 其他 | 0.75 | 0.34 |

资料来源：卿石松．博士生就业问题调查及对策分析［J］．学位与研究生教育，2017（1）：43－49。

需要指出的是，博士生在学习科研和就业方面的精神压力，并不仅是某个国家的特例，而是各个国家都存在的普遍问题。《自然》杂志对全球5700多名博士生的调查结果表明，超过25%的博士生关心他们的心理健康，其中有45%的人（12%的被调查者）因心理焦虑或抑郁寻求过专业机构的帮助（Woolston，2017）。事实上，攻读博士学位对于大多数人，是一条充满艰辛和挑战的道路。他们会迷茫和发现压力很大，不确定自己的未来，担心是否能够取得原创性成果，是否能够顺利毕业并获得博士学位。也不确定博士学位的价值，不知道自己的努力是否会为他们带来一份令人满意的职业（一般是学术职业）和取得事业的成功。

在此基础上，构建一个衡量就业压力的指标，不管是第一位还是第二位，只要汇报存在就业压力，定义为1，如果第一位和第二位都没有选择就业压力则为0。从表8－3可以看出，尽管博士生的就业压力小于硕士生和本科生，但依然有40%的博士生存在就业压力。博士生就业压力较大，一方面，是因为，随着国内博士教育规模扩张且学术岗位增长有限，博士生就业偏好与实际需求之间的结构性矛盾更加突出；另一方面，是在高校创建国际一流和国家海外人才战略下，高校师资需求优先指向海外博士，"海归"纷纷回国就业，进一步挤压了国内博士的就业空间。

表8-3　　　　　　　　　　为就业压力而苦恼的样本占比　　　　　　　　单位：%

| 分类 | 总体 | 男 | 女 |
| --- | --- | --- | --- |
| 本科生 | 38.13 | 40.95 | 35.38 |
| 硕士生 | 57.18 | 56.28 | 58.03 |
| 博士生 | 39.52 | 39.98 | 40.13 |

资料来源：卿石松. 博士生就业问题调查及对策分析［J］. 学位与研究生教育，2017（1）：43-49。

　　同时，因为性别歧视，特别是社会上针对"女博士"的偏见，女博士生的就业压力更大。如表8-4所示，在有求职经历（包括兼职工作）的被调查者中，接近36%的女博士生明确表示存在因性别原因而被拒绝录用的经历。与本科生和硕士生相比，博士生还面临年龄已经相对较大的问题，女博士一毕业就可能结婚生子，用人单位会考虑这些额外因素，博士生就业可能存在更为严重的性别差异。从实际就业结果来看，以教育部使用的年终落实率为标准，尽管女性博士毕业生的就业落实率与男性博士毕业生没有显著差异，但女博士获得工作机会所需时间长于男博士（金蕾莅和刘新益，2011）。

表8-4　　　　在找工作的过程中是否有因性别原因而被拒绝录用的经历　　　单位：%

| 性别 | 没有 | 有 | 不确定 |
| --- | --- | --- | --- |
| 男（$N=247$） | 87.04 | 4.45 | 8.50 |
| 女（$N=235$） | 42.13 | 35.74 | 22.13 |
| 总计（$N=481$） | 65.15 | 19.71 | 15.15 |

资料来源：卿石松. 博士生就业问题调查及对策分析［J］. 学位与研究生教育，2017（1）：43-49。

## 四、博士生就业能力有待进一步拓展提高

　　博士生在校期间，通过专业基础课、研究方法课程的学习，以及参与导

师的课题、发表论文等，科学研究能力能够得到提升。不过，随着知识生产方式和科技需求的转变，科学研究工作对博士毕业生提出新的能力要求。同时，随着供需结构和就业市场环境变化，尽管科学研究能力依然是重心，但通用能力的要求也越来越高。也即是说，除了专业基础知识和科研创新能力，博士生其他方面的综合能力在就业市场特别是非学术领域具有至关重要的作用。表8-5博士生能力素质的自我评估结果表明，整体来看，博士生各项能力素质的平均得分都低于3.9分（满分为5分）。其中，得分相对较高的是团队合作能力、心理承受能力和抗挫折能力。如果把所有的能力素质合成就业能力指数（$\alpha = 0.83$），结果发现博士生平均的就业能力为3.54。尽管严格来说，博士生、硕士生和本科生自我评估的能力无法直接比较，但大致的对比可以发现，博士生在专业基础知识、创新能力、团队合作能力和书面表达能力等方面的得分相比本科生和硕士生要高，而抗挫折能力、人际交往能力得分相对较低。方差分析的结果也表明，博士生综合的就业能力高于本科生和硕士生，但从实际的数字来看，博士生就业能力与本科生、硕士生的差距并不明显。

表8-5　　　　　博士生、硕士生和本科生对就业能力的自我评估

| 分类 | 专业基础知识 | 实践/操作能力 | 创新能力 | 心理承受能力 | 团队合作能力 | 组织协调能力 | 交流沟通能力 | 人际交往能力 | 书面表达能力 | 抗挫折能力 |
|---|---|---|---|---|---|---|---|---|---|---|
| 本科生 | 3.17 | 3.36 | 3.12 | 3.79 | 3.76 | 3.55 | 3.60 | 3.58 | 3.39 | 3.75 |
| 硕士生 | 3.32 | 3.38 | 3.14 | 3.67 | 3.77 | 3.59 | 3.66 | 3.59 | 3.48 | 3.68 |
| 博士生 | 3.48 | 3.49 | 3.36 | 3.67 | 3.84 | 3.63 | 3.65 | 3.55 | 3.63 | 3.67 |
| 总计 | 3.26 | 3.38 | 3.16 | 3.73 | 3.78 | 3.57 | 3.62 | 3.58 | 3.45 | 3.72 |

资料来源：卿石松. 博士生就业问题调查及对策分析［J］. 学位与研究生教育，2017（1）：43-49。

上文的分析表明，博士生作为高层次专门人才，不仅应该具备良好学科基础知识和专业素质，还必须掌握通用的沟通能力、解决实际问题的能力和

人际交往能力等。然而，专业化教育导致博士生素质过于狭窄，博士生培养已偏离就业市场的需求。因为高校研究生院等培养机构在博士生培养过程中过分关注学术水平和专业能力的提高，忽视了就业多元化趋势和环境的变革，对博士生求职以及工作中所需要的方法、技巧和能力缺乏应有的重视，以致培养出来的部分博士生缺少必备的技能，难以适应就业市场的需求和竞争压力。

知识经济时代，科学研究不再仅限于学术界，几乎已渗透到所有工作和生活领域。在此背景下，博士毕业生的学术研究能力依然非常重要，因为即使进入产业部门就业，也很大可能从事研究工作。然而，以不变应万变的"一刀切"的学术型博士培养模式，认为只要为学术职业做好准备就万事俱备的观点显然不再成立。

## 第三节　博士教育转型发展的国际经验与启示

博士教育在过去几十年经历了深刻的变革，包括对博士教育的期望、目标、招生选拔和培养过程的改变（刘亚敏和胡甲刚，2010；沈文钦和王东芳，2010；王传毅和赵世奎，2017）。导致博士教育变革的主要推动因素是经济社会发展的需求及国家政策。在不断变革和探索下，博士教育目标和功能得到优化拓展，在博士教育的结果（学位和论文）之外，更为强调博士教育的过程。就前者而言，其与所谓的知识经济相关，主张强化博士毕业生就业能力与劳动力市场需求的关联性。对于后者，讨论的重点是提倡博士教育过程的连贯性、透明度和结构化。

博士教育是培养高素质创新人才的重要途径。"双一流"建设背景下，我国博士教育改革已逐步进入攻坚克难阶段，博士人才的培养理念、规模结构和质量保障等问题仍亟待探讨。世界主要发达国家的博士教育变革趋势和良好做法可以提供借鉴和参考。本节主要以欧洲、美国、澳大利亚等博士生教育大国为例，分析20世纪90年代以来博士生教育目标的调整完善，以便将博士生教育目标定位与功能调整纳入一个更为开阔的国际视野和比较分析的基础之上。

## 一、重新思考和调整博士教育的目标与方式

博士毕业生越来越多在学术界外部就业的趋势宣告了德国洪堡模式的消亡。传统的博士生教育目标无法适应知识经济社会发展的多元化需求，遭到的批评主要有：博士生教育的研究领域太过狭窄和过于专门化，主要以学科为培养单位但缺乏跨学科和多学科培养，不重视培养学生广泛而必要的通用能力，合作研究能力不足，博士生没有为学术界外部就业及教学做好准备等。讨论的焦点是，如果改变传统学术特征的博士培养模式可能会增加对产业部门的流动性，但也担心从长远来看会破坏高等教育的学术质量。然而事实上，大学已经开始在这场辩论中承担责任，积极拓展博士培训的范围，除了科学知识和研究能力之外，发展可转移技能或通用能力。在知识经济背景下，对博士教育的关注已经从"产品"（学位论文）转变为对博士教育和培训的过程（结构、内容和质量）。这种转变必然涉及博士教育目标和教育机构如何实施新目标的讨论（Gilbert et al., 2004; Kendall, 2002; Mowbray & Halse, 2010）。

美国是研究生教育领域强有力的领导者。面对传统博士教育的批评，美国学术界对此做出积极回应，并对博士生教育的本质和目标展开了充分的讨论和探索，提出了一系列旨在提高博士毕业生就业能力的计划和项目。其中较有影响力的变革举措和项目有（Cuthbert & Molla, 2015）：美国国家科学基金委员会的"研究生教育与研究训练综合项目"（IGERT）、美国研究生院理事会的"面向未来培养师资/专业人员计划"（Preparing the Future Faculty/Preparing the Future Professional）、卡耐基教学促进基金会的"卡耐基博士倡议"（The Carnegie Initiative on the Doctorate）、伍德罗威尔逊国家奖学金基金会的"响应性博士学位"（The Responsive PhD），以及"复合型博士计划"（The Versatile PhD）。这些项目针对不同的批评意见，或是从不同的角度提出

相关改进建议。其中，IGERT 计划是最全面的方法，旨在解决所有的批评，并通过一个真正的创新方法来改变博士教育（Nerad，2004）。主要目标是改变资金投入方式、跨学科培养博士，同时以学科为基础和以问题为基础培养博士、博士项目的多样性、为博士毕业生提供学术界外部就业机会，并提供更广泛的技能培训。这些措施对博士教育的变革和创新产生深远的影响，促进了博士教育的灵活性、多样性。

几乎在同时期，英国、欧洲大陆、澳大利亚等博士教育大国和地区，也发起了重新审视博士生教育目标的一系列行动计划。例如，英国的"罗伯茨报告"（Roberts，2002）以及 2003 年"博洛尼亚进程"提出"必须建立起高质量的、透明度高的、具有职业竞争力和流动性的博士教育模式，以培养一定数量的研究型人才"，都促成了欧洲博士教育的转变，即从传统的洪堡模式向所谓的职业模式转变（Enders，2005）。博士教育的显著变化就是从欧洲的学徒制模式逐步转变为北美的结构化模式，以及博士项目的多元化。无论是对用人单位所需能力的关注，还是对博士培养质量的关切，两者的共同点在于，博士生培养改革都以未来学术或非学术的职业能力素质需求为出发点，故而围绕市场需求构建博士生能力素质标准是博士生教育目标和内涵调整的重要依据。

在影响博士教育变革的宏观政策当中，与人力资本相关的话语及其与知识经济的追求是核心要点。按照人力资本和新增长理论，劳动力是不可或缺的"生产要素"和价值创造者，在博士教育过程中所发展形成的人力资本是稀缺的要素。正如学者所观察到的那样，博士人才占据知识生产的中心位置，影响着获得和维持国家声望和/或商业或非商业领域的竞争优势（Neumann & Tan，2011）。特别是，自 20 世纪 80 年代中期以来经济全球化继续推动科技创新，对研究人员参与知识创造和创新的需求达到前所未有的高度。在这种情况下，博士毕业生通过拥有最高学位来体现高深专业知识是远远不够的，更需要能够在不同职业和环境中转移和应用这些技能和知识。此外，博士生同时接受学术和教学培训，以平衡未来学术职业的教学和研究需要，而传统模式更关注研究训练。

## 二、从学术职业转向多样化的职业需求

正如前文所指出的那样，虽然博士学位一度被认为是为学术职位做准备，但在国际上，超过一半的毕业生选择或因缺乏机会而被迫离开高等教育部门。以往作为学术职业准入资格的博士教育，已经转变为要求具备更广泛的就业能力，以便适合并应用于不同的就业领域。虽然博士毕业生就业去向的多元化已经不是一个特别新的论据，但对于决策者来说，尤其是随着毕业生人数的增加和就业模式的转变，这一现象变得更加具有可预见性。鉴于此，博士教育需要新的模式，从而可以同等重要的为非学术就业或职业发展做好准备（Edge，2015；OECD，2012）。

为了回应社会需求和政策制定者的重视，英国最早发生博士教育模式的转变。早在 1993 年就发表了科学技术白皮书《发掘我们的潜力：科学、工程和技术的战略》，为了从根本上改善科学研究与工业部门缺乏联系的不利局面，指出传统上博士生教育的目标难以满足学术研究和工业实验室之外其他职业发展的高层次人才需求。基于这种需求，教育机构开始关注博士生教育过于狭窄的职业目标问题，并积极发展多种形式的博士学位教育，以满足社会不同部门对高级专门人才的需求。同样的，在德国、美国、澳大利亚等国家，也纷纷引入新的博士培养模式，旨在提高博士教育对工作场所技能需求的反应能力，提供可转移/通用技能培养，解决博士毕业生就业能力不足问题。

20 世纪 90 年代以来，博士生教育的供给开始出现多样化的趋势。在欧洲地区，除了传统的学术研究型博士（research doctorate）之外，还相继涌现出专业博士（professional doctorate）、课程博士（taught doctorate）、论文博士（PhD by published work）、新路线博士（newroute doctorate）、实践博士（practice-based doctorate）、跨学校的联合培养博士（joint doctorate）、产业博士（industrial doctorate）等多种形式的新型博士学位（Bao et al.，2016）。澳大利亚甚至走得更远，包括校企合作、产学研联合培养博士等。在所有这些新兴博士学位中，规模最大、发展速度最快的是专业博士学位。尽管学术博

士仍然是博士学位的主要形式，但这些新型的博士项目已发展成为高等教育综合发展趋势的重要组成部分。这种趋势增加了博士学位的多样化，强化研究者和实践者之间，以及理论和实践之间的联系。然而，博士项目的多样化趋势也引起了学术界对弱化传统学术目标的担忧和讨论。但也有研究者认为，博士项目的多样化并不会带来传统的学术目标的崩塌。恰恰相反，多样化能够更好地满足个人和社会的实际需求，是避免规模扩张情境下博士生教育质量缺陷的有效举措。

世界主要国家博士生教育的发展趋势表明，在全球化和知识经济时代，培养未来的研究人员或学者仍然是博士生教育的主要目标，但博士生教育更重要的是为知识生产者或研究人员提供能力训练，使其成为提高国家和区域知识生产能力的发动机。随着规模扩张与就业趋势的多元化，作为曾经的学术精英的学术型博士，越来越成为一种涉及更广泛领域的复合型高级人才。博士生教育变革的重要特征之一，就是为各行各业如学术机构、政府、企业或非营利性组织的人才需求提供准备。

## 三、从科研能力转向需求导向的就业能力

由于在产业部门就业的博士毕业生越来越多，各国政府和相关学术组织开始呼吁拓宽博士生教育的课程覆盖面，提高博士毕业生适应不同劳动力市场需求的能力。博士生教育目标的认识由单纯的知识生产和知识创造转移到了为博士就业和职业发展做准备。学术界以外的雇主迫切需要博士毕业生具有与科研能力相关的通用技能。而博士教育目标过于狭隘是批评的焦点，这导致了定期的呼吁，不仅要重新建构博士学位的目标（不仅仅是对知识的贡献），而且要扩大研究培训等支持活动的范围和内容。在培训内容方面，传统模式强调高深的学科和/或跨学科的专业知识。而在新的模式中，它只是众多就业能力当中的一个重要维度。因此，在博士期间必须掌握一系列技能和知识，这些技能不仅具有市场价值，而且能够在必要时进行更新、适应和替换。

这种推理是由博士教育规模扩张、高等教育体系结构的变化以及日益不稳定的职业发展路径共同推动的（Mcalpine & Emmioğlu，2015）。这些观点之所以具有针对性，是因为人们的注意力不仅集中在博士毕业生的就业去向，而且涉及高等教育机构在促进毕业生职业发展当中所起的作用上。从而认为有必要在博士教育政策和实践中融入"就业能力"的培养。例如，英国第三方机构（Vitae）建构一个包括四个维度的"研究人员发展框架"（RDF）（每个维度又细分为三个子维度），学科知识和研究能力嵌入在该框架之中（Vitae，2011）。

英国、美国、德国、澳大利亚等国家最早认识到博士生技能拓展的紧迫性，针对博士教育质量和结构进行反思，在博士教育过程中提高通用性就业能力的培养力度。例如，英国研究理事会的联合技能声明（Research Councils，2001）和罗伯茨报告（Roberts，2002），都明确提出博士毕业生技能清单，并认为这些技能的培养应成为博士教育的组成部分。自此之后，英国高等教育机构一直在共同努力，加强博士生就业能力培训，以便更好地为博士毕业生在企业、公共部门以及学术界就业做好准备。这就要求研究生院或其他实体单位，采用更结构化的范式对博士生进行研究训练，并传授可迁移技能（Hodge et al.，2011）。

欧盟委员会、欧洲大学协会和欧洲科学基金会等跨地区或国际组织，通过如"博洛尼亚进程"和"萨尔茨堡原则"，也推动并促进了更广泛的技能培养的必要性。"萨尔茨堡原则"（2005 年）建议技能培训应成为所有博士教育的一个组成部分，以满足"全球劳动力市场的挑战和需求"，并要求高等教育机构承担实施这一目标的责任。① 欧盟于 2008 年成立了博士教育理事会（CDE），提出采用如"萨尔茨堡建议Ⅱ"所述的结构化技能培训方法，以改进欧洲博士教育质量（EUA，2010）。

---

① European Commission. Report of Mapping Exercise on Doctoral Training in Europe：Towards a Common Approach［R］. European Commission Brussels, 2011.

## 四、改进博士生专业化管理和服务

调整完善博士教育目标之外，改变博士生组织管理方式也是重要的变革内容。在"萨尔茨堡建议"和"博洛尼亚进程"的推动下，建立专业化的博士生院（doctoral schools）已成为欧洲范围内的普遍现象。博士生院与以往的研究生院不同，具有专业化、非行政化的特征。它一般依据研究领域设置，因而一所大学可以拥有多所博士生院，而一所博士生院也可以横跨多所高等教育机构的相近专业。其目的是改变博士生的组织管理，建立专业化培养和管理平台，增加招生的透明度，加强对博士的指导及过程的监督，以便为博士研究生提供专业的学术培训、跨学科跨机构学术交流机会、就业能力培养，并寻找与当地政府和工商企业合作的机会，为博士生的研究和就业提供"一站式"服务等。

"专业化管理"不仅确保欧洲大学能够有效应对博士人口的增加，同时还不断提高博士生培养质量。调查发现，2007 年有 29% 的欧洲大学拥有博士生院，2009 年增加到 65%，2011 年增加到 82%。在最新的调查中，博士生院的高校已经达到 85%。同时，超过 2/3（68%）的高校为博士候选人提供职业发展服务，89% 的高校提供可转移技能培训（Hasgall et al.，2019）。博士生院通过专业化组织，为博士生提供系统化、结构化的培训，并将博士教育纳入更正式的框架，确保了博士教育的质量。同时，博士生院在与行业合作发展博士培训方面也取得了长足进展，强化了学术界与行业部门的联系。

综上所述，从世界主要发达国家博士生教育目标的演变历程与趋势可以看出，博士生教育目标的定位与社会经济发展的联系越来越紧密，博士生教育目标的确定以经济社会发展需求为导向的特征也越来越明显。总体来说，博士生教育出现四个较为明显的改革发展趋势：首先，在职业取向上，逐渐从学术职业转向非学术劳动力市场上的多元化职业，博士生教育越来越受到博士多元化职业发展的需求所驱动，博士生教育日益重视博士毕业生适应不同劳动力市场需求的能力；其次，在能力培养上，学术研究能力仍是最基本的培养目标，但沟通表达、团队合作等通用能力的培养越来越重视；再次，培养模式上，学术型博士生仍然是大多数国家的主要培养模式和学位类型，但专业学位博士等新型培养模式日益崛起；最后，博士生招生、组织和服务管理更加透明化、专业化。

# 第四节　促进博士生就业与能力提升的对策建议

目前，关于博士教育和就业能力的讨论，一致认为可以通过对博士生进行更好或更"相关"的就业能力培训来"修复"或完善博士教育。如何帮助博士毕业生"成功"地发展成为（更好的）专业人士，仍然是正在研究之中的一个难以回答的问题。不仅是因为博士教育目标仍处于讨论和发展变化之中，而且对这些发展和变革过程的有效反思和共识也是不充分的。不过，讨论和改进博士生教育以及提升就业能力不能仅仅停留在博士生和教育机构内部。解决博士毕业生就业能力不足和技能不匹配问题，我们可以确定至少涉及教育机构、博士生和导师、市场需求方（雇主）等利益相关者。提升博士毕业生就业能力，需要发挥各自的功能，以便使得博士学位获得者适应学术职业、全球性知识经济和社会环境的不断变化。也就是说，大学、博士生、雇主等利益相关者之间加强合作，会使博士毕业生就业能力培养和就业准备得到更好地解决。

## 一、调整博士教育目标，完善招生—培养模式

随着知识生产模式的转型和博士就业去向的多元化，博士生教育目标的调整越来越需要考虑到用人单位和博士生个人的职业发展需求。世界范围内，博士学位的数量都在迅速增加，远远超过高等教育系统的吸收能力，但产业部门对高技术人才的需求也在不断增加。目前，美国和西欧等地区，产业部门雇佣了大量的博士人才，其他地区可能相对较少。但中国也非常重视科技

创新并鼓励学术人员在岗或离岗进行创新创业，在未来几十年内也可能迎头赶上发达国家。目前博士研究人员从学术界流动到产业部门，这种形式的知识转移尚未充分发挥其潜力，可能是由于博士学位的性质和博士教育依然以学术为目标。虽然博士教育项目不是为了满足劳动力市场的技能需求而设计的，但是弥合雇主的需求与博士毕业生之间的能力差距，将为博士毕业生和整个研究体系带来双赢局面。

传统观点认为，博士生可以从他们的导师那里学到他们所需要的知识和能力。然而，这种观点不再被认为是有效的，并且并非所有攻读博士学位的人都希望从事学术职业。正因为博士生入学动机、就业偏好等存在差异，博士生招生和培养应该结合博士生的动机来统筹设置（Horta，2018）。因此，首先有必要建立一个有效的博士生招生机制，以确保他们在博士培养中的质量和成功，包括信息的透明化，以追求学生和博士教育之间的良好匹配，并阐明通过博士教育能够获得的能力清单及其对未来职业成就的影响。其次，高等教育机构需要细分不同模式的博士教育目标，并根据不同学生群体的期望，调整博士培训内容以便提供满足博士生期望的培训。具体而言，需要顺应趋势变化开展博士生教育改革，统筹学术型及专业型博士生招生，完善博士生多层次能力培养，发挥高层次博士人才对社会各行各业的整体性作用。

目前学术身份固化及单一学术型培养模式难以适应博士生就业环境的变化。在知识经济和全球化背景下，博士教育因其对专业工作的狭隘定义而受到批评，主要问题是博士生在学习和就业过程中遇到的问题，表现为能力缺乏，学术职业前景不明，学习经历与工作需求不匹配，缺乏来自导师和院系的高质量指导和支持，缺乏提高教学技能的机会，资金支持不足和毕业要求不灵活等（Baker & Pifer，2013；Neumann & Tan，2011）。博士生应在学校进行基于职业的技能培训，如解决实际问题，领导和团队合作等。

鉴于此，需要加快推进博士生培养模式改革，坚持以全面提升能力为核心。一是以提高人才选拔质量为目标，进一步完善"申请—考核制"招生制度，促进"申请—考核制"、硕博连读、直接攻博等方式的融合发展，从有志于学术研究的优秀本科生中直接选拔人才进入博士教育阶段。增加院系和导师自主权利，注重对学生学术志趣、专业素养、研究能力和创新潜质的综合评价。二是以提高就业能力为重点，持续深化研究生培养机制和模式改革，着力培养创新型、复合型高端人才。要以提高研究能力为目标，统筹安排硕士和博士培养阶段。当前本科、硕士和博士教育存在脱节问题，再加上本科教育质量参差不齐，研究生教育中存在硕士阶段上本科课程、博士阶段上硕士课程的问题。需要统筹安排，加强课程条块化、结构化体系建设，把培养目标和就业能力要求作为课程体系设计的根本依据，强化课程的前沿性、系统性、实用性，整体优化课程体系。三是大力发展专业博士学位及其他新型博士教育，实现博士层次应用型人才与学术型人才培养协调发展。首先，明确专业博士教育的目标定位，加强顶层设计，统筹类别设置，完善专业博士学位培养模式；其次，大力推动博士教育与职业资格的有机衔接，引导和鼓励行业企业全方位参与人才培养，充分发挥行业和专业组织在培养标准制定、教学内容等方面的指导作用，加强联合培养基地建设，强化产学结合和双师指导，建立以提升就业能力为导向的培养模式。四是推进联合培养博士，进一步加强高等学校与科研院所和行业企业的战略合作，鼓励校所、校企联合建立博士生院，建设专业化的博士创新人才培养平台，完善校所、校企协同创新和联合培养机制。从而使得博士生教育发展能够与社会经济发展目标、国家发展战略及国家创新体系对人才的需求相结合，并对科研创新能力及科研成果产出做出积极贡献。

## 二、提高博士教育和博士生经费资助

鉴于全球知识驱动的加速竞争，博士学位的资助对政策制定者来说也是一个关键问题。萨尔茨堡关于博士教育的原则强调，适当的资助水平是博士质量的关键（EUA，2010）。许多美国大学为他们的博士生提供连续几年的奖学金资助，欧洲大学协会也强调了对博士教育提供良好资助的需求。这些政策建议得到经验研究证据的支持，因为提高对博士生的经费资助有助于他

们按期顺利毕业并获得学术职位（Caparrós-Ruiz，2019）。同时，霍塔等
（Horta et al.，2018）利用葡萄牙博士学位研究人员的代表性样本，发现在博
士期间由奖学金资助的博士毕业生的研究绩效（论文发表数量和引用率）优
于自费生。而且还发现不同的博士资助来源会产生不同的效果。与研究项目
拨款相比，奖学金对博士期间和整个职业生涯中的研究绩效的影响更大。

因此，在增强经费保障的同时，需要完善多元化投入机制，并提高经费
投入的效益。健全以政府投入为主，利益共同体合理分担成本、培养单位
多渠道筹集经费的博士生教育投入机制，鼓励重大科研项目经费与博士研
究生招生培养有机衔接，引导和鼓励行业企业全方位参与博士人才培养，
以多元投入增强博士教育活力和竞争力，促进博士生教育高质量和就业能
力的持续发展。同时，政府教育和财政部门要加强对博士教育绩效评估和
监管。近几十年来，随着博士教育的扩张和多元化，博士教育受到了各国
政府越来越严格的审查以及雇主越来越多的要求。主要措施是加强了对博
士教育的监管，提高透明度和问责制，制定政策和战略以提高博士生培养
质量。

## 三、大力实施博士生导师培训与专业发展计划

导师对于学生是否能够顺利毕业以及博士教育质量起着关键作用。尽管
博士生培养模式从传统的学徒模式转向更广泛的结构化课程培养模式，但导
师仍然是博士生培养质量的关键。导师是博士生学术甚至生活上的领路人，
对博士生的能力素质提升和职业发展都有可能产生重大影响。

然而，博士教育目标和博士生的多样性可能给导师带来新的挑战：一方
面，博士教育应该加强学术训练以彻底提高博士生的研究能力；另一方面，
要求博士毕业生拥有一系列通用能力，这将使得他们做好在产业界就业的准
备。即使是指导经验非常丰富的导师，也难以满足这些竞争性和多元化的目
标。因为导师也缺乏学术界外部就业的经验及相应的技能，因此无法为博士
生提供足够的、及时有效的职业支持（Parker-Jenkins，2018）。事实上，为了

成功培养后备人才或新手研究人员，后洪堡博士学位的转变已经从根本上扩展了导师所需的知识、理解和技能。在这个日益复杂的学术环境中，依靠导师自己的指导经验是不够的，许多大学已经引入了培训和发展计划来解决这一不足。当然，这些培训计划既受到政府有关博士教育政策的规定和推动，也是建立和提升研究能力的现实需求所决定的。

政府和越来越多的高校为博士生导师提供高质量的持续的专业发展机会。例如，"欧洲研究人员宪章"规定，所有职业阶段的研究人员都应该通过各种手段（包括但不限于正式培训，研讨会，会议和在线学习）定期更新和扩展技能来不断提高自己。[①]同样，欧洲、英国、澳大利亚和新西兰的大学已经为博士生导师推出了正式的，通常是强制性的专业发展计划。最近的研究表明，这些培训和发展计划确实对博士生导师的指导实践产生了积极的长期影响（Mcculloch & Loeser，2016）。

除了教育机构（政府和高校）组织的正规培训之外，导师指导实践中产生的经验知识也很重要。因此，导师培训除了关注研究指导工作合理合规、知识和技能提升方面，反思性实践以及研究指导中的人际和情感因素也成为近年来关注的重点。博士生导师的指导工作深深植根于当代高等教育政策和大学工作场所的社会与政治环境中，不断变化的条件重塑了导师指导博士生的经验，以及博士生指导实践过程中所产生的知识的本质特征。因为博士生指导涉及复杂的与工作环境相关的知识、能力、品格的学习与实践。博士指导是主体性和身份认同的形成过程，即"成为导师"和学会"做"导师（Halse，2011）。在长期的实践中，博士生导师积累了非常实用的知识和经验，不断反思、创新和提炼新的方式方法。因此，需要提倡导师主导的学习和专业发展计划，鼓励他们对实践过程中产生的有价值和有意义的，关于如何"做"导师的知识和经验进行编码和传播。因此，叙事、案例分析、写作，戏剧和角色扮演等新的方法在博士生导师专业培训与发展计划中得以广泛应用。

---

① 参见欧盟委员会 The European Charter for Researchers，https：//euraxess. ec. europa. eu/jobs/charter/european-charter，12/12/2017。

中国近年来博士生规模和导师人数都大幅增加，但目前的导师尤其是优秀导师仍然是相对不足的。导致此结果的原因主要有两个：一是因为博士生增长速度相对更快，且倾向于高水平研究型大学的知名导师，使得供给不足和供需不匹配；二是因为大学的大多数博士生导师一般以"正教授"为资格条件，限制了年轻的优秀教师成为博士生导师，而使得博士生导师人数有限。因此，在博士教育模式不断变革，市场需求压力增大的背景下，为了提高博士生培养质量和提升博士生就业能力，需要大力实行博士生导师选拔机制改革，并提供培训与专业发展计划。一是改革博士生导师遴选机制，取消职称的硬性规定，甚至可以取消评审机制，改由博士生自主选择。只要有博士生选择，就自动成为导师并上岗指导博士生。二是为了控制博士教育的指导模式和质量，提高博士培养质量，需要重视发挥导师团队作用，并引入导师培训和专业发展计划。这些培训和发展计划包括为新上岗导师提供的入职培训，对博士生导师提供的技能更新或维持博士生导师资质的培训发展，以及更广泛意义上的博士生导师专业发展和提升计划。主要内容以阐明指导博士生的要求为框架，同时，除了关注发展博士生导师的技能和能力之外，博士生导师专业发展计划需要辅之以博士教育目标和意图方面的培训，这对于博士教育和导师的专业发展都具有重要意义。这不仅帮助优秀科研人员"成为导师"，更有助于他们如何"做导师"，因为指导学生和处理师生关系也是一门学问，不是学术水平越高指导能力就越强。通过导师意识的改变，责任感和能力的提升，形成有效的指导方式，建立良好的师生合作关系等，最终实现博士教育质量和博士生能力的提升。

## 四、提供求职指导，帮助博士生做好职业准备

传统上，博士教育模式提供了"学徒"经验，学生与导师密切合作，养成必要的技能并为学术职业做好充分的准备，且其中大部分博士毕业生都遵循了这条职业道路。然而当今时代，由于市场需求和供给侧的整体结构变化，大学和研究机构的学术招聘尤其是国内博士学术招聘逐渐收缩，博士毕业生

进入学术职业的拥挤程度不断上升，新生代博士毕业生不得不从事与博士学位期间获得的技能和能力不相关的职业。博士教育应该包含一系列技能和经验，以帮助他们为各种职业做好准备。

首先，博士生需要做好自我评估和充分的准备。攻读博士学位不仅仅是本科或硕士学位课程的延伸，实际上它与高等教育的其他阶段有着本质差异。一是在迈入博士教育阶段前，应对自己的动机、目标和抱负，职业期望做好自我评估；二是进入博士阶段后，要与导师或资深教授及早和频繁的就自己的目标、预期、学习过程进行讨论和商量，以便更好地了解职业机会，并在博士生早期阶段做好职业生涯规划。无论是否决心要从事学术职业，了解并考虑制定备选计划是明智的，或者认真考虑学术职业是否真的适合自己。把其他替代性职业也作为潜在的考虑范围，如产业部门的研究工作、智库或咨询机构等商业性研究工作、政府部门的研究管理工作、应用型本科或职业学校的教学工作，以及大学里的非学术工作（如实验技术人员、辅导员等），拓宽就业渠道；三是充分利用校内外资源，提升就业能力。积极争取和利用演讲、教学、人际交往、论文写作发表等技能训练的机会并投入其中，并在整个学习研究过程中与学术界以外的各种利益相关者保持接触，促进专业发展的同时也提高未来的职业前景。

其次，大学或博士教育机构的职业指导服务对于博士生职业规划和准备具有重要作用。一是在招生阶段，学校应该对博士教育的目标、期望、资格要求，以及预期的结果有清晰明确的介绍，以便博士生能够依据这些信息进行准确的评估。二是为博士生量身定制的职业规划指导和支持，为他们提供各种职业选择机会。如曼彻斯特大学为博士生提供职业咨询指导，具体包括提供学术职业的有关信息，如何在学术界内外寻找工作，如何制作学术简历和提出申请，以及面试和评估的详细信息。[①] 国内部分高校也开始关注博士生就业服务，例如，北京大学国际关系学院举办博士研究生就业分享会，邀请六位不同就业去向的博士生分享他们的学习规划、论文写作及择业就业等

---

① 参见 http：//www.academiccareer.manchester.ac.uk/foryou/phd/。

方面的心得体会。① 天津大学于 2017 年启动"博闻计划"，通过自我探索工作坊、综合素养提升训练营、博士生职场沙龙等系列活动，提升博士生就业能力。② 这些都是非常好的开端和尝试，此外学校可以考虑与社会上的招聘机构进行合作，为博士生提供与未来潜在雇主的直接联系，并帮助他们了解其他行业。三是考虑为博士生提供实习或见习计划。尽管博士生的实习计划充满争议，但目前已有美国、英国等国家多所高校已经为博士生提供三个月左右的实习计划。主要考虑是，大部分博士生几乎都没有任何社会实践经验，从而限制了他们对社会需求及工作环境的了解。基于这一点，实习计划对于学术职业和非学术职业都是有利无害的。通过有效的实习，使得博士生能够接触到即将进入的职业领域的实际情况，从而发现自己的兴趣所在，并了解市场对就业能力的需求。最后，学校也有责任帮助博士生及其导师了解就业前景，改变传统观念并引发他们对非学术职业的正确评价和兴趣。

## 五、支持行业和用人单位积极参与博士人才培养

在知识型社会，博士毕业生要求具备在不同环境和不断变化的环境下应用多种技能和知识。博士教育需要融合专用性和通用性的就业能力训练。促进博士教育目标与经济社会发展需求之间的匹配度，以及博士毕业生就业能力与市场需求的一致性，从而提高博士教育的效益，离不开用人单位的参与和支持。雇主可以积极参与到博士生的培养过程之中。同时，产业或行业协会可以联合学术界，建构各行业博士毕业生就业能力清单，或帮助重组大学的博士课程。面对不断变化的就业环境，提供适合市场需求的博士毕业生，博士教育课程就不能不变。高等教育机构应该与招聘机构或用人单位建立伙伴关系，以便使博

---

① 参见"2018 年博士研究生就业分享会简报"，http：//www. sis. pku. edu. cn/boshiluntan5/events77/1276442. htm。

② 参见"天津大学启动'博闻计划'提升博士生就业能力"，http：//news. tju. edu. cn/info/1003/18982. htm。

士课程能够与就业市场保持同步动态发展（Campbell et al.，2005）。

目前关键和最急迫的合作，应该是共同参与建构博士毕业生就业能力框架。用人单位在参与制定博士毕业生就业能力框架的过程中，一方面，能够加深对博士教育和博士人才能力素质的认识和了解；另一方面，可以借助就业能力标准的制定而向教育机构表达用人需求。劳动力市场、教育机构和政府等利益相关者之间的合作有利于增强各项能力素质的透明度和适切性，从而填补劳动力市场和博士毕业生之间的技能鸿沟。如果没有明确的就业能力框架，用人单位由于不能凭借某项能力素质对博士毕业生的综合素质有全面的了解，进而无法判断该博士学位获得者所具备的技能是否与岗位所需相匹配，因此很可能拒绝雇佣。与此同时，用人单位雇佣或拒绝雇佣的行为，如果没有明确的能力清单和理由，导致教育机构和后面的博士生难以获取有关劳动力市场所需技能的反馈信息，这就进一步加深了供需之间的技能鸿沟。

总而言之，提升博士生就业能力并为未来职业做好充分准备，影响到所有的利益相关者。因此，博士毕业生用人单位或是行业协会也要承担相应的责任。整体来说，中国工业企业部门在博士教育和相关政策方面还没有发挥相关作用。中国的雇主联合会或是行业协会可以建构各个行业的资格体系和技能清单，以便为博士学位等各级各类教育提供参考，或帮助大学等博士人才培养机构重组课程。一旦有了这样的资格体系，在职培训过程中也可以为本单位员工提供更为针对性的培训，帮助博士毕业生弥补技能不足或不相匹配的问题。从而促进博士毕业生的职业发展，更好地推动社会进步。

# 参考文献

［1］包水梅．学术型博士生培养目标定位及其素质结构研究［J］．教育科学，2015，31（2）：71－78．

［2］鲍威，杜嫱，麻嘉玲．是否以学术为业：博士研究生的学术职业取向及其影响因素［J］．高等教育研究，2017，38（4）：61－70．

［3］陈小满，罗英姿．我国博士毕业生就业多元化研究——以27所教育部直属高校为例［J］．中国高教研究，2017（9）：51－56．

［4］程凤农．博士生科研能力的制约因素与提升路径［J］．中国青年研究，2014（8）：11－15．

［5］董志霞，郑晓齐．对非定向博士生求学动机的质性研究［J］．学位与研究生教育，2015（1）：48－51．

［6］范丽丽．研究型大学博士生非学术职业选择探究——基于"双一流"A类高校就业数据的分析［J］．高等工程教育研究，2018（4）：120－125．

［7］高鸾，陈思颖，王恒．北京市高校青年教师工作满意度及其主要影响因素研究——基于北京市94所高校青年教师的抽样调查［J］．复旦教育论坛，2015，13（5）：74－80．

［8］高耀，沈文钦．中国博士毕业生就业状况——基于2014届75所教育部直属高校的分析［J］．学位与研究生教育，2016（2）：49－56．

［9］顾剑秀，罗英姿．美国博士职业发展——基于三次毕业博士职业发展调查的分析［J］．外国教育研究，2015（4）：106－116．

［10］何雨，陈雯．当前博士生就业基本特征研究［J］．青年研究，2008（6）：7－13.

［11］胡俊梅，王顶明．我国高校博士毕业生就业情况及趋势分析——基于2014、2015届教育部直属高校毕业生就业质量年度报告［J］．教育发展研究，2017，37（11）：9－14.

［12］黄海刚，白华．博士生需要什么样的导师？——基于对全国44所高校博士生的问卷调查［J］．高教探索，2018（8）：35－43.

［13］黄海刚，金夷．通往Ph.D之路：中国博士生入学动机的实证研究——兼论学术动机对博士生培养质量的意义［J］．复旦教育论坛，2016，14（5）：59－66.

［14］黄梅，范巍．不同年龄段博士职业发展质量性别差异实证研究——基于劳动力市场转型背景下体制内就业的分析视角［J］．中国行政管理，2011（11）：110－114.

［15］蒋承．博士生学术职业期望的影响因素研究——一个动态视角［J］．北京大学教育评论，2011，9（3）：45－55.

［16］金蕾莅，何雪冰，张超，等．研究型大学博士毕业生学术职业选择的变化趋势——基于清华大学2007~2016年数据的分析［J］．学位与研究生教育，2019（3）：36－44.

［17］金蕾莅，刘新益．女博士就业初探——基于落实率和求职过程及结果的分析［J］．清华大学教育研究，2011，32（5）：68－72.

［18］金凌志．理工科博士生创新绩效影响因素研究［D］．华中科技大学，2011.

［19］李冲，张丽，苏永建．薪酬结构、工作满意度与高校教师工作绩效关系的实证研究［J］．复旦教育论坛，2016，14（5）：89－95.

［20］李锋亮，陈鑫磊，何光喜．女博士的婚姻、生育与就业［J］．北京大学教育评论，2012（3）：114－123.

［21］李雪．博士生学习动机的实证研究［J］．研究生教育研究，2016（2）：47－52.

［22］李永刚．成为研究者：理科博士生素养与能力的形成［D］．华东师范大学，2018.

［23］李志峰，浦文轩，周天松．禀赋、环境与高校教师学术职位满意度——基于不同层次高校的实证研究［J］．现代大学教育，2014（4）：67－75.

［24］蔺玉．博士生科研绩效及其影响因素的实证研究［D］．中国科学技术大学，2012.

［25］刘亚敏，胡甲刚．欧洲博士生教育改革十年：从政策到行动［J］．学位与研究生教育，2010（6）：66－71.

[26] 吕红艳, 罗英姿. 创新环境、创新特征对博士研究生创新成果的影响研究——基于江苏省十二所高校的实证分析 [J]. 国家教育行政学院学报, 2013 (10): 78 – 85.

[27] 罗尧成. 论研究生课程学习与科研训练整合的三个维度——基于 30 位新进校博士青年教师的调查启迪 [J]. 学位与研究生教育, 2010 (11): 57 – 61.

[28] 罗英姿, 顾剑秀. 我国博士生培养与劳动力市场需求的冲突与调适——基于博士生就业期望的调查研究 [J]. 学位与研究生教育, 2015 (10): 53 – 58.

[29] 乔中东. 博士生想顺利毕业须具备四种能力 [N]. 中国科学报, 2019 – 05 – 20.

[30] 卿石松. 博士生就业问题调查及对策分析 [J]. 学位与研究生教育, 2017 (1): 43 – 49.

[31] 沈华. 博士培养质量的模糊综合评价 [J]. 北京大学教育评论, 2009, 7 (2): 67 – 74.

[32] 沈文钦, 王东芳. 从欧洲模式到美国模式: 欧洲博士生培养模式改革的趋势 [J]. 外国教育研究, 2010, 37 (8): 69 – 74.

[33] 沈文钦, 王东芳, 赵世奎. 博士就业的多元化趋势及其政策应对——一个跨国比较的分析 [J]. 教育学术月刊, 2015 (2): 35 – 45.

[34] 沈文钦, 左玥, 陈洪捷. 哪些博士毕业生在企业就业? ——基于 2016 年 13 所高校的调查分析 [J]. 学位与研究生教育, 2019 (3): 29 – 35.

[35] 宋晓平, 梅红. 博士生培养过程中师生互动关系研究——基于博士研究生的视角 [J]. 中国高教研究, 2012 (8): 50 – 54.

[36] 孙彩云. 博士研究生创新能力特征识别与创新能力倾向测评研究 [D]. 南京航空航天大学, 2017.

[37] 孙也刚. 服务需求积极发展专业学位研究生教育 [J]. 学位与研究生教育, 2014 (6): 1 – 4.

[38] 汪栋, 杨静雅. 初探 "皇帝女儿也愁嫁" ——我国博士生就业问题 [J]. 中国青年研究, 2013 (10): 82 – 87.

[39] 汪雅霜, 熊静漪. 博士生求学动机类型的实证研究 [J]. 中国高教研究, 2013 (6): 55 – 58.

[40] 王彩霞. 博士研究生科研能力评价指标体系及评价方法研究 [D]. 西南交通大学, 2006.

[41] 王传毅, 赵世奎. 21 世纪全球博士教育改革的八大趋势 [J]. 教育研究, 2017,

38（2）：142－151.

［42］徐贞．理工科博士生入学动机及其对学术表现、就业偏好的影响——基于全国 35 所研究生院高校的调查［J］．中国高教研究，2018a（9）：74－80.

［43］徐贞．在哪里延续科研之路——理工科博士生就业偏好及其影响因素研究［J］．高等教育研究，2018b（7）：31－38.

［44］尹晓东，高岩．博士研究生科研创新能力培养主要影响因素的调查分析——以西南大学首届博士研究生国家奖学金获得者为例［J］．西南师范大学学报（自然科学版），2014，39（3）：171－177.

［45］袁康，王颖，缪园，等．导师科研活跃度和学术地位对博士生科研绩效的影响［J］．学位与研究生教育，2016（7）：66－71.

［46］张冰冰，沈红．高校教师工作满意度对其论文产出的影响——基于"2014 中国大学教师调查"的分析［J］．复旦教育论坛，2017，15（5）：91－98.

［47］张文静．博士生就业：现实与理想的撞击［J］．中国青年研究，2014（8）：21－25.

［48］赵世奎，沈文钦．博士生就业偏好的实证分析［J］．学位与研究生教育，2010（4）：53－56.

［49］赵延东，洪岩璧．影响博士毕业生学术职业取向的因素分析［J］．北京工业大学学报（社会科学版），2014，14（5）：71－77.

［50］中国博士质量分析课题组．中国博士质量报告［M］．北京：北京大学出版社，2010.

［51］Agarwal R，Ohyama A. Industry or Academia，Basic or Applied？Career Choices and Earnings Trajectories of Scientists［J］. Management Science，2013，59（4）：950－970.

［52］Ahern K，Manathunga C. Clutch-Starting Stalled Research Students［J］. Innovative Higher Education，2004，28（4）：237－254.

［53］Albert C，Davia M A，Legazpe N. Job Satisfaction Amongst Academics：The Role of Research Productivity［J］. Studies in Higher Education，2016，43（8）：1362－1377.

［54］Allgood S，Hoyt G，Mcgoldrick K. The Role of Teaching and Teacher Training in the Hiring and Promotion of Ph. D. Economists［J］. Southern Economic Journal，2018，84（3）：912－927.

［55］Auriol L. Labour Market Characteristics and International Mobility of Doctorate Holders: Results for Seven Countries [R]. OECD Science, Technology and Industry Working Papers, No. 2007/02, OECD Publishing, 2007.

[56] Auriol L, Misu M, Freeman R. Careers of Doctorate Holders: Analysis of Labour Market and Mobility Indicators [R]. OECD Directorate for Science, Technology & Industry, 2013.

[57] Austin A E. Creating a Bridge to the Future: Preparing New Faculty to Face Changing Expectations in a Shifting Context [J]. Review of Higher Education, 2003, 26 (3): 119.

[58] Austin A E. Preparing the Next Generation of Faculty: Graduate School as Socialization to the Academic Career [J]. The Journal of Higher Education, 2002, 73 (1): 94 – 122.

[59] Austin A E, Sorcinelli M D, Mcdaniels M. Understanding New Faculty Background, Aspirations, Challenges, and Growth [M] //Perry R P, Smart J C. The Scholarship of Teaching and Learning in Higher Education: An Evidence-Based Perspective. Dordrecht: Springer Netherlands, 2007: 39 – 89.

[60] Bair C R, Haworth J G, Sandfort M. Doctoral Student Learning and Development: A Shared Responsibility [J]. Journal of Student Affairs Research and Practice, 2004, 41 (4): 709 – 727.

[61] Baker V L, Pifer M J. Antecedents and Outcomes: Theories of Fit and the Study of Doctoral Education [J]. Studies in Higher Education, 2013, 40 (2): 296 – 310.

[62] Balsmeier B, Pellens M. Who Makes, Who Breaks: Which Scientists Stay in Academe? [J]. Economics Letters, 2014, 122 (2): 229 – 232.

[63] Bao Y, Kehm B M, Ma Y. From Product to Process. The Reform of Doctoral Education in Europe and China [J]. Studies in Higher Education, 2016, 43 (3): 524 – 541.

[64] Barnes B J, Austin A E. The Role of Doctoral Advisors: A Look at Advising from the Advisor's Perspective [J]. Innovative Higher Education, 2009, 33 (5): 297 – 315.

[65] Barnes B J. Success in Graduate School: How Exemplary Advisors Guide their Doctoral Advisees [M]. Michigan: Michigan State University, 2005.

[66] Bazeley P. Continuing Research by PhD Graduates [J]. Higher Education Quarterly, 1999, 53 (4): 333 – 352.

[67] Bender K A, Heywood J S. Job Satisfaction of the Highly Educated: The Role of Gender, Academic Tenure, and Earnings [J]. Scottish Journal of Political Economy, 2006, 53

（2）：253 – 279.

［68］ Benito M， Romera R. How to Boost the PhD Labour Market?： Facts from the PhD System Side ［Z］. UC3M Working Papers， 2013.

［69］ Bentley P J， Coates H， Dobson I R， et al. Academic Job Satisfaction from an International Comparative Perspective ［M］//Teichler U， Cummings W K. Forming， Recruiting and Managing the Academic Profession. Cham： Springer International Publishing， 2015： 187 – 209.

［70］ Bhert. Research Skills for an Innovative Future： Business Views and Needs ［R］. Business/Higher Education Round Table Report， 2012.

［71］ Blickley J L， Deiner K， Garbach K， et al. Graduate Student's Guide to Necessary Skills for Nonacademic Conservation Careers ［J］. Conservation Biology， 2013， 27 （1）： 24 – 34.

［72］ Bloch C， Graversen E K， Pedersen H S. Researcher Mobility and Sector Career Choices Among Doctorate Holders ［J］. Research Evaluation， 2015， 24 （2）： 171 – 180.

［73］ Bloch R， Mitterle A. On Stratification in Changing Higher Education： The "Analysis of Status" Revisited ［J］. Higher Education， 2017， 73 （6）： 929 – 946.

［74］ Borrell-Damian L， Brown T， Dearing A， et al. Collaborative Doctoral Education： University-Industry Partnerships for Enhancing Knowledge Exchange ［J］. Higher Education Policy， 2010， 23 （4）： 493 – 514.

［75］ Borthwick J， Wissler R. Postgraduate Research Students and Generic Capabilities： Online Directions ［Z］. Canberra： Department of Education Science and Training Research Evaluation Programme， 2003.

［76］ Boyer E L. Scholarship Reconsidered： Priorities of the Professoriate ［M］. Princeton， NJ： Carnegie Foundation for the Advancement of Teaching， 1990.

［77］ Bozeman B， Gaughan M. Job Satisfaction Among University Faculty： Individual， Work， and Institutional Determinants ［J］. The Journal of Higher Education， 2011， 82 （2）： 154 – 186.

［78］ Brailsford I. Motives and Aspirations for Doctoral Study： Career， Personal， and Inter-Personal Factors in the Decision to Embark on a History PhD ［J］. International Journal of Doctoral Studies， 2010， 5 （1）： 15 – 27.

［79］ Brodin E M. Critical and Creative Thinking Nexus： Learning Experiences of Doctoral Students ［J］. Studies in Higher Education， 2016， 41 （6）： 971 – 989.

［80］ Bryan B，Guccione K. Was It Worth It？ A Qualitative Exploration into Graduate Perceptions of Doctoral Value ［J］. Higher Education Research & Development，2018，37（6）：1124 – 1140.

［81］ Burk C L，Wiese B S. Professor or Manager？ A Model of Motivational Orientations Applied to Preferred Career Paths ［J］. Journal of Research in Personality，2018，75：113 – 132.

［82］ Campbell S P，Fuller A K，Patrick D A. Looking Beyond Research in Doctoral Education ［J］. Frontiers in Ecology and the Environment，2005，3（3）：153 – 160.

［83］ Canal-Domínguez J F，Wall A. Factors Determining the Career Success of Doctorate Holders：Evidence from the Spanish Case ［J］. Studies in Higher Education，2014，39（10）：1750 – 1773.

［84］ Caparrós-Ruiz A. Time to the Doctorate and Research Career：Some Evidence from Spain ［J］. Research in Higher Education，2019，60（1）：111 – 133.

［85］ Castellacci F，Viñas-Bardolet C. Permanent Contracts and Job Satisfaction in Academia：Evidence from European Countries ［Z］. University of Oslo Working Papers on Innovation Studies No. 20181008，2018.

［86］ Cerci P A，Dumludag D. Life Satisfaction and Job Satisfaction Among University Faculty：The Impact of Working Conditions，Academic Performance and Relative Income ［J］. Social Indicators Research，2019，144（2）：785 – 806.

［87］ Chen S，Mcalpine L，Amundsen C. Postdoctoral Positions as Preparation for Desired Careers：A Narrative Approach to Understanding Postdoctoral Experience ［J］. Higher Education Research & Development，2015，34（6）：1083 – 1096.

［88］ Churchill H，Sanders T. Getting Your PhD：A Practical Insider's Guide ［M］. Thousand Oaks，CA：Sage Publication，2007.

［89］ Cihe. Talent Fishing：What Businesses Want from Postgraduates ［Z］. London，England：Council for Industry and Higher Education http：//hdl. voced. edu. au/10707/306165，2010.

［90］ Clair R S，Hutto T，MacBeth C，et al. The "New Normal"：Adapting Doctoral Trainee Career Preparation for Broad Career Paths in Science ［J］. PloS ONE，2017，12（5）：e177035.

［91］ Clark A，Sousa B. How to be a Happy Academic：A Guide to Being Effective in Research, Writing and Teaching [M]. London, England: Sage, 2018.

[92] Clarke G, Lunt I. International Comparisons in Postgraduate Education: Quality, Access and Employment Outcomes [Z]. Report to Higher Education Funding Council for England, 2014.

[93] Collinson J A. Professionally Trainer Researchers? Expectations of Competence in Social Science Doctoral Research Training [J]. Higher Education Review, 1998, 31 (1): 59 – 67.

[94] Craswell G. Deconstructing the Skills Training Debate in Doctoral Education [J]. Higher Education Research & Development, 2007, 26 (4): 377 – 391.

[95] Crossouard B, Pryor J. Becoming Researchers: A Sociocultural Perspective on Assessment, Learning and the Construction of Identity in a Professional Doctorate [J]. Pedagogy, Culture & Society, 2008, 16 (3): 221 – 237.

[96] Cryer P. Transferable Skills, Marketability and Lifelong Learning: The Particular Case of Postgraduate Research Students [J]. Studies in Higher Education, 1998, 23 (2): 207 – 216.

[97] Cumming J. Doctoral Enterprise: A Holistic Conception of Evolving Practices and Arrangements [J]. Studies in Higher Education, 2010, 35 (1): 25 – 39.

[98] Curtin N, Malley J, Stewart A J. Mentoring the Next Generation of Faculty: Supporting Academic Career Aspirations Among Doctoral Students [J]. Research in Higher Education, 2016, 57 (6): 714 – 738.

[99] Curtin N, Stewart A J, Ostrove J M. Fostering Academic Self-Concept: Advisor Support and Sense of Belonging Among International and Domestic Graduate Students [J]. American Educational Research Journal, 2013, 50 (1): 108 – 137.

[100] Cuthbert D, Molla T. PhD Crisis Discourse: A Critical Approach to the Framing of the Problem and some Australian 'Solutions' [J]. Higher Education, 2015, 69 (1): 33 – 53.

[101] Cyranoski D, Gilbert N, Ledford H, et al. Education: The PhD Factory [J]. Nature, 2011, 472: 276 – 279.

[102] De Grande H, De Boyser K, Vandevelde K, et al. From Academia to Industry: Are Doctorate Holders Ready? [J]. Journal of the Knowledge Economy, 2014, 5 (3): 538 – 561.

[103] Denicolo P. Doctoral Supervision of Colleagues: Peeling Off the Veneer of Satisfaction and Competence [J]. Studies in Higher Education, 2004, 29 (6): 693 – 707.

[104] Di Paolo A. (Endogenous) Occupational Choices and Job Satisfaction Among Recent Spanish PhD Recipients [J]. International Journal of Manpower, 2016, 37 (3): 511 – 535.

[105] Durette B, Fournier M, Lafon M. The Core Competencies of PhDs [J]. Studies in Higher Education, 2016, 41 (8): 1355 – 1370.

[106] Edge J. Inside and Outside the Academy: Valuing and Preparing PhDs for Careers [Z]. Ottawa: The Conference Board of Canada, 2015.

[107] Enders J. Border Crossings: Research Training, Knowledge Dissemination and the Transformation of Academic Work [J]. Higher Education, 2005, 49 (1/2): 119 – 133.

[108] Escardíbul J, Afcha S. Determinants of the Job Satisfaction of PhD Holders: An Analysis by Gender, Employment Sector, and Type of Satisfaction in Spain [J]. Higher Education, 2017, 74 (5): 855 – 875.

[109] Etmanski B. The Prospective Shift Away from Academic Career Aspirations [J]. Higher Education, 2019, 77 (2): 343 – 358.

[110] Etzkowitz H, Viale R. Polyvalent Knowledge and the Entrepreneurial University: A Third Academic Revolution? [J]. Critical Sociology, 2010, 36 (4): 595 – 609.

[111] EUA. Salzburg II Recommendations: European Universities' Achievements Since 2005 in Implementing the Salzburg Principles [R]. 2010.

[112] Feld L P, Necker S, Frey B S. Happiness of Economists [J]. Applied Economics, 2015, 47 (10): 990 – 1007.

[113] Fleet C M, Rosser M F, Zufall R A, et al. Hiring Criteria in Biology Departments of Academic Institutions [J]. BioScience, 2006, 56 (5): 430 – 436.

[114] Fox M F, Stephan P E. Careers of Young Scientists: Preferences, Prospects and Realities by Gender and Field [J]. Social Studies of Science, 2001, 31 (1): 109 – 122.

[115] Fuhrmann C N, Halme D G, O Sullivan P S, et al. Improving Graduate Education to Support a Branching Career Pipeline: Recommendations Based on a Survey of Doctoral Students in the Basic Biomedical Sciences [J]. CBE-Life Sciences Education, 2011, 10 (3): 239 – 249.

[116] Gaff J G. Preparing Future Faculty and Doctoral Education [J]. Change: The Magazine of Higher Learning, 2002, 34 (6): 63 – 66.

[117] Gamse B C, Espinosa L L, Roy R. Essential Competencies for Interdisciplinary

Graduate Training in IGERT: Final Report [R]. Cambridge, MA: Abt Associates Order No. NSFDACS06D1412, 2013.

[118] García-Aracil A. European Graduates' Level of Satisfaction with Higher Education [J]. Higher Education, 2009, 57 (1): 1 – 21.

[119] Garcia-Quevedo J, Mas-Verdú F, Polo-Otero J. Which Firms Want PhDs? An Analysis of the Determinants of the Demand [J]. Higher Education, 2012, 63 (5): 607 – 620.

[120] German K T, Sweeny K, Robbins M L. Investigating the Role of the Faculty Advisor in Doctoral Students' Career Trajectories [J]. Professional Development in Education, 2019, 45 (5): 762 – 773.

[121] Ghaffarzadegan N, Hawley J, Larson R, et al. A Note on PhD Population Growth in Biomedical Sciences [J]. Systems Research and Behavioral Science, 2015, 32 (3): 402 – 405.

[122] Gibbs Jr K D, Griffin K A. What Do I Want to be with My PhD? The Roles of Personal Values and Structural Dynamics in Shaping the Career Interests of Recent Biomedical Science PhD Graduates [J]. CBE-Life Sciences Education, 2013, 12 (4): 711 – 723.

[123] Gilbert R, Balatti J, Turner P, et al. The Generic Skills Debate in Research Higher Degrees [J]. Higher Education Research & Development, 2004, 23 (3): 375 – 388.

[124] Golovushkina E, Milligan C. Developing Early Stage Researchers: Employability Perceptions of Social Science Doctoral Candidates [J]. International Journal for Researcher Development, 2012, 3 (1): 64 – 78.

[125] Golovushkina E, Milligan C. Employability Development in the Context of Doctoral Studies: Systemic Tensions and the Views of Key Stakeholders [J]. International Journal of Training and Development, 2013, 17 (3): 194 – 209.

[126] González-Martínez C, Ho P, Cunha L, et al. Identifying Most Important Skills for PhD Students in Food Science and Technology: A Comparison Between Industry and Academic Stakeholders [J]. International Journal of Food Studies, 2015, 4 (2): 163 – 172.

[127] González-Martínez C, Silva C L, Costa R. PhD Competences of Food Studies [J]. International Journal of Food Studies, 2014, 3 (2): 136 – 144.

[128] González-Ocampo G, Castelló M. Writing in Doctoral Programs: Examining Supervisors' Perspectives [J]. Higher Education, 2018, 76 (3): 387 – 401.

[129] Gu J, Levin J S, Luo Y. Reproducing "Academic Successors" or Cultivating "Ver-

satile Experts": Influences of Doctoral Training on Career Expectations of Chinese PhD Students [J]. Higher Education, 2018, 76 (3): 427 – 447.

[130] Hakala J. The Future of the Academic Calling?: Junior Researchers in the Entrepreneurial University [J]. Higher Education, 2009, 57 (2): 173 – 190.

[131] Haley K, Jaeger A J, Levin J S. The Influence of Cultural Social Identity on Graduate Student Career Choice [J]. Journal of College Student Development, 2014, 55 (2): 101 – 119.

[132] Halse C. 'Becoming a Supervisor': The Impact of Doctoral Supervision on Supervisors' Learning [J]. Studies in Higher Education, 2011, 36 (5): 557 – 570.

[133] Hancock S, Walsh E. Beyond Knowledge and Skills: Rethinking the Development of Professional Identity During the Stem Doctorate [J]. Studies in Higher Education, 2016, 41 (1): 37 – 50.

[134] Harvey L. Defining and Measuring Employability [J]. Quality in Higher Education, 2001, 7 (2): 97 – 109.

[135] Hasgall A, Saenen B, Borrell-Damian L. Doctoral Education in Europe Today: Approaches and Institutional Structures [R]. EUA Report, 2019.

[136] Hayter C S, Parker M A. Factors that Influence the Transition of University Postdocs to Non-Academic Scientific Careers: An Exploratory Study [J]. Research Policy, 2019, 48 (3): 556 – 570.

[137] Hennessey B A, Amabile T M. Creativity [J]. Annual Review of Psychology, 2010, 61 (1): 569 – 598.

[138] Herrera L, Muñoz-Doyague M F, Nieto M. Mobility of Public Researchers, Scientific Knowledge Transfer, and the Firm's Innovation Process [J]. Journal of Business Research, 2010, 63 (5): 510 – 518.

[139] Herrera L, Nieto M. PhD Careers in Spanish Industry: Job Determinants in Manufacturing Versus Non-Manufacturing Firms [J]. Technological Forecasting and Social Change, 2016, 113: 341 – 351.

[140] Hodge A, Bownes M, Burgess R, et al. Review of Progress in Implementing the Recommendations of Sir Gareth Roberts, Regarding Employability and Career Development of PhD Students and Research Staff [R]. Research Councils UK, 2011.

[141] Horta H, Cattaneo M, Meoli M. PhD Funding as a Determinant of PhD and Career

Research Performance [J]. Studies in Higher Education, 2018, 43 (3): 542 – 570.

[142] Horta H. PhD Students' Self-Perception of Skills and Career Plans while in Doctoral Programs: Are they Associated? [J]. Asia Pacific Education Review, 2018, 19 (2): 211 – 228.

[143] Hottenrott H, Lawson C. Flying the Nest: How the Home Department Shapes Researchers' Career Paths [J]. Studies in Higher Education, 2017, 42 (6): 1091 – 1109.

[144] Houston D, Meyer L H, Paewai S. Academic Staff Workloads and Job Satisfaction: Expectations and Values in Academe [J]. Journal of Higher Education Policy and Management, 2006, 28 (1): 17 – 30.

[145] Ives G, Rowley G. Supervisor Selection or Allocation and Continuity of Supervision: Ph. D. Students' Progress and Outcomes [J]. Studies in Higher Education, 2005, 30 (5): 535 – 555.

[146] Jackson D, Michelson G. Factors Influencing the Employment of Australian PhD Graduates [J]. Studies in Higher Education, 2015, 40 (9): 1660 – 1678.

[147] Jackson D, Michelson G. PhD-Educated Employees and the Development of Generic Skills [J]. Australian Bulletin of Labour, 2016, 42 (1): 108 – 134.

[148] Jazvac-Martek M. Oscillating Role Identities: The Academic Experiences of Education Doctoral Students [J]. Innovations in Education and Teaching International, 2009, 46 (3): 253 – 264.

[149] Jung J. Domestic and Overseas Doctorates and their Academic Entry-Level Jobs in South Korea [J]. Asian Education and Development Studies, 2018a, 7 (2): 205 – 222.

[150] Jung J. Learning Experience and Perceived Competencies of Doctoral Students in Hong Kong [J]. Asia Pacific Education Review, 2018b, 19 (2): 187 – 198.

[151] Kemp D. New Knowledge, New Opportunities: A Discussion Paper on Higher Education Research and Research Training [M]. Canberra: Commonwealth of Australia, 1999.

[152] Kendall G. The Crisis in Doctoral Education: A Sociological Diagnosis [J]. Higher Education Research & Development, 2002, 21 (2): 131 – 141.

[153] Kim E, Benson S, Alhaddab T A. A Career in Academia? Determinants of Academic Career Aspirations Among PhD Students in One Research University in the Us [J]. Asia Pacific Education Review, 2018, 19 (2): 273 – 283.

[154] Kot F C, Hendel D D. Emergence and Growth of Professional Doctorates in the United States, United Kingdom, Canada and Australia: A Comparative Analysis [J]. Studies in Higher Education, 2012, 37 (3): 345 –364.

[155] Kovalcikiene K, Buksnyte-Marmiene L. Towards an Understanding of Doctoral Students' Professional Identity Complexity [J]. Procedia – Social and Behavioral Sciences, 2015, 191: 2693 –2698.

[156] Kyvik S, Olsen T B. The Relevance of Doctoral Training in Different Labour Markets [J]. Journal of Education and Work, 2012, 25 (2): 205 –224.

[157] Lamblin P, Etienne C. Skills and Competences Needed in the Research Field Objectives 2020 [R]. Paris: APEC/DELOITTE, 2010.

[158] Larivière V. On the Shoulders of Students? The Contribution of PhD Students to the Advancement of Knowledge [J]. Scientometrics, 2012, 90 (2): 463 –481.

[159] Lee H, Miozzo M, Laredo P. Career Patterns and Competences of PhDs in Science and Engineering in the Knowledge Economy: The Case of Graduates from a UK Research-Based University [J]. Research Policy, 2010, 39 (7): 869 –881.

[160] Lindholm J A. Pathways to the Professoriate: The Role of Self, Others, and Environment in Shaping Academic Career Aspirations [J]. The Journal of Higher Education, 2004, 75 (6): 603 –635.

[161] Lin E S, Chiu S. Does Holding a Postdoctoral Position Bring Benefits for Advancing to Academia? [J]. Research in Higher Education, 2016, 57 (3): 335 –362.

[162] Lovitts B E. The Transition to Independent Research: Who Makes It, Who Doesn't, and Why [J]. The Journal of Higher Education, 2008, 79 (3): 296 –325.

[163] Machado-Taylor M D L, Meira Soares V, Brites R, et al. Academic Job Satisfaction and Motivation: Findings from a Nationwide Study in Portuguese Higher Education [J]. Studies in Higher Education, 2016, 41 (3): 541 –559.

[164] Machado-Taylor M D L, White K, Gouveia O. Job Satisfaction of Academics: Does Gender Matter? [J]. Higher Education Policy, 2014, 27 (3): 363 –384.

[165] Manathunga C, Lant P, Mellick G. Developing Professional Researchers: Research Students' Graduate Attributes [J]. Studies in Continuing Education, 2007, 29 (1): 19 –36.

[166] Manathunga C, Pitt R, Critchley C. Graduate Attribute Development and Employ-

ment Outcomes: Tracking PhD Graduates [J]. Assessment & Evaluation in Higher Education, 2009, 34 (1): 91 – 103.

[167] Mangematin V. PhD Job Market: Professional Trajectories and Incentives During the PhD [J]. Research Policy, 2000, 29 (6): 741 – 756.

[168] Mantai L. Feeling Like a Researcher: Experiences of Early Doctoral Students in Australia [J]. Studies in Higher Education, 2017, 42 (4): 615 – 636.

[169] Mcalpine L, Austin N. Humanities PhD Graduates: Desperately Seeking Careers? [J]. Canadian Journal of Higher Education, 2018, 48 (2): 1 – 19.

[170] Mcalpine L, Emmioğlu E. Navigating Careers: Perceptions of Sciences Doctoral Students, Post-PhD Researchers and Pre-Tenure Academics [J]. Studies in Higher Education, 2015, 40 (10): 1770 – 1785.

[171] Mcculloch A, Loeser C. Does Research Degree Supervisor Training Work? The Impact of a Professional Development Induction Workshop on Supervision Practice [J]. Higher Education Research & Development, 2016, 35 (5): 968 – 982.

[172] Mcfall B H, Murray-Close M, Willis R J, et al. Is It All Worth It? The Experiences of New PhDs on the Job Market, 2007-10 [J]. The Journal of Economic Education, 2015, 46 (1): 83 – 104.

[173] Metcalfe J, Gray A. Employability and Doctoral Research Postgraduates [M]. York: Higher Education Academy, 2005.

[174] Molla T, Cuthbert D. The Issue of Research Graduate Employability in Australia: An Analysis of the Policy Framing (1999 – 2013) [J]. The Australian Educational Researcher, 2015, 42 (2): 237 – 256.

[175] Morgavi A, Mccarthy M, Metcalfe J. Employers 'Views of Researchers' Skills: A Comprehensive Review of the Existing Literature into Employers' Views of the Skills of Early Career Researchers [Z]. UK Grad, 2007.

[176] Mowbray S, Halse C. The Purpose of the PhD: Theorising the Skills Acquired by Students [J]. Higher Education Research & Development, 2010, 29 (6): 653 – 664.

[177] Mudrak J, Zabrodska K, Kveton P, et al. Occupational Well-Being Among University Faculty: A Job Demands – Resources Model [J]. Research in Higher Education, 2018, 59 (3): 325 – 348.

[178] Mueller E F, Flickinger M, Dorner V. Knowledge Junkies or Careerbuilders? A Mixed – Methods Approach to Exploring the Determinants of Students' Intention to Earn a PhD [J]. Journal of Vocational Behavior, 2015, 90: 75 – 89.

[179] Nerad M. The PhD in the Us: Criticisms, Facts, and Remedies [J]. Higher Education Policy, 2004, 17 (2): 183 – 199.

[180] Neumann R, Tan K K. From PhD to Initial Employment: The Doctorate in a Knowledge Economy [J]. Studies in Higher Education, 2011, 36 (5): 601 – 614.

[181] Niehaus E, Garcia C, Reading J N. The Road to Researcher: The Development of Research Self-Efficacy in Higher Education Scholars [J]. Journal for the Study of Postsecondary and Tertiary Education, 2018 (3): 1 – 20.

[182] NPA. The NPA Postdoctoral Core Competencies [Z]. NPA Core Competencies Committee, 2009.

[183] Nyquist J D. The PhD a Tapestry of Change for the 21St Century [J]. Change: The Magazine of Higher Learning, 2002, 34 (6): 12 – 20.

[184] OECD. Transferable Skills Training for Researchers: Supporting Career Development and Research [M]. Paris: OECD Publishing, 2012.

[185] Olehnovica E, Bolgzda I, Kravale-Pauliņa M. Individual Potential of Doctoral Students: Structure of Research Competences and Self-Assessment [J]. Procedia – Social and Behavioral Sciences, 2015, 174: 3557 – 3564.

[186] O'Meara K, Knudsen K, Jones J. The Role of Emotional Competencies in Faculty-Doctoral Student Relationships [J]. Review of Higher Education, 2013, 36 (3): 315 – 347.

[187] Ooms W, Werker C, Hopp C. Moving Up the Ladder: Heterogeneity Influencing Academic Careers through Research Orientation, Gender, and Mentors [J]. Studies in Higher Education, 2019, 44 (7): 1268 – 1289.

[188] Paglis L L, Green S G, Bauer T N. Does Adviser Mentoring Add Value? A Longitudinal Study of Mentoring and Doctoral Student Outcomes [J]. Research in Higher Education, 2006, 47 (4): 451 – 476.

[189] Park C. New Variant PhD: The Changing Nature of the Doctorate in the UK [J]. Journal of Higher Education Policy and Management, 2005, 27 (2): 189 – 207.

[190] Parker-Jenkins M. Mind the Gap: Developing the Roles, Expectations and Bounda-

ries in the Doctoral Supervisor-Supervisee Relationship [J]. Studies in Higher Education, 2018, 43 (1): 57 – 71.

[191] Passaretta G, Trivellato P, Triventi M. Between Academia and Labour Market-the Occupational Outcomes of PhD Graduates in a Period of Academic Reforms and Economic Crisis [J]. Higher Education, 2019, 77 (3): 541 – 559.

[192] Pearson M, Brew A. Research Training and Supervision Development [J]. Studies in Higher Education, 2002, 27 (2): 135 – 150.

[193] Phillips J C, Russell R K. Research Self-Efficacy, the Research Training Environment, and Research Productivity Among Graduate Students in Counseling Psychology [J]. The Counseling Psychologist, 1994, 22 (4): 628 – 641.

[194] Platow M J. PhD Experience and Subsequent Outcomes: A Look at Self-Perceptions of Acquired Graduate Attributes and Supervisor Support [J]. Studies in Higher Education, 2012, 37 (1): 103 – 118.

[195] Porter S D, Phelps J M. Beyond Skills: An Integrative Approach to Doctoral Student Preparation for Diverse Careers [J]. Canadian Journal of Higher Education, 2014, 44 (3): 54 – 67.

[196] Raddon A, Sung J. The Career Choices and Impact of PhD Graduates in the UK: A Synthesis Review [R]. Swindon: Economic and Social Research Council, 2008.

[197] Rayner G, Papakonstantinou T. The Nexus Between Stem Qualifications and Graduate Employability: Employers' Perspectives [J]. International Journal of Innovation in Science and Mathematics Education (formerly CAL-Laborate International), 2016, 24 (3): 1 – 13.

[198] Research Councils U. Joint Statement of the UK Research Councils' Training Requirements for Research Students [R]. UK Grad Programme, 2001.

[199] Roach M, Sauermann H. A Taste for Science? PhD Scientists' Academic Orientation and Self-Selection into Research Careers in Industry [J]. Research Policy, 2010, 39 (3): 422 – 434.

[200] Roach M, Sauermann H. The Declining Interest in an Academic Career [J]. PLoS ONE, 2017, 12 (9): e184130.

[201] Roberts G G. Set for Success: The Supply of People with Science, Technology, Engineering and Mathematics Skills: The Report of Sir Gareth Roberts' Review [R]. London: De-

partment of Trade and Industry and Department of Education and Skills, 2002.

[202] Rubio M, Hooley T. Recruiting Researchers: Survey of Employer Practice 2009 [M]. Cambridge: CRAC, 2010.

[203] Rudd E, Nerad M. Career Preparation in PhD Programs: Results of a National Survey of Early Career Geographers [J]. GeoJournal, 2015, 80 (2): 181 – 186.

[204] Rudd E, Nerad M, Morrison E, et al. Professional Development for PhD Students: Do they Really Need It? [Z]. Seattle, WA: CIRGE Spotlight on Doctoral Education #2. Seattle: Centre for Innovation and Research in Graduate Education, University of Washington, 2008: 2.

[205] Russo G. Graduate Students: Aspirations and Anxieties [J]. Nature, 2011, 475: 533 – 535.

[206] Santos J M, Horta H, Heitor M. Too Many PhDs? An Invalid Argument for Countries Developing their Scientific and Academic Systems: The Case of Portugal [J]. Technological Forecasting and Social Change, 2016, 113, Part B: 352 – 362.

[207] Sauermann H, Roach M. Not All Scientists Pay to be Scientists: PhDs' Preferences for Publishing in Industrial Employment [J]. Research Policy, 2014, 43 (1): 32 – 47.

[208] Sauermann H, Roach M. Science PhD Career Preferences: Levels, Changes, and Advisor Encouragement [J]. PLoS ONE, 2012, 7 (5): e36307.

[209] Schulze U. The Gender Wage Gap Among PhDs in the UK [J]. Cambridge Journal of Economics, 2015, 39 (2): 599 – 629.

[210] Sekhon J G. PhD Education and Australia's Industrial Future: Time to Think Again [J]. Higher Education Research and Development, 1989, 8 (2): 191 – 215.

[211] Shen W, Gao Y, Zhang B, et al. Academia or Enterprises: Gender, Research Outputs, and Employment Among PhD Graduates in China [J]. Asia Pacific Education Review, 2018, 19 (2): 285 – 296.

[212] Shittu-Abina A. The Research Self Efficacy and Training Environment of Ph. D Nursing Students [D]. Saint Mary's College of California, ProQuest Dissertations Publishing No. 3725993, 2015.

[213] Sinche M, Layton R L, Brandt P D, et al. An Evidence-Based Evaluation of Transferrable Skills and Job Satisfaction for Science PhDs [J]. PLoS ONE, 2017, 12 (9):

e185023.

[214] Sinclair J, Barnacle R, Cuthbert D. How the Doctorate Contributes to the Formation of Active Researchers: What the Research Tells Us [J]. Studies in Higher Education, 2013, 39 (10): 1 – 15.

[215] Stajkovic A D, Bandura A, Locke E A, et al. Test of Three Conceptual Models of Influence of the Big Five Personality Traits and Self-Efficacy on Academic Performance: A Meta-Analytic Path-Analysis [J]. Personality and Individual Differences, 2018, 120: 238 – 245.

[216] Stephan P E. How Economics Shapes Science [M]. Cambridge, MA: Harvard University Press, 2012.

[217] Stern S. Do Scientists Pay to be Scientists? [J]. Management Science, 2004, 50 (6): 835 – 853.

[218] Sullivan R S, Dubnicki A, Dutkowsky D H. Research, Teaching, and 'Other': What Determines Job Placement of Economics Ph. D. S? [J]. Applied Economics, 2018, 50 (32): 3477 – 3492.

[219] Sumarwati S, Yunos J M, Ibrahim B. Transferable Skills for Ph. D. Students to Finish the Journey [J]. Advanced Science Letters, 2017, 23 (2): 968 – 971.

[220] The Allen Consulting Group. Employer Demand for Researchers in Australia [Z]. Canberra: The Allen Consulting Group, 2010.

[221] Thiry H, Laursen S L, Loshbaugh H G. "How Do I Get from Here to There?" an Examination of Ph. D. Science Students' Career Preparation and Decision Making [J]. International Journal of Doctoral Studies, 2015, 10 (1): 237 – 256.

[222] Toledo-Pereyra L H. Ten Qualities of a Good Researcher [J]. Journal of Investigative Surgery, 2012, 25 (4): 201 – 202.

[223] Ulrich W, Dash D P. Research Skills for the Future: Summary and Critique of a Comparative Study in Eight Countries [J]. Journal of Research Practice, 2013, 9 (1): 1 – 8.

[224] Usher R. A Diversity of Doctorates: Fitness for the Knowledge Economy? [J]. Higher Education Research & Development, 2010, 21 (2): 143 – 153.

[225] Van de Schoot R, Yerkes M, Sonneveld H. The Employment Status of Doctoral Recipients: An Exploratory Study in the Netherlands [J]. International Journal of Doctoral Studies, 2012, 7: 331 – 348.

［226］ Vilkinas T. An Exploratory Study of the Supervision of Ph. D. /Research Students' Theses ［J］. Innovative Higher Education, 2008, 32 (5): 297 – 311.

［227］ Vitae. Researcher Development Framework ［Z］. https: //www. vitae. ac. uk/vitae-publications/rdf-related/researcher-development-framework-rdf-vitae. pdf, 2011.

［228］ Waaijer C J F, Belder R, Sonneveld H, et al. Temporary Contracts: Effect on Job Satisfaction and Personal Lives of Recent PhD Graduates ［J］. Higher Education, 2017, 74 (2): 321 – 339.

［229］ Waaijer C J F. Perceived Career Prospects and their Influence on the Sector of Employment of Recent PhD Graduates ［J］. Science and Public Policy, 2017, 44 (1): 1 – 12.

［230］ Waight E, Giordano A. Doctoral Students' Access to Non-Academic Support for Mental Health ［J］. Journal of Higher Education Policy and Management, 2018, 40 (4): 390 – 412.

［231］ Warshaw J B, Toutkoushian R K, Choi H. Does the Reputation of a Faculty Member's Graduate Programme and Institution Matter for Labour Market Outcomes? ［J］. Journal of Education and Work, 2017, 30 (8): 793 – 812.

［232］ Webber K L. Does the Environment Matter? Faculty Satisfaction at 4-Year Colleges and Universities in the USA ［J］. Higher Education, 2019, 78 (2): 323 – 343.

［233］ Wendler C, Bridgeman B, Markle R, et al. Pathways through Graduate School and into Careers ［M］. Princeton, NJ: Educational Testing Service, 2012.

［234］ Wernli D, Darbellay F. Interdisciplinarity and the 21st Century Research-Intensive University ［Z］. Leuven: League of European Research Universities (LERU), 2016.

［235］ Western M, Kubler M, Western J, et al. PhD Graduates 5 to 7 Years Out: Employment Outcomes, Job Attributes and the Quality of Research Training ［Z］. Prepared for DEST: University of Queensland, 2007.

［236］ Wilson L. The Academic Man: A Study in the Sociology of a Profession ［M］. New York: Oxford University Press, 1942: 236 – 241.

［237］ Woolston C. Graduate Survey: A Love-Hurt Relationship ［J］. Nature, 2017, 550 (7677): 549 – 552.

［238］ Xiao J, Wilkins S. The Effects of Lecturer Commitment on Student Perceptions of Teaching Quality and Student Satisfaction in Chinese Higher Education ［J］. Journal of Higher Education Policy and Management, 2015, 37 (1): 98 – 110.

［239］ Yorke M. Employability in Higher Education：What It is —What It is Not ［M］. York，England：Higher Education Academy，2006.

［240］ Zhang Y. The Influence of Chinese Cultural Custom and Policy Practice on Doctoral Supervision in the Management Discipline in China ［D］. Australian National University，2018.

［241］ Zheng G，Shen W，Cai Y. Institutional Logics of Chinese Doctoral Education System ［J］. Higher Education，2018，76（5）：753－770.

# 后　记

　　我对博士生就业问题的关注，最早可追溯至 2008～2009 年间。当时，正在中国人民大学劳动人事学院攻读博士学位，博士生就业及能力提升问题是博士论文的备选题目。就业问题是人口与劳动经济学的重要研究话题，我本人又参与了导师曾湘泉教授主持的国家社会科学基金重大项目中有关青年就业和能力提升的课题研究。同时，作为博士生，懵懂的憧憬将来要从事教学科研工作。然而，坦率地说，毕业后能否获得高校的学术职业，如何才能获得，心里并没底。当时已经直观地感受和体会到，博士毕业后进高校从事学术职业不再容易，越来越多的人选择了企业、政府及其下属事业单位的管理、咨询及研发工作。这便引发我对博士生就业问题的关注和思考，迫切地想探究博士生究竟能够去哪儿工作，有多少博士生在学术界找到工作，又有多少在学术界外部找到工作，各自需要具备哪些能力素质，如何培养等。

　　处于学历层次顶端的博士生，其就业似乎不该成为问题。中国 1981 年恢复博士研究生招生工作之初，当年的博士生招生规模仅有几百人。即使在整个 20 世纪 80 年代，直至 90 年代中后期，相对于博士毕业生人数的缓慢增长，高校或科研机构的高端人才需求旺盛。博士毕业生就业去向也与它的培养目标高度一致，博士毕业生只要愿意就可以进入高校从事教学科研工作。研究问题的提出总是与现实的矛盾冲突联系在一起。随着 1997 年开始的高校扩招，博士招生规模也有了数量级的增长。中国社会和学术界开始关注博士生规模是否合适以及培养质量问题。到 2009 年前后，国内毕业的博士人数与高校新增专任教师的需求出现交叉拐点，再加上大量境外留学博士归国就业，博士生开始面临就业竞争的压力。博士就业去向多元化，并与传统的学术学位博士的培养目标存在张力和冲突。这使得人们开始对博士生的培养目标、培养质量或能力素质是否符合经济社会发展的需要感到担心和忧虑。实现博士生教育质量与规模的同频共振，进一步提升国家原始创新能力，成为这一问题研究的现实背景和迫切需求。

遗憾的是，从事博士毕业生就业问题研究，面临数据资料获取等方面的诸多困难。在校博士生或毕业进入高校就业的博士，进行抽样调查相对容易，但要调查在企业或其他部门工作的博士毕业生就非常困难了。因为根本不知道博士毕业生在地区、行业之间的分布，要想采用样本框做随机抽样调查是不现实的。尽管博士毕业生规模越来越大，但相对于十几亿人口来说，总体数量还是很少，要通过随机入户等方式找到博士学位获得者也不容易。即使到现在，国内也鲜见博士毕业生就业及职业发展状况的全国性调查。考虑到这些实际困难，再加上博士生学制限制，不得不暂时搁置该选题。最终把劳动力市场性别收入差距问题作为我的博士论文选题和研究方向。所幸在这方面也保持了学术热情，并取得了一系列跨学科的探索性成果。当然，这都是后话了。

博士生就业和能力问题的研究兴趣，就像是在心里洒了一颗种子，在毕业后的教学科研工作中，一直挥之不去。而且在实践工作中经历一段时间的观察、体会和沉淀，对它的研究兴趣日久弥坚。博士毕业生就业市场，与其他劳动力群体的情况不尽相同，在某种程度上，具有特殊性和复杂性。就国际上学术讨论和实践来看，博士生教育目标和内容也存在争论。理清博士生培养目标、内容和模式，解答"为谁培养"、"培养什么样的博士人才"以及"如何培养"等问题绝非易事。但与其说我们面对的是一个复杂的问题，还不如说，我们的研究工作有待深入。博士生能力素质框架，就业能力提升路径等还有待实质性突破。换句话说，本书的研究只是一个起点，绝不会是研究的终点。期待教育学、人口与劳动经济学等领域的更多专家学者共同关注博士毕业生就业及能力培养这一重要问题。

本书得到国家社会科学基金项目（14CRK018）和华东师范大学"人才全球战略与海归人才发展创新团队"项目的资助。感谢所有的专家，以及为研究进展提供帮助的个人和单位。尤其感谢华东师范大学文军教授，全国妇联妇女研究所，政治与社会研究校际联合数据库（ICPSR）等提供的数据支持。我的硕士生陈滔、梁雅方、程丽跃参与了数据收集、整理分析等科研助理工作。这是此项研究能够取得成果的最重要原因，是团队合作的见证。同时也感谢经济科学出版社的审读、校对人员在本书出版中所付出的辛勤劳动。

还有许多的前辈师长、亲朋好友和同仁，对我的成长给予了无私的关怀和支持，或是为研究提供了直接或间接的帮助，在此一并衷心感谢！

仓促定稿，错漏难免，还望读者诸君批评指正。

卿石松

二〇一九年九月于华师大地理馆